经营城市与城市发展

付晓东·著

JINGYING CHENGSHI YU
CHENGSHI FAZHAN

吉林出版集团股份有限公司

图书在版编目（CIP）数据

经营城市与城市发展 / 付晓东著. -- 长春：吉林出版集团股份有限公司，2015.12（2025.4重印）

ISBN 978-7-5534-9809-6

Ⅰ. ①经… Ⅱ. ①付… Ⅲ. ①城市管理－研究 Ⅳ. ①F293

中国版本图书馆 CIP 数据核字(2016)第 006816 号

经营城市与城市发展

JINGYING CHENGSHI YU CHENGSHI FAZHAN

著　　者：付晓东

责任编辑：杨晓天　张兆金

封面设计：韩枫工作室

出　　版：吉林出版集团股份有限公司

发　　行：吉林出版集团社科图书有限公司

电　　话：0431-86012746

印　　刷：三河市佳星印装有限公司

开　　本：710mm×1000mm　1/16

字　　数：252 千字

印　　张：14.25

版　　次：2016 年 4 月第 1 版

印　　次：2025 年 4 月第 3 次印刷

书　　号：ISBN 978-7-5534-9809-6

定　　价：63.00 元

如发现印装质量问题，影响阅读，请与印刷厂联系调换。

目 录

第1章 引 言

随着市场经济的深入发展，城市建设、发展和管理的手段也在悄然变化着。仅仅依靠传统的城市建设和管理模式，已远远不能满足城市迅速现代化的需要。经营城市作为一种新的城市建设发展模式，于 20 世纪 90 年代初，在我国一些城市开始出现，现已汇聚成一股强大的潮流，已经或正在取得可喜的成效。可以说，经营城市为我国的城市发展注入了新的活力，加快了我国城市化的步伐，它已成为我国城市发展中的一道靓丽的"风景线"。

那么，什么是经营城市？为什么要进行经营城市？经营城市有什么理论依托？是谁来经营城市？经营城市经营什么？主要有哪些方式？本书将围绕这一新事物，对经营城市的产生背景、一般概念和意义、经营城市的方式、经营城市存在的矛盾和问题、经营城市可能陷入的误区、我国经营城市的实践和国外的经营城市，以及如何更好地开展经营城市等方面进行探讨。

1.1 经营城市的概念

我国的一些城市在市场经济下，在探讨自身的发展、加速城市化的进程时，提出了如何以城市为单位，主要运用经济手段，操作或运作城市整体国有资产的问题。目前，经营城市的实践活动已在一些城市展开并取得成效，由此引起了人们对经营城市的关注和研究。

在社会上，目前有两种提法，一种是"经营城市"，另一种是"城市经营"。"经营城市"是把城市看作放大了的企业，比照我们所熟悉的企业经营，认为城市可以参照企业一样实行经营，借用了企业经营的概念；"经营城市"侧重于表示一种行为、一种处理事务的方式，类似于我们通常所说的"企业管理""企业经营"；而"城市经营"侧重于表示一种概念，一种思想；"经营城市"则是突出了动词"经营"的中心作用，将它加在"城市"之前，强化了经营的客体对象，比至于"城市经营"，不显平淡，有时代感，体现了城市政府转变职能的方向。

认为"城市经营"的提法比较妥当[1]，理由是："经营城市"的说法，容易把整个城市当作一个经营单元和商品来对待，混淆城市基础设施中的经营性部分和非经营性部分，导致城市风景区和园林绿地、休闲场所改变公益性内容，导致历史文化遗产受到损害。再者，城市政府直接"经营城市"，也容易强调企业化倾向，导致城市政府的商业化行为，偏离"三个代表"历史社会责任。而"城市经营"可理解为对城市中可经营性部分进行经营，既有政府行为，又有市场行为，城市政府在"城市经营"中容易占有主导和主动地位。政府，绝不是企业，也不是商家。

本书作者认为，"城市经营"与"经营城市"所要表述的是同一个事物和现象，这样，"经营城市"或是"城市经营"二者就在内涵上并无多大的区别。两种提法使用了相同的主题词"城市"和"经营"，但由于顺序不同，还是造成了理解上的差异。之所以本书选用了"经营城市"，一是尊重原创，二是"经营城市"语感上更显有气势，有动态感。

1.1.1　经营城市的含义

那么，经营城市的含义究竟是什么呢？经营城市，简言之是把城市的资源和延伸资源作为资产，通过市场运作，获取经济、社会、环境效益，促进城市发展。

至于什么是经营城市？目前有不同的概括和解释。一般而言，经营城市是指在市场经济条件下，城市政府充分利用市场机制、市场规律和市场化的方法运作城市内的各种资源，解决城市建设、发展和管理中存在的各种问题，从而满足居民对城市环境的各种需求的行为。也有一种较为具体的认识：经营城市是城市政府依据有关法律，主要运用经济手段，通过对所掌握的有形资产和无形资产的使用权、经营权、名义权、冠名权等相关权益进行市场运作。

中国城市发展研究会副理事长朱铁臻给出了较为周全的解释，他认为，所谓经营城市，是从政府角度出发，运用市场经济手段，对自然资源、基础设施资源、人文资源等进行优化整合和市场化运营，实现资源合理配置和高效使用，促进城市功能完善，提高城市素质。其中，自然资源主要是指城市的土地、山水、空间等；基础设施资源主要是指城市的电力、道路、桥梁、通信网络以及市政公用设施等；人文资源主要是指城市的人力资源、文化资源、科技资源和政府资源等。由以上几类资源派生出来的资源还有信息资源、品牌资源、形象资源和注意力资源等，这些都是可供经营的城市资源。这一定义，既给出了经营城市的主体、客体，也交代了经营城市实现的手段和最终目的。

在中国城市科学研究会主持的一次"中国城市经营策略研讨会"上，专家们对"经营城市"给了一个这样的定义：经营城市是一种政府行为，是把"城市资产"包括城市土地、城市基础设施、城市生态环境、文物古迹和旅游资源等有形的资产，以及依附于其上的名称、形象、知名度和城市特色文化等无形的资产，通过对其使用权、经营权、冠名权等相关权益的市场运作，以获取经济、社会和环境效益，促进城市发展的过程。

经营城市，国外有相似的提法。如"城市行销"（Urban Marketing）的提法，它侧重讲的是城市形象的宣传。现在还流行一个词，叫城市治理（Urban Governance），其中有一派观点就是"企业家式的城市治理"，把城市看作是一个企业群，像治理企业那样来治理城市。

相关学者认为，经营城市作为一种理念，分为狭义和广义两种理解。

狭义的经营城市理念是广义的"城市管理"的一部分。主要是指在既有城市存量的基础上，从经营的角度使城市基础设施发挥更大的功效，使产业结构得到优化，使常规资源得到最佳配置。

广义的经营城市理念，是不同于经营城市的一种更高的城市发展思路，是广义的城市文化的组成部分。主旨是按照市场经济规律，通过市场化运作，综合运用城市土地资本、地域空间和其他经济要素，盘活城市资源；并通过高效的城市管理，从整体上运作城市经济，实现资源配置在容量、结构和秩序上的最大化和最优化，促进城市经济社会持续快速健康发展。

广义的经营城市理念有四大特点。第一，经营所需的资源是泛资源的概念，即没有什么不是资源。第二，强调在政策引导下用经济杠杆调控城市。第三，注重经营主体能动性的发挥。第四，注重创新，全方位营造创新环境。

大连、上海、青岛、深圳、昆明等诸多城市的实践表明，"经营城市"的理念日趋成熟，并广受采纳。在国际上，经营城市早已成为通行的城市规划、建设、管理的一种理论和实践模式。

1.1.2 经营城市的特点

作为一种新生事物，经营城市的产生与发展也有其自身的一些特点，下面概括一下经营城市的特点：

1. 创新性

经营城市本身就是一种创新产物，经营城市要求在实践中，与时俱进，根据城市发展的规律、自身的特点和资源资产状况，创造出适合城市发展需要的各种新方法新模式。目前，竞争性领域的经营管理的理论与实践相对较为成熟，而非竞争性领域的经营管理的理论与实践相对较为薄弱，亟待探索。在经营城市中，我国的一些城市或提出了城市土地运营的模式，或尝试了城市基础设施的系统运营，或在无形资产的经营上进行了探索，总之，对我们来说，经营城市毕竟是一个新生事物，没有更多现成的或成熟的东西可供遵循，即使国外有一些可资借鉴的方法，但其实现的条件与我国还相差较大，所以，这就需要树立一种创新观念，不仅从经营城市的方式方法上有所革新突破，而且还应当在体制环境上进行改革创新，从而真正解决城市建设的资金困扰，实现城市的可持续发展。

2. 系统性[2]

系统的观点是把一个事物及其有机关联的各个部分看作一个整体，并加以分析的思想。经营城市是一个系统工程，经营城市涉及城市规划、建设、管理和运营的各个环节，涉及城市经济结构调整、产业布局，涉及高盈利部门与微盈利部门的平衡，涉及城市居民的便利与舒适，涉及整个城市的投入产出。因此，经营城市的成功与否，效益高低，受制于系统各个因素的共同作用。就是经营城市的改革创新，也不能忽视或脱离系统的思想。长期以来，我们强调城市建设要高起点规划、高标准建设、高效能管理，这一要求没有问题，本身也是系统连环成逻辑的，但是如果我们忽视了事物的系统性后，比如在运营环节，各种投资的回收和合理收益难以得到保障，以盈利为目的的资金就不可能源源不断地流入城市建设中来，而"拓宽融资渠道，实现投资主体多元化"就会成为一句空话，高标准的规划也只能是墙上挂挂。因此，经营城市不仅要高起点规划、高标准建设，还要求高效益经营、高效能管理。系统性的原则就是组成要素缺一不可，否则系统的功能必然受损。

3. 复杂性和整体性

复杂性和整体性可以看作系统性的另一种表现。城市是一个复杂的事物，经济、社会、文化、科学技术和自然、生态、环境各个部分交织于城市，相互作用、密不可分。比如城市组成要素的共享性和互补性，我们知道，每一个要素在独立发挥作用的同时，也在汲取或分享周围环境的"营养"；当一个要素不足时或有缺陷时，往往复杂系统内的其他要素会在一定的限度内自然地加以弥补或补偿。城市经济系统的内部结构同样具有复杂性和整体性的特征，由于城市资产（包括有形的、无形的资产）所具有的外部性或非竞争性，常常使得投资很难在所运作的项目上或其中一个环节上得到较快的回收，这就要求经营城市必须从整体出发，综合运用城市各项资产，最大限度地发挥每一项城市资产的作用，从总体上运作城市资产，使得城市资产的投入—产出进入良性循环和自我滚动发展的轨道，从而实现城市整体范围内资源的优化配置。

4. 市场化

虽说经营城市被赋予的是城市政府应当承担的一项职责，但是，这并不是说经营城市就是城市政府直接提供城市公共物品，也并不等于城市政府真的如同企业一样自己亲自去经营城市资产。经营城市首先是一种理念，它是针对我们习以为常的"计划管理模式"提出来的，倡导的是城市政府在城市管理中更加多地运用经济手段、市场手段，来调控城市建设，来创造城市发展的优良环境；其次，经营城市是作为一种方法模式来效仿的。经营城市的理想运作线路应当是："政府主导，企业主体，市场运作"。所以需要"政府主导"，这是由公共物品的性质和政府的职责决定的，一是这一领域的一部分通常不具备像竞争性领域那样能够产生较丰厚的利润，私人资本进入存在阻碍；一部分虽有丰厚的利润，但属于垄断性行业，私人资本进入也同样存在阻碍；这样，就产生了由政府来主导调控的必要性；二是这一领域对国民经济和人民生活起着基础性的影响，不宜划为完全竞争性领域来管理，因为完全竞争是依赖市场调节的，而且市场调节是一种"事后调节"，一旦由于竞争或垄断造成的负面效应（破坏性）出现，通过市场信号反馈，才进行调节，那么，实际上此时灾难已经形成，且会严重影响经济的正常运转；这样也产生了由政府调控来弥补市场手段的不足的必要性；三是政府作为市场经济的"守夜人"，肩负着社会公共事务的管理，并保障社会稳定有序地运转，因此，公共物品的提供也就理所应当、自然而然地成为政府的一项责任。"企业主体，市场运作"，说的是尽管政府主导了经营城市，并不是否定了其他市场主体的进入和参与，也并不排斥运用市场机制、市场作用的发挥。只是城市政府，按照市场经济的规则，精心谋划项目，通过市场机制将所有可以推向市场的城市资产推向市场，进行招商引资，即招引投资者（其他市场主体）来具体地实施经营城市，最大限度地利用或整合社会资源。这种使城市资源配置市场化的做法，不仅使城市资产得到保值增值，更主要的是加快了城市化发展的步伐。

5. 动态性和长远性

动态性是指经营城市的环境和条件是不断发展变化的，不能僵化的理解某一时期经营城市所形成的概念和方法，必须在城市化进程加速发展的背景中考察。比如在经营城市中，由于环境因素变化，城市的存量资产价值将不断发生变化，增量资产也会不断增加。需要注意的是，随着城市现代化的发展、科技的进步、制度的创新，城市可资经营资源的内涵和外延还将不断丰富和扩大，新的资源将不断被开拓和产生，可能创造出新的城市资源形式、城市功能载体和经营城市方式，经营城市的内容将越来越广泛。需要政府通过行政手段和市场手段相结合的办法开发这些潜在的资源。例如，有的城市原本一些似乎看来不值钱的城市空间，如果用新的思路去装扮它、运作它，就会改变原有的属性。本溪市东明二路原是一条交通拥塞、嘈杂凌乱的小街，屡清不止，政府用经营城市理念索性把它开发成一条漂亮的商业步行街。结果开发商抢着来投资，并且要建设文化旅游广场，政府不仅不花钱，而且还获得土地出让金 500 万元。

长远性，是指经营城市不仅局限于为尽快筹资对眼前个别资产零星地利用，而在于对整个城市在一个较长的时期的总体筹划、把握。从城市的可持续发展出发，经营城市不仅应该重视经营城市的眼前利益，更应该重视城市可持续发展的战略要求，不能以牺牲环境与生态为代价搞一些经济效益高的建设开发项目，而应该按照城市的发展战略要求，城市化进程的要求，市场供求关系的要求，不断向市场上提供本城市所拥有的资源，通过在市场上运营，资源交换，达到城市的开发、产业的调整，改善城市的资产结构，改善城市居民的居住环境和生活质量，改善市场主体的经营环境，提高投入产出水平。

总之，经营城市必须处理好现实与长远的关系。没有人可以发明一劳永逸的模式应对所有的变化，经营城市的动态性与长远性告诉我们，要善于在运动中前进，在动态中把握平衡，保证城市的长期、稳定、健康发展。

1.2　经营城市产生的背景

经营城市是一个新的概念、新的事物，也是一种新的思维、新的理念，尽管人们目前对它的认识还有待于深化，但它之所以能应运而生，受到人们的关注，必有其产生的必然性和客观性。可以说，经营城市是我国改革开放走向深入、市场经济逐步深化的产物，它是在我国经济体制转轨、经济水平迈向小康的历史背景中出现的。这一时期，我国城市发展出现了一些新的特征以及一些矛盾和问题，这些因素交织在一起成为推动经营城市产生的内在力量。

1.2.1　城市化的进程不断加快

中国城市化的迅速推进对城市公共服务的需求急剧扩张，使城市政府普遍开展城市经营成为必要。

城市化是现代经济发展的必然趋势，城市化有两个"最直接"的作用，第一个为促进农村人口转为城市人口。人口在向城市转移的过程中，不仅需要农业劳动生产率提高而提供剩余（剩余产品和剩余劳动力），而且还需要非农产业提供就业岗位，也需要城市的发展提供空间和设施。城市人口的大规模增加需要城市提供相应的空间和设施，包括城市住房、交通、通信、供水、能源供应等基础设施和按照一定功能分布的空间结构体系。与其他发展中国家一样，我国许多地区都会碰到城市公共物品、工作岗位供给不足问题：城市的设施能力、服务能力、吸纳能力和扩散能力都太弱。

城市化第二个最直接的作用是强化城市功能。现代经济中的城市功能即城市作为市场中心、信息中心、服务中心和管理中心的功能。这里讲的市场中心，最为重要的是要素市场的中心。具备这种功能的城市就能成为人流、物流、资金流和信息流集散地。以强化城市功能为内容的城市化有三方面要求：第一，提高城市的竞争力；第二，增强城市的辐射力，扩大城市的辐射范围；第三，提高城市开放度和国际化程度。例如，一些城市需要发展成为地区交通枢纽、地区金融中心或物流中心，甚至国际化都市。现在我国地区间的经济社会发展水平的差距实际上可以由这种反映城市功能的城市化水平差距来说明。

一些区域经济社会发展水平落后的主要原因是该区域城市太少，城市太小，城市功能太弱。强化城市功能就要推进城市现代化，提供现代化的城市服务体系和现代化的城市设施。

城市化的上述两个"最直接"的作用内容客观地提出了城市建设的问题。人口、资源向城市集聚需要相应增加城市空间和城市设施，城市现代化建设需要改善城市环境，进行旧城改造；强化城市功能需要发展城市服务业和提供各类服务环境。所有这些都碰到城市资源的配置和城市建设资金问题。恰恰在现阶段城市化遇到的直接困难是，城市政府的财政单一投入体制无力完全承担城市化和城市现代化设施的建设，城市建设资金严重不足，城市建设缓慢。这种状况反过来阻碍了城市化和现代化的进程。因此，需要寻求多元化的投融资体制，需要采取市场方式运作城市建设资金，经营城市问题就应运而生。

改革开放以来，我国城市迅速发展，人口向城市转移的趋势明显加强，城市化的速度越来越快，达到同期世界城市化进程速度的两倍。但是，与世界发达国家相比，我国城市化程度仍然十分落后。根据世界银行统计，1995年世界高收入国家城市化率为75％，中等收入国家为60％，低收入国家为28％，而我国城市化率还不到30％，与低收入国家相近，低于中等收入国家30个百分点，与高收国家的水平相差更远，2000年西方发达国家的城市化率分别为：美国94.7％、英国89.1％、法国82.5％、德国81.2％、日本77.9％。这种与经济社会发展水平及不对应的局面，为经营城市提供了用武之地。

2002年年末，全国设市城市总数达到660个[3]，比1990年增加193个，城市人口35344.78万人，比1990年增加16000万人，每年平均转移农村劳动力约1600万人；城市面积464772平方千米，其中建成区面积25972.55平方千米，城市土地每年增加约5万平方千米。城市范围内人口密度760人/平方千米。2002年完成国内生产总值104790.6亿元，比1990年增加87114亿元。1978年至1998年的20年间，我国城市化水平由17.92％上升到30.4％，平均每年提高0.62个百分点。而在1998年到2000年两年里，城市化水平就由30.4％上升到31.9％，平均每年提高0.75个百分点。人口和产业大规模地向城市集中，使得本来就入不敷出的城市公用设施更加捉襟见肘，成为制约城市发展的瓶颈。改革开放以来，中国城市发展基本情况见表1。

表 1　中国城市发展基本情况（改革开放以来）

	1978 年	1985 年	1990 年	1995 年	2000 年	2001 年
设市数量	193	324	467	640	663	662
超大城市	—	8	9	10	13	13
特大城市	13	22	22	27	28	
大城市	40（含前二项）	31	28	43	53	61
中等城市	60	94	117	192	218	217
小城市	93	178	291	373	352	343
城市化水平	17.92%	—	26.4%		31.9%	
城市总人口（万人）		55471	71726.36	89268.35	108729.25	110297.04
非农业人口（万人）		20650	19329.81	24954.81	29622.48	30797.59
市区占地面积		823679	1207630	1680212	441225	489421

资料来源:《中国城市统计年鉴》和《中国城市经济社会年鉴》相关年份;《新中国城市经济 50 年》,经济管理出版社,2000 年版。

　　城市化必须支付成本。依照城市化"成本—收益"模型分析[4],每进入城市 1 个人,需要"个人支付成本"1.45 万元/人,"公共支付成本"1.05 万元/人,总计每转变一个农民成为城市居民平均需支付社会总成本 2.5 万元/人(2000 年不变价格)。从全国来看,预测到 2050 年,中国城市人口总量将达到 10 亿～11 亿,在现有城市人口的基础上,未来 50 年期间中国约增加 6 亿～7 亿城市人口,城市化所需的社会总成本达到 15 万亿～16 万亿元,(相当于 1.8 万亿～2.0 万亿美元。按 2000 年不变价格),这个数量是 2000 年 GDP 总量的 2 倍。50 年期间平均每年支付城市化成本约为 3000 亿～3500 亿元人民币,相当于 2000 年全年 GDP 总量的 4% 左右。从单个城市看,每增加 10 万城市人口,需要增加"公共支付成本"10.5 亿元,这一笔"转变费用(门槛)"成为许多城市的实现城市化的"拦路虎"。许多城市的财政属于"吃饭财政",靠单一的财政投入的做法难以逾越这一门槛。我国 100 万人口以上的城市中多数财政收入在 100 亿元之内,一般城市建设投入占市财政收入的 1%,而要拿出 1/10 还多的城市财政收入来建设城市,确实困难。要想发展,只有另辟蹊径。

　　按照世界城市化的发展规律,当一个国家的城市化水平处于 30% 的时候,将进入飞速发展阶段，处于 70％ 的时候，则进入缓慢的平稳发展阶段。中国的城市化近 10 年来平均每年大约以 0.6％ 左右的速度提升，目前已到了 35％ 左右，正进入加速期。在未来的二三十年时间里，我国这个世界上最大的农业国将至少有一半人从农村搬进城市，中国将由一个农业国变成为城市化国家。

城市化发展的直接表现便是城市人口的增加、城市规模不断扩大和城市数量增多。由于大部分城市普遍处在现代化发展的大规模建设阶段，城市建设需要大量资金，那么这些钱从哪来？面对建设资金紧缺的问题，现在各城市政府都在想尽办法招商引资、筹集建设资金。既要靠城市自身的积累，还要靠引资借债，拓宽城市建设的资金来源。其实，近几年通过改革，进入城市建设领域的资金渠道也在不断拓宽，我国每年通过各种途径投入到城市建设领域的资金仍不是小数目。2002 年全年完成城市建设固定资产投资 3119 亿元，比上年增长 32.6％。在国家继续实施扩大内需和积极财政政策的推动下，城市建设固定资产投资额占同期全国全社会固定资产投资总额的 7.2％，比上年增加 0.9 个百分点。全年新增固定资产 1729 亿元，固定资产投资交付使用率 55.4％。新增生产能力或设施效益是：供水日综合生产能力 818 万立方米，人工煤气日生产能力 403 万立方米，天然气储气能力 280 万立方米，城市道路长度 6859 千米，城市污水日处理能力 707 万立方米，城市生活垃圾日处理能力 14388 吨。截至 2002 年年末，城市人均道路面积 7.8 平方米，比上年增加 0.8 平方米。全国拥有城市公共绿地面积 188536 公顷，比上年增加 25513 公顷，城市人均拥有公共绿地 5.33 平方米，比上年增加 0.77 平方米。

但是，由于历史的欠账过多和城市基础设施需求增长的加快，目前城市基础设施的状况与实现城市化、城市现代化和可持续发展要求还不相适应，急需完善。城市的道路网负荷不均衡，交通环境需要优化；机动车停车场等静态交通设施严重短缺；公共交通和对外交通不足，需要在时空上整合城市公共交通和航空、铁路、高速公路及水运交通，使之快速、便捷、合理、有序；城市生态环境建设与可持续发展不适应；污水、生活垃圾无害化处理设施建设不足；城市公共绿地短缺，分布不均匀，生态补偿功能差，居住环境质量不高；城市水、电、气、热供应数量和质量保障程度与现代化要求不适应；城市电信、邮政与信息时代对优化投资通信环境要求不适应。美国东部时间 2003 年 8 月 14 日下午 4 时 30 分左右，包括纽约在内的北美东部地区各大城市的电力供应突然中断，造成损失估计每天 250 亿到 300 亿美元之间，这一突发事件应当引起我们的警惕。

未来一二十年内，中国城市化水平要达到 50％ 左右的话，要增加很多人口，需要大量资金。我国共有 13 亿人口，城市现有人口 3 亿多，如果城市化水平达到 50%，城市人口应达到 6 亿多，也就是说还有 3 亿农民要进城，城市人口要扩大 1 倍，要相应增加许多城市基础设施，资金需求量非常大。此外，据联合国开发署研究，发展中国家城市基础设施投资一般应占国内生产总值的 3% 到 5%，占全社会固定资产总投资的 10% 到 15%。按照这一比例测算：仅"十五"期间，我国城市基础设施建设共需投资预计将超过 1.5 万亿~2 万亿元人民币，年需投资 3000 亿~4000 亿元。这么多资金从哪里来？只靠城市政府是远远不够的。

城市化是人类走向现代社会的必由之路，我们不能再沿用传统的发展模式了，创新开拓，时不我待。发达国家的城市化水平已高达 70% 以上，甚至一些国家在 90% 以上。而我国的城市化水平一直很低，不仅低于世界平均水平，甚至低于发展中国家的平均水平。新中国成立后，为了优先发展工业，只好靠工业品和农产品的"剪刀差"完成原始积累，同时，为了稳定农业，保护城市经济，又通过严格的户籍制度把农民固定在农村，人为地遏制城市化的推进。这个时期建设的城市，不过是国家计划经济的产物。直到 20 世纪 80 年代后，乡镇企业开始兴起，村村点火，户户冒烟，农村的工业化飞速发展。但是这种"离土不离乡"方式，其实根子还是怕农民进城，农村剩余劳动力没有得到疏通，乡镇企业式的工业化没有带来相应的城市化，结果出现了中国的工业化和城市化不同步的奇特现象。据有关资料，目前中国的工业化水平已超过 50%，但城市化水平却只有 35%。

还是不断深化的改革开放，给城市发展注入了活力，一方面，使得工业化与城市化的发展趋于协调，使得过去一度遭压抑的城市化潜能得到释放，社会对城市公用设施的需求日益高昂；另一方面是日益加快的城市化，给政府带来了巨大的财政压力，出现了对提供城市公用设施力不从心的困难窘况。一面是公共物品供不应求，另一面却是城市中大量的资产闲置、误置，低效运行，大量的资源未能有效开发，甚至遭到浪费。我们的城市真的不能做好公共物品的供应吗？一位经营城市的研究者一针见血地指出[5]：我们的城市最缺少的不是资金，而是经营。

当然，我们现在的体制和过去不一样了，一个让各种各样投资者及资源都能参与城市建设的投入机制和途径正在形成。面对城市公用设施缺口的日益扩大，为了拓展城市建设的资金来源，摆脱长期困扰城市政府的城建资金短缺的棘手问题，一些城市政府在现有体制框架下，尝试了借助市场经济手段，以经营城市的理念对城市的自然生成资本（如土地）、人力作用资本（如道路、桥梁）及其相关的延伸资本（如道路、桥梁的冠名权）等进行重组、营运，以挖掘这些资源潜力形成的收益支持城市建设的滚动发展。一些城市的实践表明这一做法是成功的，如大连市通过经营城市融资 268 个亿，新增的资金主要是依靠经营城市得来的。

1.2.2　市场经济体制逐渐建立健全

我国的经营城市是以对外开放和体制改革为基本背景的。自 1978 年以来，我国经济体制进行了一系列重大的改革，为经营城市提供了基本的体制保证。

改革开放初期，为了发挥地方发展经济的积极性，中央政府实行了"放权让利"的政策，下放了一部分经济管理权，下划了一部分中央直属企业和增加了企业上缴利润的地方留成比例等，这些措施增强了地方政府的经济自组织的信心和能力，初步确立了地方政府组织领导经济的自主地位；1994 年的包括财政税收体制、投资体制、金融体制、计划管理体制等一揽子经济体制改革的出台，我国进入全面系统地建设社会主义市场经济体制框架的轨道，加快了我国市场化进程，新的改革措施从各个方面规范了中央和地方的关系，责权利更加明确，也为经营城市打下了基础；这其中，我们知道改革开放以来规模较大的政府机构改革就实行了四次，即 1982 年、1988 年、1993 年和 1998 年机构改革。1988 年明确以"转变政府职能"为机构改革的目标。应该说，2003 年机构改革方案基本完成了国务院政府职能转变这一目标。而土地的市场改革为中国经营城市奠定了必要的物质基础，如果土地这样重要的生产资料没有进入市场，没有价格，不允许转让出让的话，那么，今天土地的潜力和魅力就显现不出来了；值得一提的还有税收体制，它更是经营城市的催化剂，从两步利改税到分税制，地方政府的财务权利越来越清晰，进一步加强了经济自组织的"独立意识"，也就是说，一些地方政府已经有条件可以通过自身的经济行为，运用自己掌握的资源为城市的发展服务。

对外开放为城市经营打开了大门。一方面，开放如同一股清爽新鲜的空气，输送来了新的城市管理和经营理念，新的模式和方式；另一方面，开放也输送来了第一批真正意义上的顾客——投资者，他们"以足投票"，促使我国各地的城市加快改善自己的投资环境，从而推动了经营城市的兴起。

1.2.3　城市与城市之间的发展竞争日益加剧

在传统的计划经济体制下，作为一级地方政府，城市政府的管理权限受到中央政府各方面较强地干预，自主性独立性受到明显的限制。这种自主权的缺失，削弱了城市政府合理组织城市经济社会发展的主动性和创造性。中央政府对国民经济各个方面已有统筹规划，各级各类城市政府只需按照中央政府的指令或要求贯彻执行即可，无须过多考虑城市发展，况且当时城市政府可资利用和支配资源的手段十分有限，因此，城市之间的竞争也就无从谈起。改革开放以后，在向市场经济过渡中，中央政府逐步向地方下放了一些行政管理权，也就是给了了城市政府更多的事权。与此相应，财政体制的改革，也使城市政府获得了更多的财权，城市财政的独立性日益增强。"放权让利"的改革极大地调动了城市政府组织本地经济社会发展的主动性、积极性和创造性，城市作为一个利益主体和竞争主体的地位不仅得到确立而且不断得到强化。

另外，经济全球化的发展进一步拓宽了中国经济发展的空间，使开放后的中国城市经济与世界经济更加紧密融合在一起，如何更好地利用国际国内两个市场、两种资源，成为每个城市发展不可回避的问题。作为世界城市网络中的一个节点，我国城市所面临竞争既包括与国内城市之间的竞争也包括与国外城市的竞争，城市间的竞争日趋激烈。为了在世界范围内，吸引有利的经济要素，参与城市经济的发展，每个城市也都在思考和探索，如何尽快地提升城市竞争力和可持续发展。

随着改革开放的不断深入，人们逐渐认识到城市政府对塑造城市竞争力有巨大的推动作用，在我国特定的体制下，市场经济的天然缺陷和盲区，都使得中国的城市政府有着非同寻常的地位和作用。因而，某种程度上可以说，城市之间的竞争实际上是各个城市政府之间的竞争，是城市政府管理能力之间的较量。这种城市政府的地位和作用凸现的今天，并不意味着政府管得越多越好，越具体越好。实践告诉我们，沿用传统的"跑项目抓企业"式的管理经济的方式，已经越来越不能满足城市发展建设的需要，必须在管理方式上和职能转换上有较重大的突破，经营城市由此而生，从而城市政府实现了从经营企业到经营城市的飞跃。城市政府通过对城市的整体经营，改善城市投资和居住环境，创造城市品牌，增强城市对要素的吸引力，并通过对资源的优化配置，提高城市自身价值和综合竞争力。

1.2.4 传统的投融资方式难以满足建设发展的需要

在我国长期以来，公共物品的提供都是靠政府提供的。这种机制的模式是国家实行严格的计划控制，城市各项建设和发展，主要是靠国家投入，财政支出，行政事业管理，国家和地方财政有多少钱，在城市发展建设中办多少事。那么，城市的建设和发展事业，要向国家计划立项和争取投资，然后按照计划部门审查批准的项目投资进行建设，建设用地主要是依靠行政划拨取得，无偿使用。由于国家和地方财政资金有限，虽然年年有所增加，但是十分有限，因此，城市发展建设资金短缺成为制约城市发展的关键因素。改革开放后，计划约束逐渐减弱，中央政府放权于地方，各级城市政府动用了相当的财力，用于城市中的水、电、气、路、热等公共物品的建设和运行，尽管如此，所提供的公共物品生产和服务仍然满足不了需求，日积月累，欠账越来越多，政府背的包袱越来越重，导致了我国城市普遍公共设施存在瓶颈，制约了城市现代化的步伐。过去，许多城市也探讨过不同的建设路子和解决办法，但在传统体制的约束下，还是没有从根本上解决城市公共物品不足的问题，也没有跳出公共设施"建设越多、亏损越大、投资越多、黑洞越深"的怪圈。

由下表可以看出，多数城市地方财政预算内收入占当年的城市固定资产投资不足30%，即便是最好的深圳市，其地方财政预算内收入也只占当年城市固定资产投资的41.08%，仍然难以满足建设的需要。而社会资金却是巨大的，仅从当地的居民储蓄年末余额（不算外来资金）即可以看出，均数倍于固定资产投资完成额。

表 2　2001 年我国部分城市财政收入与固定资产投资情况

	地方财政预算内收入（亿元）	固定资产完成额（亿元）	居民储蓄年末余额（亿元）	财政收入占完成投资的比重（%）
北　京	454.17	1417.07	3536.32	32.05
天　津	163.64	622.60	1284.95	26.28
上　海	620.24	1994.73	3001.89	31.09
重　庆	126.41	656.68	1317.17	19.25
石家庄	44.36	258.17	821.93	17.18
太　原	24.16	122.71	470.19	19.69

续　表

	地方财政预算内收入（亿元）	固定资产完成额（亿元）	居民储蓄年末余额（亿元）	财政收入占完成投资的比重（%）
大　连	95.16	253.06	838.98	37.6
南　京	112.64	391.42	716.13	28.78
杭　州	104.28	461.79	941.84	22.58
青　岛	94.29	293.47	618.74	32.13
长　沙	46.02	279.80	444.07	16.45
广　州	246.19	978.21	2600.43	25.17
深　圳	265.65	646.69	1373.39	41.08
南　宁	24.30	1011.73	274.89	2.4
成　都	77.65	530.70	995.45	14.63

资料来源：《中国城市统计年鉴》，2002。

　　传统的城市基础设施投融资体制，是一种完全依靠政府单一的财政投入的僵化机制，排斥其他市场主体的进入。面对日益加大的城市基础设施建设，单靠政府投入显得心有余而力不足。随着改革开放的进展，尽管部分领域允许外资的进入，但由于准入规则的放宽是一个渐变的过程，在开放的初期排斥了一些国内外期望出资的大企业集团参与城市基础设施建设，总体上投资建设呈封闭式运行，所以进入城市基础设施领域的外资对于巨大的资金缺口而言，可以说是杯水车薪。另外，由于市场机制的不健全和管理上的不到位，一方面是投资缺乏；另一方面是已经投入建设的城市基础设施运行效益性低，回收基本无望，城市基础设施建设无法进入资金的良性循环，若是举债建设，必然使其债务越积越多。这样的投融资体制、机制，不利于民间资金、企业资金和外资进入城市基础设施建设这一瓶颈领域，抑制了市场调节机制，限制了有实力的企业参与经营性项目公平竞争的通道，妨碍了建设资金投入的健康发展，同时也浪费了资源和错失了机会，延误了发展。因此，现实需要产生新的投融资方式，呼唤城市建设新的理念，经营城市的出现，为改变传统的城市基础设施投融资体制注入了一股清新的空气，经营城市的探讨，为城市发展开辟了新的空间。

　　正是改革开放的政策实施，为经营城市打造了良好的基础，城市建设投资主体出现多元化的局面，土地的有偿有限期使用为政府增加了大量收入，开发区的设立和招商引资，吸引了大量的国内外资金，这些无疑加快了我国的城市发展建设步伐。我国"第十个五年计划纲要"指出，要"广辟投融资渠道，建立城镇建设投融资新体制，形成投资主体多元化格局"，并提出在政府引导下主要通过发挥市场机制作用进行城市建设，鼓励企业和城乡居民投资。党的十五大报告指出："公有制实现形式可以而且应当多样化。一切反映社会化生产规模的经营方式和组织形式都可以大胆利用。"在这种情况下，我国不少城市大胆探索，运用市场经济的观点重新认识和审视城市建设，提出"就城市政府而论，现在已不是要不要经营城市，而是需要深入研究如何有效经营"的观点[6]。

1.2.5 城市建设体制正在向市场化迈进

我国经济体制的改革方向是建立和完善社会主义的市场经济体制，它与一般的市场型国家的经济体制不同，不仅在于意识形态方面的不同，还有我国是在计划经济的基础上走向市场经济的。我们知道，高度集中的计划经济体制，它具有强大的行政指令性，便于在全国范围内迅速而有效地集中有限的资源，重点建设项目，这种体制在我国新中国成立初期对国民经济的恢复和发展，以及建立较为完整的工业体系发挥了决定性的作用。然而，计划经济的弊病也十分明显，就是它的体制较为僵化，缺乏活力，容易产生盲目性和惰性，而且抑制了多样性和创造性，随着我国现代化经济建设的发展，这种体制越来越不能适应需要。1978 年，改革开放后，我国的经济体制开始由计划经济向市场经济转变，由此，激发了巨大的创造力，全国各地都在探讨加快体制转换的步伐。

城市建设体制是与经济体制相适应的。原来由政府"一统天下、一包到底"的城市建设领域，也在经受市场化的洗礼。城市建设的资金来源逐渐趋向多元化，许多城市的发展都融入了大量的民间资金、国外资金或地区外资金，尤其是经营城市的出现，为城市的发展注入了一股新的活力。

当然，市场经济这只"看不见的手"也不是完美无缺，在运行当中也会出现许多问题，如投资的重复性、竞争的不公平性等，体制的改革不是一朝一夕、一蹴而就的，这需要进一步改革来加以完善。

在这个大背景下，每个城市就像一艘艘"百舸争流"的航船，无论是实力雄厚的大城市，还是数以百计的中小城市，在这场城市格局重新"洗牌"的竞赛中，都面临着怎样调整自身的定位、自谋发展、加快发展的问题。由此，经营城市，培育航船的核心竞争力，历史地摆在了每个城市的面前，自然也摆在了城市决策者们的面前。

1.2.6　城市发展面临知识经济的压力

知识经济既是各个城市发展一次拉平的机会，也是一次拉大的机会。

随着计算机技术、信息技术、空间技术的迅猛发展，人类社会正在发生着一场深刻的变革，人们从不同的角度描述着这个变动世界的特征，有人称之为信息时代、数字时代、网络时代，也有人称之为太空时代、环境时代、知识时代，不管怎样，知识经济、网络经济、信息经济已经向我们涌来。我们熟悉的世界正在改变，我们的未来正在被创造。知识经济、网络经济、信息经济带来的变革，将引起城市投资建设方式的变化。

人类在征服自然的进程中，曾有过几次划时代的认识飞跃，其中也伴随着区位的变动特征。陆权时代，麦金德[7]在《地缘政治论》中宣称：谁控制了亚欧大陆谁就掌握了世界。海权时代，马汉[8]在《海军战略论》中宣称：谁控制住海洋，谁就统治了世界。空权时代，赫里克说：谁统治空间，谁就控制了世界[9]。而在信息网络（知识经济）时代，可以说谁掌握了网络（知识），谁就掌握了未来。谁错过了信息网络（知识经济）革命，就等于丧失了在 21 世纪取得世界领先地位的机会。

"计算不再只和计算机有关，它决定我们的生存"（信息社会的传教士尼葛洛庞帝在其《数字化生存》中的名言）。电脑这个只会计算 0 和 1 的精灵，正在兵不血刃、潜移默化地改变着我们的生活，改变着我们的世界观，重塑着我们的价值体系。目前，信息技术正以涨潮般的速度发展，远程教育、远程医疗、可视会议、电子商务、网络购物等在不断延伸。被托夫勒称之为人类文明的第三次浪潮正席卷着世界的每一个角落，信息化、知识化已成为不可逆转的历史进程。

就拿网络来说，Internet 带来了一个全新的世界，这就是赛伯空间（Cyberspace），即虚拟空间。在这个世界里，比特（Bit）（信号）以光速运行，时空障碍消失了，到上海和到纽约几乎是同样的距离，地球真的变小了，成了"地球村"。网络的出现，使信息交流脱离了地域的分割和局限，为资源共享在一定程度上的实现创造了条件。也使得影响城市发展的因素发生了重大变化。

人类本身生活在空间中，而空间的概念却在逃逸出人类的生活。实际上这只不过是传统的空间概念已经过时，它正在发生异变，有了新的含义。新的空间将会削弱人类城乡聚居的差异，信息时代将会使摩天大楼和绿色原野"同此凉热"。难怪美国的一位房地产经理深有感触地说，信息高速公路正在取代购物中心、办公大楼和其他不动产，成为经商售货和提供服务的主要场所，这种潮流对房地产的出售、出租和价格具有毁灭性的打击[10]。

由此可以看出，信息时代和知识经济一方面将带来人们意识观念的改变，影响人们的生活习惯、价值判断、行为方式，另一方面将引起时间、空间概念的变化，导致基础条件、生产设施和营销方式的改变。这一系列直接的或间接的变化已经和正在引发公共物品的种类、品质、档次及其价值的变化。比如，由于技术和市场的推进，轿车进入家庭的时代已经开启，私家车量飞速增长，对道路交通和停车场地的要求压力越来越大；住房的郊区化边缘化园林化，不仅改变着城市的框架结构，也要求公共服务设施的提供和物业等管理服务的到位；因此，规划和建设城市必须以新的超前的视野，来认识和改造我们自身的环境。可以说，经营城市这一理念顺应了时代的要求，实践中也已经起到了明显的作用，在城市发展中十分必要。

1.2.7 城市发展面临加入世界贸易组织的挑战

加入世界贸易组织后，我国的经济运行法律法规将按照世界贸易组织的要求，逐步与国际规则接轨；经济主体的活动和其经济行为包括政府行为将更加规范；经济政策更加透明统一，知识产权保护将更加有力；投资领域将进一步放宽；市场经济环境将大幅改善。

城市建设领域面临更为激烈的竞争。随着"入世"进程的推进，我国对国内市场的一些保护措施将逐步废除，原来一直受到保护的行业，如电信、电力、自来水、煤气、道路、房地产、商业、旅游等城市基础设施，以及金融、保险、外贸、会计师事务所、律师事务所等将逐步向外商开放。一方面，更多的行业面临不断涌入的外资的竞争。另一方面，也给城市的建设和管理带来了挑战。

各级城市政府面临严峻的考验。加入 WTO 最大的变化将是政府行为方式的转变，在 WTO 规则涉及我国的 23 个协议中，只有两项涉及企业，其余都涉及政府。加入 WTO 后，我国经济发展的市场环境将更加国际化，市场竞争规则更加国际化。一个国家的企业是否能高效、高速地参与国际市场的竞争，取决于政府的行政效率。政府能否为企业创造最有利于生存和发展的竞争条件和市场环境，将是对政府的考验。入世后，要求建立有效的投资促进和管理机制。近年来，我国城市都围绕入世进行了相应的法规和机构的调整，但由于体制和观念上的原因，组织与管理模式没有大的突破，仅限于做一些客观的、政策层面上的工作，涉及投资营销、投资促进技巧开发和提供技术服务的能力较弱，与国际上的惯例或通用做法仍有差距，信息交流与合作也很有限。政府对经济管理的方式仍未完全转向市场经济，受计划经济长期熏陶所形成的对待建设项目、对待企业、对待投资融资、对待经营和营销的基本态度和思维方式，在入世后新的环境中将不能适应外商投资的需要。

入世对中国的城市建设、管理与竞争方式的影响是根本性的、基础性的、全局性的。城市政府能否根据城市自身发展和市场竞争的需要，尽快进行观念创新、体制创新、机制创新、管理创新和技术创新，进行优势再造，形成竞争的优势，说到底，在于政府怎样管理城市、经营城市。政府职能转得快，城市的竞争力就提高得快。市场竞争，归根结底是政府行政效率和管理经济能力的竞争。

中国适应加入 WTO 的过程，将是政府转变管理经济的理念、职能、方式的过程，是政府由按自己意愿采取渐进式、过渡式推进对外开放转向兑现承诺、全面开放的过程；改革和开放的推进方式发生了根本变化，是在外力形成的"倒逼机制"推动下加速度进行的过程。

我国政府管理经济存在的最主要问题，一是政府的错位、越位和缺位。大量该由市场配置资源的、该由企业和中介组织做的事，政府却在进行行政干预或严加控制，而大量该由政府管的事，却没人管或没有管好。二是政府管理经济的方式和规则与世界不接轨。管理缺乏透明度，靠内部文件指导工作；法律法规不健全，市场经济的法制环境还没有完全形成；靠政府行政指令做事，尚未有效使用 WTO 允许的手段，如经济手段、法律武器；多靠行政审批管理经济，设置过多的行政许可和前置审批等。三是行政效率低下。很多权力部门门难进、脸难看、事难办，审批一个项目少则半年，多则一、二年，等完成了审批，市场商机早已丧失殆尽。四是部门利益化，部门利益法律化。很多行政权力与部门利益紧密相关，导致政府部门之间争权、争利，形不成管理的合力。地方保护、行业垄断、部门分割使市场人为地被肢解。

政府管理中存在的问题，使一些在市场经济中行之有效的方式受到阻碍，比如企业不能全身心地关注市场变化，而是一只眼睛盯着市场，一只眼睛盯着市长。外资投资企业对中国最迫切的要求，也是按国际规则办事，提供与国际惯例接轨的良好的投资经营环境。

入世为政府改革提供了新的动力，不仅为各类企业参与更高层次、更宽领域、更大范围的市场竞争创造最好的公平竞争条件，也为经营城市扫平了观念与机制上的障碍。经营城市是提高一个城市国际竞争力的必然选择。

1.3　经营城市的由来

众所周知，城市的诞生已有几千年的历史，而经营城市不过是近十年的事情。经营城市的理念是不是自古以来就有的思想呢？目前看来准确的追根寻源还未有定论，但是我们可以从城市产生和发展的漫长过程来看"经营城市"这一思想的出现。城市是人类经济社会发展的产物，筑"城"以防卫，兴"市"利交流，城市的出现、演进和不断发展，是与城市经济发展相适应的，在人类社会向前发展的过程中，城市成为经济、政治和文化生活的中心，是推动社会前进的主导力量。

城市是社会生产力的空间表现形式，我国古代曾流传下许多城市建设布局的思想精华，比如两千多年前的《周礼·考工记》关于"匠人营国，方九里，旁三门，国中九经九纬，经涂九轨，左组右社，面朝后市"的思想，在长安（今西安）、汴梁（今开封）、平城（今大同）和北京等城市的建设中都有反映。在漫长的封建历史中，也形成了一些与今天市场经济不相符的观念，如"重农轻商""重礼轻商"，对"经营"不屑一顾，对商人更是鄙视，由此，抑制了经营思想的提升和发展。

然而，在西方市场经济社会，由于商品经济的发育较早而成熟，加上悠久的民主思想的影响，城市公共物品的提供，早已成为社会共同的事务，公众均可以介入，而不是政府一家的事情。从城市化发展比较早的英国来看，在城市基础设施建设中采取了两种模式，一是由国家开发建设；二是由公私合营进行开发建设。我们也可从一些国家的标志性建筑看出经营城市思想的浮现，如埃菲尔铁塔、巴拿马运河、美国横贯东西的北太平洋铁路。

到了20世纪70年代，一系列科学技术发现和发明，三次大的科技革命浪潮，推动了西方城市走向现代化。城市建设和发展的理论也丰富起来，兴起的城市经济学，运用经济学的理论来研究城市土地利用、交通运输、城市环境、住宅建设、公共财政等方面的问题，这其中包含了利用市场经济手段进行经营城市的观念。一是整体出售国有企业的资产；二是如国有企业难以整体出售则将其能盈利的一部分资产卖掉；三是把国有企业资产有偿或无偿转让给本企业职工；四是政府通过签订特许权协议方式，把政府承担的城市基础设施项目的设计、施工、融资、经营和维修的责任交给某一公司或外国企业，在建成此项目后的协议期内，通过经营该项目，获得投资回报，协议期满后，该项目无偿转让给政府，即采用 BOT 方式进行建设；五是采用政府出资，由私人承包提供城市基础设施产品或进行服务；六是将私人经营原则和市场竞争精神引入国营部门。如此等等，为经营城市理念的形成和运作提供了经验。近些年，法国、美国、日本、意大利等国家在城市基础设施投融资方面仍然在进行有益的尝试，值得我们关注和借鉴。

1.4　经营城市的发展阶段

在我国进行经营城市的实践时间还不长，如果简单的划分一下经营城市的发展阶段，大致可以分为两个阶段，即初创形成阶段和发展规范阶段。

初创形成阶段，大致时间是 20 世纪 90 年代初期开始到 20 世纪末。这一阶段，受改革开放日益深化的推动，经营城市的思想开始出现，在逐渐被社会认可接受的同时，迅速扩展开来。1997 年以后经营城市更是如同雨后春笋，在全国许多城市兴起了经营城市的热潮。这一阶段的特征是，各个城市加紧学习其他城市的经验，探讨自己经营城市的方式方法。由于理论研究的滞后，一些地方出现了简单的"卖地"，甚至破坏环境景观的事件。经营的方式相对简单，主要是出让、转让土地使用权或国有资产产权，除了一些城市基础设施的冠名权外，更广泛的无形资产涉及并不多。

发展规范阶段，时间进入 21 世纪后，经营城市出现了新的局面。表现之一是全国城市普遍轰轰烈烈地开展这一城市建设的新形式，其经营的规模和深度大大超过了前期；表现之二，一些地方出台了专门的政策和法规，一方面进行鼓励，一方面加强约束；表现之三，对经营城市的认识更加深刻，出现的一些理论对经营城市的开展起了推动作用，如对经营主体的确认，对经营对象的认定，对经营方式和手段的推介、对经营城市的误区及问题的防范等。尤其需要提及的是，对无形资产的认识，扩大到了文化资源（精神财富）、历史资源、环境资源、景观资源、生态资源及其衍生的相关资产。这一时期，一些城市还注意到了要从体制和机制上进行创新，促进经营城市的顺利进行。

1.5 经营城市的意义和必要性

1.5.1 经营城市的意义

需要明确一点，就是为什么要经营城市？简单地说，就是加速城市化、现代化进程。一种形象的说法就是"政府少拿钱，旧貌变新颜"。从实际运营的效果看，经营城市的确解决了城市建设与管理中存在的资金缺乏、建设效率不高等问题，而且推动了政府职能的转变，保证了城市规划的实施，使城市建设经济步入良性循环，促进了城市的可持续发展。对当今中国城市建设来说不乏是一种新的思路与行为。

经营城市不是人们心血来潮、随心所欲的炒作，它的产生有着市场经济发展的内在原因。也就是说，市场经济要求进行经营城市。随着中国改革开放的深入和完善，城市建设的形式也越来越丰富多样，经营城市也就被提出来并加以实践。

从目前看，经营城市至少有以下六方面的意义：

第一，经营城市有利于政府转变职能。

政府转变职能、政企分开一直是较难的问题，然而，经营城市这一方式却给城市政府带来了新的、具体的、可操作的途径。

市场经济是法制经济，它要求城市政府采用以法律法规为基础的经济杠杆管理模式。我国是公有制为基础的经济体制，城市政府拥有大量的国有资产，如何把这些资产的效用最大化的发挥，成为城市政府在市场经济下面临的重大课题。经营城市就是一些城市政府运用经济手段，解决城市建设发展问题的新探索。

在传统的计划经济体制下，城市政府直接组织微观经济活动，形成政企职责不分。由于强调基础设施、公共服务的公益性和服务性，它们一般由政府无偿提供。政府的独家投资、建设、生产和提供，一方面使公共企业缺乏降低成本、提高服务质量的激励。另一方面，单一的财政资金来源和免费提供带来的消费拥挤又造成了这些与生产、生活密切相关的设施和服务供给的严重不足，难以维持有效的再生产。

　　经营城市要求政府必须从过去对企事业直接插手的微观管理转向对城市整体资源的开发、利用、经营，转向对城市设施、生态环境的整体化的经营管理；通过发挥市场机制作用，经营城市使政府逐步从微观经济领域中脱离出来，真正实现政企分开，实现城市整体资源的可持续发展，可以把更多的精力投放到有关城市发展的宏观层面的把握和监督，从而促进了政府从"划桨"到"掌舵"的职能转型。经营城市是城市经济由僵化的计划经济转向市场经济，政府行为方式微观模式转向宏观模式的具体表现。这种崭新的城市发展模式本质上是对政府职能进一步转变的推动。

　　所以，尽管经营城市的思想来源于解决建设资金的缺口，但经营城市并不等同于城市建设资金的筹措，也不是企业所追求的利润最大化。经营城市首先是一种新的理念、一种观念的转变、体制的创新，它将几十年来"保姆政府"的传统观念变为"有效政府"的理念，强调了城市资源配置的市场化，城市管理方法上的系统性、整体性和相互协调性，在发展上更加注重了可持续性。

　　第二，经营城市有利于促进我国城市投资体制的改革。

　　经营城市改变了城市建设投资的来源渠道，使其市场化、多元化，并使得投资的产出效率得到提高。长期以来，我国城市发展建设的资金从来源渠道上看，主要有城市维护建设税、城市公用事业附加等税费收入，以及城建系统的预算外收入和有限的地方财政补贴。从建设资金的投入上看，一直是采用计划投资、财政拨款和银行贷款三种主要方式，其他还有国内外赠款和社会捐助等方式。在我国城市中，还有一种几乎不计成本的城市建设方式，就是城市政府以行政方式发动城市各个单位和居民，动员社会力量参加城市建设，共同创建城市，这种方式就是我们常说的"人民城市人民建、人民城市人民管"的方法。不管怎样，由于城市发展建设投融资机制主要建立在单一的国家和地方财力投资的基础上，一方面投资力度有限，不能适应新时期形势下城市发展建设的需要；另一方面，由于一直没有解决好的投资主体"缺位"问题，使得许多项目都不同程度地存在着投资效益较低和回报率较低的现象。而采用经营城市，有助于对城市传统的投融资、建设和管理体制进行市场化改革和运作，探索从单纯依靠政府投资，逐步发展到政府、银行、企业、社会等多方位、多渠道投资管理的新态势，创造多元化投融资的新局面。目前，我国许多城市面对新时代的发展机遇，都提出了要"高起点规划、高水平设计、高质量建设"的城市发展建设目标，经营城市将为实现城市的高速发展，克服原有投资体制的不利影响开拓道路。

由此，经营城市就是要对城市传统的投融资、建设和管理体制进行市场化改革和运作，探索从单纯依靠政府投资，逐步发展到政府、银行、企业、社会等多方位、多渠道投资管理的新态势，创造多元化投融资的新局面。

第三，经营城市有利于建立集约经济。

从社会进步的角度上讲，城市发展追求的目标不仅是单纯的生产生活便利、经济化，而且还包括全社会降低交易成本、居民精神物质环境质量全面提高等方面内容，并以城市发展带动其所在地区的整体经济的发展，促进整个社会的进步，使城市真正成为其所在区域的经济增长极。这也是城市经济由粗放经营转向集约经营的必然趋势。

这就要求经营城市的方式必须从资金、实物等要素的单方面经营转向物质资本与知识、信息、人才、文化、生态相结合的多方面、多角度、全方位的经营上来。从发展上看，人力资本、知识信息对生产力的促进作用，将会逐步超越传统的实物资本和货币资本，所以经营模式、经营的方向、广度、深度也必然发生很大变化，城市政府必须从单一的物质资本经营转向人力知识资本与物质资本经营并重的方向上来。从实践上看，经营城市可以进一步节约城市社会现有资源和现存财富，比如可以改变过去城市土地使用、划拨的简单粗放的管理方式，减少浪费；经营城市也可以进一步促进城市社会财富的增长，比如利用城市级差地租的存在，做好城市规划，有序建设，土地会遵循价值规律，自动涨价，无形增值。

"入世"之后，城市的竞争已经不仅仅是在企业层次，而且扩大到城市层次，形成城市和城市之间的竞争。在经营城市的范围上，城市政府也要从城市内部为主转向城市所在地区、全国乃至全世界寻求生产要素的优化组合。经营城市是加强城市管理、塑造城市竞争力素质的快速、有效手段。

第四，经营城市有利于人们重新认识城市资产，开发城市资产。

在市场经济条件下，城市中的各种有形与无形资产会发出新的价值光芒。对这些资产进行聚集、重组与运营，以城建城，以城兴城，发展城市，来实现城市的自我滚动，自我积累，自我增值，自我发展，不失为一个良策。可见，经营城市的理念，不仅可以使人们的资产观念发生深刻的转变，而且使人们对城市发展和管理的观念产生深刻的转变。

第五，经营城市有利于城市摆脱建设资金的困境。

城市建设由于它的投资大、周期长、公益性强的特点，长期以来都是政府的一大包袱。而且，随着人们对城市品位和城市功能完善要求的提高，城市建设所需资金更加庞大，而单纯依靠城市财政的老路子搞城市建设已越来越难以适应发展的需要。因此，要改变这种局面，就必须抛弃城市建设只有政府投入、居民无偿使用的旧模式，走经营城市的新路子。城市政府依据掌握的可控资源，对城市资产进行运营，开辟城市建设资金的来源。城市建设既可以由政府投资，也可以由企业、个人投资；既可以运用内资，也可以引进外资。总之，就是要改"一方投资"为多方聚资，改政府"一方包建"为全民共建，进行多元化开发建设。

第六，经营城市有利于改善和提高城市居民的生活质量。

现代社会，人们不仅满足于经济收入的增长，而且对于健康、卫生、娱乐、交流等方面要求越来越高，因而，人居环境就越来越受到人们的重视。依靠传统的方式来改善和提高城市的生态和环境质量，速度低且效益较差；若是通过经营城市，则可以较快的实现，我国许多城市的实践也说明了这一点。经营城市可以做到经济效益、社会效益和环境效益的统一，它是一个全面性的收益。

第七，经营城市有利于加速城市化进程。

中国目前最根本的是要解决贫困、失业、生活水平低、收入水平低、经济落后这样的问题。其中几亿农民收入水平能不能增长？地区之间差距能不能缩小？这是发展中国家的典型问题。解决这个问题的一个途径是在工业化的进程当中实现城市化。据有关资料预测，今后四五十年内，大概有四五亿农民要从农村转移出来。转移出农业后就要有新的事业干，对从农业转移出来的劳动力来说，这些新的事业就是工业、服务业等非农产业。经营城市客观上拓宽了城市建设事业，激发了城市经济发展的活力，增加了就业数量，自然推动了农村劳动力向城市转移、向非农产业转移的进程。

总之，对于城市资产的运营，实践已经证明：只要是依据经济规律和有关规定进行运作，就可产生良好的、巨大的经济、社会效益，为城市发展带来急需的资金和财力支持，提升城市的产业结构，扩大城市的经济规模，增强城市竞争力，加速城市化过程。

1.5.2　经营城市的必要性

我国正处于经济体制的转换时期，国际国内的新形势为我国城市的发展提供了众多的机遇与挑战。经营城市是加快我国改革开放和城市化、现代化进程的迫切需要和必然趋势。经营城市的必要性在于：

首先，国际竞争压力增大，不经营城市不足以尽快树立竞争力。世界范围内新一轮产业的大调整、大转移正在兴起，资本、产业、技术梯度转移的大趋势使得我国许多城市和地区成为国外制造业诸多部门的接纳地，但是，竞争也是激烈的，只有那些早有准备、早有安排、城市基础条件较好的城市，才能拔得头筹。因此，为了争得发展先机，各个城市必须先从基本的生产生活条件入手，加快改善城市的投资环境、经营环境、生活环境，而在城市财力有限的情况下，经营城市则不是可有可无，而是明智之举、必须采取的一种手段。

其次，国内竞争压力也在增大，不经营城市不足以加快建立用武之地。磨刀不误砍柴工。在经济全球化和知识经济的推动下，资源在全球范围内优化配置，企业布局在全球范围内选择最优区位已成为共识。经济发展的竞争已经不是"一城一地"的争夺，已经延伸到"跨行业、跨地区、跨国家"的地步。面对的不仅仅是国内的竞争对手，还有来自国外的竞争对手，各个城市也需要打出自己的特色品牌，构筑各方企业（投资者）可以用武的平台，因此，精心打造的创业环境，厚积薄发，顺势而上，经营城市是不可缺少的。

其三，时不我待，不经营城市不足以尽快确立竞争优势，实现赶超战略。机会是属于那些有准备的人，城市发展也是如此。经营城市的一个特点是，可以在较短的时间内动员和聚集大量的资本投入到城市建设中去，实现跨越式发展的目标。我国是一个发展中国家，要想较快的实现现代化，在 2020 年早日进入中等发达国家的行列，仅靠传统的城市发展模式，难以完成这一使命。经营城市势在必行。

1.6　关于经营城市能否成立的争论

经营城市是近年在我国才提出来的，是一个全新的理念。但也有一些人认为，经营城市是城市筹集资金的托词，没有新鲜东西；也有人说，经营城市不过是概念炒作，没有实质内容。那么，到底经营城市有无存在的客观基础和前提呢？

经营城市能够成立的理由有以下几点。

第一，公共设施及其产品和服务的有价性和可转让性，为经营城市提供了必要的经济基础。在市场经济条件下，城市中的一切资产都是有价值的，不管它是私人的财产，还是政府拥有的资源或资产，由于生产和服务的社会化，私人产品和公共物品都必然需要通过交换来实现其保值、增值的目的，实现其使用价值或补偿耗损的价值。这里，我们把极少数的无偿使用的公共物品除外。当公共物品出现供不应求或者短缺并成为城市生产发展和居民生活改善的瓶颈时，作为传统的公共物品的提供者——政府又无力解决时，完全可以发挥市场机制的功能，调动社会的力量，化解瓶颈危机。西方发达国家的城市政府并不包办所有的公共物品就是很好的例证。过去，我国长期以来没有向社会开放公共物品生产领域，一个重要原因是没有承认公共设施和其产品的有价性，天然地认为，公共设施应该国家投资，无偿使用，因而也就谈不上经营问题。

在我国，城市公共财产是国家长期巨额资金投入的结果，是资本的实物形态，实际上也是政府最大的一笔有形资产。在今天的市场经济原则下，城市这笔资产和城市价值就有了用武之地，是可以通过市场运作——"经营"来实现保值与增值的。

第二，公共物品市场化的趋势，为经营城市提供了社会基础。不论是正在走向市场经济的我国，还是老牌的市场经济国家，公共物品依靠社会力量来生产和提供的领域越来越广阔，而不是仅仅依赖政府来解决。在我们周围，可以看到从电灯到电话，从供水到供热，从铁路到公路，从植树到建房，除了涉及国家安全的部分公共服务产品外，公共物品的生产和提供进入市场竞争的范围越来越多，私人加盟和承建公共设施已不足为奇，这也是社会化大生产发展的必然趋势。北京石景山区第一家私人图书馆 2003 年 8 月 20 日宣告成立，标志着公共物品的生产进一步迈向了多元化的方向。我们也可以试想一下，假如公共物品没有市场化，不允许私人企业进入，那么，即使我们提出经营城市，那谁来参与呢？也只能是政府"自导自演"，与传统的"大包大揽"又有什么区别呢。

第三，城市政府转换职能的要求，为经营城市提供了制度基础和操作平台。假如没有政府转变职能这一变化，政府仍然沿用行政手段支配城市资源，那么，经营城市也就无从谈起。由此，我们也可以看到，社会进步与发展的大势，使政府不得不转变其职能，一方面，传统的由政府包揽一切式的提供公共物品已经不能满足城市发展的需要；另一方面，市场经济体制的建立要求政府的职能相应地进行改革和调整。按照我国政府机构改革的目标要求，市场经济体制下的政府机构，应当是"小政府、大服务"。职能转变的标志是，实现政企分开，提高办事效率。转变职能的方向，一是维护良好的市场秩序，为各类企业在市场经济中竞争创造良好的外部环境，二是加强政策引导，提高决策一致性和科学性。各级政府及其部门将按照"管方针、管政策、管规划、管监督"的方向，按照市场经济的"效率、公平、公开、竞争"的原则，强化宏观管理、弱化微观管理，把工作重点转到调查研究、制定规划、制定政策上。从实际情况看，城市政府确实需要从一些不应管、管不好的领域退出，而把有限的精力和资源用在规划管理、监督协调上。而经营城市，恰恰是政府转变职能过程中应当加强的内容。

在城市中，城市政府的一个重要职能就是作为市场的补充手段而存在，作为"一只看得见的手"，扮演着维护市场秩序，保证社会公平的角色。换一个角度来看，要建立一个公平公正的市场经济环境，需要创造两个关键条件：第一个是社会要建立以社会利益最大化为准则的监督机制，规范厂商的活动，防止市场机制失调后所带来的不良后果，建立平等、公正的资源分配秩序；第二个是社会要建立充足的公共物品的供应机制，这样才能保障企业和居民正常的、不断增长的生产和生活需要。由此看来，能够完成这两方面任务的也只有"市场经济的守夜人"——政府，尤其是通过经营城市的手段，对城市所提供的公共物品的种类、数量、分布、时间等，像经营企业一样通盘加以考虑，从而保证城市的可持续发展。

第四，加快发展的城市化进程的压力，呼唤新的城市建设理念。

目前，我国许多城市政府遇到的"头疼"问题是，城市基础设施的供需矛盾，也就是面对基础设施建设巨大的投资缺口。我国城市基础设施建设资金主要依靠以下几个来源：一是城市财政收入，但十分有限，由于城市中的教育、政府机关等部门的支出，花掉了财政中的大部分，许多城市的财政不过是个"吃饭财政"，因此，进行城市建设往往力不从心；二是银行借贷，但条件越来越苛刻，随着我国金融体制改革的逐步深入，特别是中国加入WTO后，银行越来越成为一个自负盈亏的独立经营机构，资金回报率成为银行贷款中考虑的关键因素，城市政府希望通过单纯的行政命令方式来获取大笔贷款资金的影响力下降。三是以土地出让金为主的有关收入，城市土地的稀缺性决定了靠出让土地使用权可以筹措大量的资金，但这笔收入的可持续性难以维持，一个城市有多少后备土地资源呢？它虽解决了一时的燃眉之急，但不可能形成长期的资金供给；四是引进外资，我们知道，基础设施一般都具有投资大，回收周期长的特点，在没有建立起一整套行之有效的基础设施项目运营机制之前，要想大量吸引以盈利为目的的国外和本市以外企业、个人的投资也是不太现实的，更何况外资的引入要受国际政治经济形势的影响，不确定性很大。因此，如果能够使城市建设运营的效率得到提高，使得银行和外企的投入都能取得预期良好的回报，那将是非常有说服力的。所以，城市发展迫切需要新的"经营管理"理念，以实现城市建设发展的良性循环。

一些学者也提出了经营城市可能带来的负面效果，显出了担心。他们对经营城市有几个疑问[13]：一是经营城市是不是应该由政府直接去经营企业。二是经营城市应该经营到什么程度。三是经营城市应该采取什么方法，是过去的计划行政方法，还是市场方法。现在有一些政府部门大谈经营城市，恰恰在为地方政府管制企业、政企不分找借口。目前，城建产业的某些政府管制和政府企业交易中的暗箱操作，是反市场化的。比如，出租车牌照特许经营问题，出租汽车公司和政府之间的利益就有个如何分配问题。再如，珠三角地区，水广河密，桥梁很多，到处都要收过桥费，延误时间，费用很高，这里有个政府与企业的合理协定问题。

假定经营城市成立的话，一是可以理解为把城市资产当资本来运营。过去城市资产没有价值，现在当成资本。政府手中的资产，包括无形资产，和企业手中资产一样，可以拿到市场上配置，以实现升值。二是国外经营城市，把政府也当成一个企业来经营，主要强调的是管理，也就是借鉴总经理管理员工的办法和制度来管理政府，不是政府直接去办企业。可以理解的经营城市是，政府首先要退出那些竞争性领域，能交给市场运作的尽可能交给市场运作，即使有些要保留经营的，也应采取市场化手段。不能市场化的要民主化。

有人提出了"不应把城市当企业来经营"的观点，值得我们关注。他们认为，在国外，很少看到公园收门票的，而在国内，有些城市恨不得街心公园也要收钱，甚至有的名牌大学还收门票，不可思议且会有负面问题。公共物品如此经营，其公共价值没有给予市民，也没都进入财政，至少有一部分被少数利益集团控制了。我们认为，这里要澄清：一是经营城市并不是城市政府简单、直接的依据现有各种资产来收费或出让；二是看国外的一些公共设施的免费提供时，还应考察其背景体制和财政收支渠道，否则难以做出合理的判断；三是经营城市中出现的负面现象（如个别利益机构聚财、甚至腐败等），并不是中国独有的，也并不是经营城市独有的。

不过，经营城市在决策程序上，应该是民主化的，市民应有发言权，以此保证经营城市的大众化目标。这样，政府运用城市资产扩大的收益，才能真正体现全体市民的意愿，而不是少数人、个别单位的聚财，才能真正提升城市资产的价值，才会真正发挥其效率。

注释：

［1］任致远：关于城市经营的几个观点，《城市经济、区域经济》，2002（6）：9

［2］江曼琦：对经营城市若干问题的认识，《南开学报》（哲学社会科学版），2002（5）：62—67

［3］建设部：《2002年城市建设统计公报》

［4］中国市长协会：《2001—2002中国城市发展报告》，西苑出版社，2003年版

［5］李津逵：《城市经营的十大抉择》，海天出版社，2002年版

［6］任致远：关于城市经营的几个观点，《城市经济、区域经济》，2002（6）

［7］麦金德（1861—1947）：英国地缘政治学者

［8］阿尔弗雷德·马汉（1840—1914）：美国历史学家、地缘政治学者

［9］陈炎：《Internet改变中国》，北京大学出版社，1999年版

［10］陈炎：《Internet改变中国》，北京大学出版社，1999年版

［11］国际企业创新论坛（EIFI）首页＞高峰会议资讯＞城市经营＞正文

［12］立经营城市新机制走"以城建城"的市场化新路子，《城市》，2001（3）

［13］谁来为中国城市化买单？《中国经济导报》，2002年10月15日

第2章 经营城市的理性认识

2.1 经营城市是一种新的发展理念

对于经营城市的内涵和功能，目前存在着多种认识。其中，比较流行的观点认为，经营城市就是按照市场经济的观点来重新审视城市的建设和发展，将城市资产作为重要的资本来看待，把能够推向市场的经营性资产（项目）推向市场，走"社会化服务、产业化发展、市场化运行、企业化经营"的路子。通过市场运作，对城市可控的资产进行积聚、重组和营运，最大限度地挖掘这些资产的潜力，盘活存量、吸引增量，使城市资产滚动增殖，从而形成城建资金投入产出的良性循环。

其实，经营城市在解决城市建设资金短缺方面和实现城市资源效益和资本效益的最大化上，虽然都有其不可否认的重要作用，但更为重要的、更为本质的是它带来了一种新的思想、一种新的观念、一种新的理念或新的思维模式。中国城市发展研究会副理事长朱铁臻就指出：经营城市是现代城市发展理念的创新。现代城市不但要求要建设好、管理好，而且要善于经营。城市不是单纯的投入对象、建设对象和管理对象，而且是可供开发利用的主体。

经营城市是一种全新的思维模式。作为一种新的理念，它表现了一些不同于原有的理念的特质，比如对资产概念的认识，不仅局限于传统的企业资产或有形资产，而是扩大到整个城市资产。城市是一个十分重要的资产。所谓资产是指能够给所有者或控制者带来权益的一切有形的和无形的、劳动的和非劳动的经济资源的总称。城市中有各式各样的资产，如国有资产、集体资产和个人资产；还有工业企业、房地产业、生产资料和财产、资金，甚至环境、形象等；过去，由于认识的局限性，这些资产都是分散独立的发挥着作用，并没有把城市作为一个整体资产来对待，使其从总体上通过整合来发挥作用。即使是从国有资产的角度来看，也同样是处于分散状态，如同"每人一把号，各吹各的调"，形不成整合力量。

其实，用市场经济的观点来看待城市，城市聚集了大量的有形资产和无形资产，只要按照一定的合法方式，将城市的这些有形资产（包括城市土地、基础设施、公用设施、环境设施、旅游设施及其附属物等）和无形资产（包括开发权、使用权、经营权、冠名权、广告权等相关权益）投入到市场中去，把城市资产进行集聚、重组和运营，既可产生巨大的效益，得到丰厚的回报，市政公用建设事业就会得到良好的滚动发展，政府也不必再为筹集城市基础设施和各项建设资金犯愁了，也不必总是动用行政手段来完成城市建设目标和任务了。

通过经营城市，不仅能够解决城市发展建设资金短缺、建设效率低下的问题，还可以在达到改善和发展城市基础设施、环境建设等的同时，提高城市自身的价值和竞争力，满足广大人民群众物质文明和精神文明的需要，有效保护城市自然和历史文化遗产，使城市发展建设纳入可持续发展的轨道。

经营城市是一种体制的创新。经营城市使得政府的管理方式、管理手段、管理内容都发生了深刻的变化。对政府职能的认识，不仅局限于传统的以行政手段管理经济社会活动，而是拓展到各种手段兼容并蓄，突出以经济手段来调节经济活动；对经营手段的认识，不仅局限于政策和规划，而且引入了资本运营的方式。由于经营城市的不同凡响，它正在为我国越来越多的城市接受和推崇。

经营城市是一项积极的有效的市场化管理实践。经营城市的主体是城市政府，客体是城市资产。经营城市过程中既涉及政府的行政行为，也涉及市场的经济行为。在发达的市场经济国家政府运用市场手段调节经济活动已是司空见惯，而在我们的城市中，由于长期的指令性计划管理的惯性影响，城市政府还未能充分利用市场这一有力武器，因此，中央对政府机构改革明确提出了要充分发挥市场配置资源的基础性作用，经营城市是推进政府职能转变的一个重要实践活动。政府运用多种手段来调节经济活动，这些手段相互作用、相互依存、相互补充，构成多元化的城市建设和管理的新格局。其实，从城市的发展产生和历史来看，城市是政治、经济、文化发展综合的产物；城市发展的动力，并不是一元的，而是多元的。在现代城市中，政府只有运用多种手段、借用多种资源，创造多元化的投资主体间的自由竞争环境，才是城市活力与效率的源泉所在。

在城市的建设发展过程中，观念的更新和理念的先进性起着至关重要的作用。一旦发现或提出新的先进理念，它本身就是生产力，就具有了竞争力。经营城市的实践已经说明，这一新的理念，正在改变城市的建设速度和水平。可以说，近年南京市在城市建设上的奋起直追与观念的更新就不无关系，从2002 年起，南京城市要大发展大跨越，4 年拟投入 1000 个亿，光 2003 年就要投 351 个亿，而政府财政每年只能承担很小的一部分，必须要用"新思路换财路"。无锡 2002 年举办了一个城市洽谈会，引来 100 多亿的内资外资参与城建，对南京启发不小。上海这几年发展得如此之快，也是按市场规律，大量筹措城建资金的结果。因此，经营城市是越做越会做，越做越敢做。正如南京市代市长蒋宏坤所说，"一个城市，政府思想不解放，老是缺钱，城市发展步子快不了。只有通过经营城市，吸引增量，盘活存量，让资产在流动中保值、增值，才能加快城市发展。"[1]

2.2　经营城市是一种新的城市治理模式

经营城市是在新的城市发展环境下的政府职能的转型，是一种新的城市治理模式。经营城市是改革开放以来，在建立社会主义市场经济体制进程中出现的新事物。它以一种新理念、新机制、新举措，开创出了一条推动城市现代化建设的新路子。

国际上，城市治理指的是城市政府与非政府部门相互合作促进城市发展的过程，它一方面强调政府职能的稀释（dilution）和政府组织的精干（lean），要求城市政府管理方式的不断改进完善；另一方面，它强调城市利益相关者对城市发展的广泛参与，以合力来促进城市的发展和城市竞争力的提高。

在我国，由于 20 多年的改革开放，政府机构改革和市场经济体制的建立，不仅增强了城市政府的效率、有效性、责任性、透明性和回应性，而且提高了市民对城市发展的主动参与度，形成了城市政府与非政府组织共同关注、参与、促进城市发展的新机制。

城市治理没有固定的模式，不同的国家和地区甚至是同一国家的同一城市在不同的时间也呈现各异的特点。经营城市是在我国经济体制转型的背景下发展起来的，它突破了我国传统城市的管理模式。运用竞争机制和市场机制把城市拥有的各项资产加以有效配制或效用最大化，实现了城市投资建设主体的多元化；它调动了城市利益相关者的积极性，实现了城市非政府组织对城市发展的广泛参与；它通过从经营企业到经营城市转变，实现了政府职能的转变。因此，作为一种制度创新，经营城市是在我国经济体制转型的特殊时期产生、发展起来的具有中国特色的城市治理模式，是对我国传统城市管理模式的改革发展。

经营城市是对我国城市建设方法的新探索。就我国现阶段而言，由于城市政府缺乏雄厚的资金支持和经济实力，城市发展建设的资金成为制约城市建设和发展的最大瓶颈难题。如果把城市作为一个资产来看待，政府可以对这一资产进行经营，就能为城市发展建设筹集到大量的资金，突破瓶颈难题，从而加快城市发展建设的步伐和提高城市发展建设水平。政府如果将城市资产通过市场加以运作，对城市资产进行集聚、重组和运营，还可以最大限度地发挥城市资源的潜力，实现城市资产的保值和增值，走出一条"以城建城、以城兴城"的城市建设市场化路子。以大连的实践经验来看，从 1992 年到 1999 年，全市可支配财力由 21 亿元增加到 90 亿元，其中可用于生产建设的资金由 8000 多万元增加到 36 亿元，从 1993 年至 1999 年，七年间多花了约 268 亿元，这部分新增的资金主要是靠经营城市得来的。可见，城市本身不仅值钱，还可以通过经营城市来挣钱。开展经营城市有利于资源优化配置，充分发挥城市资产效益，为城市发展建设聚集资金，有利于完善城市功能，改善城市环境，提高城市综合竞争力。

2.3　经营城市是一种新的城市发展模式

在我国城市的发展过程中，不论强大的特大城市还是经济基础薄弱的小城市，也不论历史悠久还是历史积淀少、包袱小、发展潜力大的新兴城市，进入改革开放时代以来，都在探索自身的发展模式，希望在发展思路上有所突破。归纳总结我国城市发展的思路与模式，可以分为两类。

一类是"经营企业模式"，也可称为"经营产业或产品模式"，主要围绕上项目抓企业，来吸引投资，扩大经济总量，通过不断生产出有竞争力的产品，在市场上出售，来获取收入，并带动城市的基础设施建设和经济发展；青岛市可以说是"经营企业模式"的成功典范，该市的企业品牌在全国是有名的，形成了以名牌企业集团为支柱的工业体系。青岛的"五朵金花"，即海尔、海信、澳柯玛、青啤、双星等 5 个全国驰名商标,占全国驰名商标总数的 1/30。随着工业名牌的树立,青岛的城市品牌也逐步形成。这种"产品经营模式"以拳头产品打出去,创造知名品牌来为本市经济发展赢得收入。其发展的路径选择为"产品品牌、产业发展—相关产业发展—第三产业发展—城市规划、建设与管理—环境的改善与优化",通过上企业项目来吸引投资,通过具有较强竞争力的产品输出到区外来获取收入,最终带动了城市的基础设施建设和经济发展。

另一类是"经营城市模式",把经营城市作为突破口,将城市作为一种特殊的产品来设计、建设与经营,通过经营城市的有形与无形资产,营造城市的最佳投资环境与最宜人的居住环境,吸引国内外商家来此投资,吸引国内外游客来此观光、游玩、购物,从而为城市争取投资,增加收益,带动经济与社会全面发展。"经营城市模式"遵循着"城市经营、规划、管理—环境改善、优化—产业和经济发展"这样一种路径选择。其中,城市的经营、规划、管理是手段和方式,环境的改善、优化是媒介和依托,产业和经济发展才是最终目的。

"经营企业模式"由于是从计划体制下延续过来,我们并不陌生。为了发展经济,过去很多城市都是一个路子,即:争项目,找贷款,办工厂,通过兴办企业,出产品,上产值,拿利润,增税收,以为这样政府就有钱了。因此,不少市长在相当长的时间里只是热心于企业的事,关心如何把企业做大、做多,就因为这样才能有钱,提高 GDP,从而提升城市的地位。但事实上,由于市场竞争日趋激烈,各地重复建设项目众多,由政府新办的工业项目,往往面临诸多风险,搞不好辛辛苦苦办起来的企业,不仅不能挣钱,还要背上债务包袱,赔进去的更多,然后不得不再拿纳税人的钱去堵窟窿,从而造成恶性循环。

现在的"经营企业模式"在内容上与过去相比已经发生了许多质变。一是政企分开的改革已经进行了多年,政府的职能和管理企业的方式发生了转变;二是国有企业体制改革有了较大的进展,企业自主权得到尊重和落实,市场经济的主体地位日渐树立;三是法律法规越来越完善(如财政体制和税制改革),法制的健全和约束使得各种经济活动更加规范,各种经济关系也愈加清晰;四是经济全球化和入世的影响,国际性企业的进入和国内新型企业的成长,促使我国政企关系的变革。所以,鉴于经营企业内容的实质变化,考虑到政府依然对于企业(包括私营企业和外资企业)具有的重要指导作用,我们这里并没有简单地否定这一模式,其实,这时的经营企业更多的是政府调控市场。

"经营城市模式"是 20 世纪 90 年代在我国城市建设发展中出现的一种新的模式，所以称为新，主要是因为：一是它突破了原有的城市管理观念，把城市作为一个整体来经营运作，把纯粹的行政管理变为真正的经济管理；二是突破了原有的城市工作思路框架，把着力点从企业移至城市资产；三是突破了原有的经济体制，推动财政收入渠道和企业管理体制的改革。当然，"经营城市模式"的发展需要有城市的区位优势和环境优势为前提条件。在这方面，大连市可谓得天独厚。大连市地理位置优越，地处辽东半岛南端，是北方重要的港口城市，同时又是欧亚大陆的东桥头堡，与日本、韩国、俄罗斯等商贸往来频繁；环境优美、气候宜人，海滨风光与山水风光共存，大陆性季节气候和海洋性气候兼有；原有的城市规模大，城市基础好，城市化水平居全国前列。以上优势都能够在经营城市的环境经营模式战略下得到充分的挖掘、发挥和提升。

至此，我们虽然不能就此判断"经营企业模式"和"经营城市模式"这两种城市发展模式孰优孰劣，但它们之间确实存在着一些不同。

1. 两种模式实现条件不同，各具优势

"经营企业模式"要求以市场需求和资源供给优势为前提条件。也就是，首先必须有市场需求，才能采用经营企业模式。如果没有消费需求，盲目进行投资和生产，即使生产出再多再好的产品，也难以销出去，产品的价值也就无法实现，潜在优势也就无从转化为现实优势，也就不能为城市赚取收入。其次，该城市拥有生产该种产品的资源优势，如先进的生产技术、优质廉价的原燃料、便捷的运输条件等，从而使本市生产该种产品的生产成本较低，利润较大，能为城市赢得收益。

"经营城市模式"则是以区位优势、环境优势和人文优势为其实现的前提条件。诸如位居水、陆、空交通要冲，运输条件优越；以广阔的内陆区域为腹地，吸引辐射范围广大；气候温暖湿润，山水景观秀美，用地条件良好。拥有上述条件的城市，多发展成为规模较大的较高级中心地，它是整个区域与外界联系的纽带与桥梁。其城市建设，不仅是自身经济发展的需要，更是广大腹地经济全面腾飞的客观要求。

两种城市发展模式在实际生活当中，即使在一个城市中，都是客观存在的，或者同时存在的，而且其实也并不矛盾，并不互相排斥，而是有机联系的，相互影响的。经营城市模式的根本目的，也是为了本城市企业的产品经营更具竞争力，而本城市企业的竞争力的有效增强，会加大经营城市的规模和速度。

2. 两种模式关联机制不同，殊途同归

"经营企业模式"以优势企业的名、优、特等拳头产品打出去，来为本市赚取收入，进而，再进行城市基础设施的建设。这种模式有两类较为独特的形式：一类是经营的企业"少而精、少而强"，也就是若干个龙头骨干企业，走的是"骨干化"发展的路子，形成的城市多为专门化的工业城市，如资源型城市。以一种或几种同类产品繁荣城市的例子在国内外并不少见，如国外的汽车城底特律、丰田、温莎；国内的钢城鞍山、宝山；石油城大庆、盘锦、东营、克拉玛依；酒城宜宾；烟城玉溪；电子城绵阳；等等。另一类是经营的企业"多而广、多而杂"，城市当中不易找出具有影响力的龙头企业，如我国东南沿海地区许多城市中的企业集群（产业集群），很难分辨龙头老大，这类城市可以说，走的是"大众化"发展的路子，形成的城市为综合化的产业城市，这类综合性城市在城市总数中占居多数。不论是哪种类型，它们的经济发展关联机制均为：以关注企业（项目）、产品生产为出发点和着力点，然后，拉动相关生产部门发展（包括第三产业发展），直至推动城市规划与建设。采用经营企业模式发展起来的城市，往往其产品或企业知名度大于城市知名度，就像有些人知道波音麦道公司，却不知其所在城市西雅图一样。

"经营城市模式"将城市视为一种特殊的产品，以城市的自身形象为品牌，吸引投资者、消费者走进来，来投资建厂、兴商、发展产业，来旅游、购物甚至定居，为本市增加收入。经营城市模式的经济发展关联机制为：城市规划建设—房地产业等第三产业发展—环境优化—第二产业发展。采用经营城市模式发展城市，一般要求城市本身拥有许多亮点（经营城市的立足点），也就是一些公共资产具有较强的投资吸引力和可变现性，比如拥有优越的投资环境和宜人的居住环境等。当然，同时也可以拥有打得出去的拳头产品，只是此时城市的知名度远远大于某种产业或产品的知名度而已。例如，上海、大连都属于国际性城市之列，由于历史的积淀，城市的品牌和知名度太高了，以至于其城市内众多国内、国际闻名的企业和产品反而显得月朗星稀。

3. 两种模式的行为主体不同

"经营企业模式"并非城市政府直接进行经营管理，而是通过一定的传导机制，来实现政府对经济活动的社会化管理，即"政府调控市场，市场引导企业"。如果城市政府"事必躬亲"的抓企业上项目，那就回到了传统的经济管

理的俗套之中，这是不可取的、需要淘汰的方式，这一点正是政府职能转变工作的着力点。市场经济条件下，选产品、上项目，是企业家的事情。他们根据市场需求及区域资源优势，确定厂址、生产规模与经营方式，以追求利润最大化为目标，其最大利润的实现同时也为城市提供了丰厚的税收，为城市经济发展做出了贡献。而城市的规划、建设与管理，是一个全局性的大问题，由于每个经济体的趋利性，导致他们只贪图眼前利益和小集团利益，却无视长远利益和全社会的利益，因而不可能承担起规划、建设与管理城市的重任，政府也就当然地成为公共利益的"守护人"。

而在市场经济条件下，政府作为竞争性行业投资主体的地位日渐淡化，作为社会各方面利益协调者的身份不断明确。政府的主要职能就是为经济发展营造一个便捷、宽松的环境，包括城市硬环境和软环境，也就是经营城市。产品的经营者是企业家，城市的经营者是城市政府。能否为城市选好一个发展方向，能否将城市规划好、建设好、管理好，应视为政府政绩的一项重要评判标准。

"经营城市模式"与政府的职能有许多结合点，政府发挥作用的空间余地较大，因而，普遍受到各级城市政府的重视。但也并不是要城市政府直接进行"经营"活动，而是需要城市政府充分利用经济杠杆指导城市建设、资产经营等经济活动。

4. 两种模式存在内在联系，同舟共济

从经营企业模式来看，进行某一种产品的生产，会通过其纵向联系，如前向联系和后向联系，带动相关产业的发展，通过横向联系带动城市生产性服务与生活性服务业的发展。如炼钢会带动采矿、炼焦、炼铁、轧钢、机器制造、金属加工业的发展，由此带动相关生产性服务及生活性服务业的发展，促进城市的成长与繁荣。经营企业模式虽然行为源直接发生在某一类行业领域，但波及的范围最终还是加大了城市的设施、相关产业的发展。在生产性功能得到强化的同时，"中心地"的功能也在加强。

从经营城市模式来看，首先发生变化的是城市建设，如城市的环境建设、基础设施建设和房地产业的发展，先是塑造一个较佳城市环境，然后吸引投资，再实现产品生产，带动相关产业的发展。该方式依靠的是其环境优势对许多产业的较强吸引力，它一方面可以通过吸引投资，发展各类产业来积累资金，进一步优化城市环境；另一方面又可以通过环境的塑造和第三产业的发展，吸引各类人才，增强区域竞争力和发展后劲，使城市的中心地功能不断强化，在区域经济发展中发挥引导、组织、管理与协调的作用。

由此看来，只要不是传统意义上的经营管理企业，也不是狭义的片面的经营城市，城市政府采用何种方式，或者创新发展，都无可非议。目前看来，不宜对两种方式评判优劣、先进落后，各城市应根据实际情况有所侧重。实际上，两种方式在我们的经济生活中都客观的存在着。

2.4　经营城市的理论基础

应该说经营城市是从实践中产生的，它的迅速兴起和扩展，不仅有深厚的现实社会根源，也有相应的理论基础和依据。经营城市的科学性，决定着它的生命力、影响力。

经营城市本身还未形成完整的理论框架，许多方面还正在探讨，包括目前提出的经营城市的概念与内涵还有待于规范，经营城市与城市管理的关系还有待于揭示，发达国家现代城市管理与经营城市的异同还有待于挖掘，但不管怎样，从目前经营城市的开展来看，其依托的主要理论基础是经济学和管理学。

2.4.1　价值学说

经营城市的理论依据，根本点在于城市是有价值的实体。从早期古代城市的出现到今天现代化的大都市，可以看出，城市是生产力发展、社会分工和上层建筑、生产关系变革的结果，是人类劳动的产物，是人类文明的结晶。一切构成城市空间和功能的载体，无一不凝聚着人类的智慧和劳动。因此，按照劳动价值学说，城市是有价值的客观存在，是社会漫长发展中积聚的巨大财富，城市也是最大的国有资产。经营城市，就是要把城市有价资本要素进行优化组合，使静态的资产富于活力，通过市场化营运，从而达到资产增值，促进城市经济、社会发展。

新中国成立后，由于较长时期实行计划经济体制，城市建设基本上是以政府投入为主，并且形成了巨大的国有资本。随着社会主义市场经济体制的建立和完善，城市作为市场经济的重要载体，人流、物流、资金流、信息流等成为城市之间争夺的对象。城市的土地、公共建设等资源，开始从非经营性资产逐步转化为可经营性资产，市场配置城市资源的范围不断扩大，程度不断提高。按照市场经济规律，政企分开，引进竞争，对大部分的城市资源实行市场化经营，这是市场经济发展的客观要求，也是城市现代化发展的必然趋势。当前，我国城市普遍处在现代化发展的大规模建设阶段，建设资金普遍紧缺。建设资金的来源既靠城市自身的积累，又靠引资借债。但是借债总是要还的，城市不能长期依靠"负债经营"，负债不能超过 GDP 增长允许的尺度，关键在于实施"以城养城"，这是市场经济规律的必然选择。要通过对现有城市国有资产资源的重组、拍卖、租赁、转让、抵押、有偿使用、冠名等多种经营运作方式，最大限度地盘活存量资产，筹措建设资金，加快城市建设，改善和提高城市居民生活质量，促进城市财富的节约与增长，提高城市竞争力，使城市更加"值钱"。

2.4.2　公共物品生产理论

经济学上把所有的产品可以分成为两大类，一类叫作私人物品，一类叫作公共物品。

社会生活中，有一类物品，每个人都离不开，都需要，但每个人都无须主动去配置。例如，通畅的道路、宜人的绿地、街上的路灯、地下的排污管道、空中的通信等。这些就是公共物品，它的概念很广，除上述的公共设施外，还包括城市社会治安、国防战备、防洪抗震、防疫免疫、生态保护、环境治理，包括产权保护、经济环境和秩序等。这些公共物品相对于具有消费"排他性"的"私人物品"——你用了我就不能用而言，这些可以共享的公共物品是私人无法公平和有效提供的。

公共物品，顾名思义，是公众享用的物品。它由大家来共享，享受部分又是不可分割的。微观经济学认为，不具备消费的竞争性的商品叫作公共物品。一层意思是它不属于任何一个消费者，也并不只服务于个别人，而是针对社会中每一个人，是一个城市乃至一个社会；另一层意思是公众可以共同消费，多个人、多个家庭、多个企业可以同时进行消费，一个人的消费并不阻止其他人的消费。因此，公共物品对一个城市乃至一个社会的正常运转都是不可缺少的。公共物品的供给，需要一个公共机构，这个公共机构主要指的就是政府，也可以不是政府。城市经营主要是经营公共物品，就是利用一部分可动用的公共资源来经营、提供公共物品。

如果某公共物品同时还具备不排他性，即无法排除一些人"不支付便消费”，则称之为纯公共物品；否则称为非纯公共物品（也有学者称准公共物品）。公共物品也常分成两大类，一类是硬件，一类是软件。硬件指的就是道路、自来水、环境等这些完全不可分割的东西，同时包括一些公用物品。软件主要讲的是规则，包括法制、政府管制、服务、秩序治安的维护、法制的建设等。

与公共物品相对应的是私人物品，私人物品是与消费分割的，支付也是可分割的，可计量的。它是那种可得数量将随任何人对其消费的增加而减少的物品。它在消费上具有两个特点。第一是竞争性：如果某人已消费了某种商品，则其他人就不能再消费这种商品了；第二是排他性：只有购买了商品的人才能消费该商品。实际上，市场机制只有在具备上述两个特点的私人物品的场合才真正起作用，才有效率。一般来说，私人物品由私人或者说由民间来提供，纯公共物品由政府来提供；非纯公共物品由政府和企业联合提供。但现在有两个变化，一是由于技术及制度设计方面的原因，纯公共物品或者准公共物品越来越变成私人物品了，原来由政府提供的物品，也可以由企业来提供。

那么，公共物品与私人产品到底有哪些不同呢？让我们看一下公共物品的属性：

（1）不可分割性，或是整体性，一方面是说公共物品不能分割开来进行消费，另一方面是说没有一个消费者可以完整地消费一个城市的公共物品。

（2）非排他性（non-excludability），或是公共性，就是说一个消费者消费的同时，其他消费者同样可以消费，不可能限制或排除他人消费。这也反映了权属、使用的大众公共特性。

（3）外部性，也就是公共物品强大的外部经济性，使厂商、个人消费者可以“免费搭车”，降低成本，获得收益。治理后的清新大气，没有办法阻止其中的人们“享用”空气，征收费用。修建一条城市干道后，带来道路两侧房地产增值，既无法控制房地产价格的上涨和当地的主人“共享”，也无法使房地产增值的收入回归道路建设者。

（4）非竞争性（non-rivalry），即一个人消费后不会减少他人消费的价值。

（5）垄断性，长期以来城市公共物品由城市政府独家提供，往往形成垄断行业或服务部门，既使消费者不满意本市的公共物品，也难以得到更换产品，转到另一个城市享受公共物品服务。

（6）难测度性，或是模糊性，对于所提供的公共物品是否让消费者感到满意，让纳税人觉得物有所值，很难有一种量化的标准来衡量。例如[2]，纳税人可以为自己的纳税而要求城市交通畅通，然而，在一个财政年度里，是加宽一条路，还是新修两条路，才能算是纳税人所要求的城市交通畅通，是没有一个客观公正的尺度的。换句话说，既是政府没有拿纳税人的钱创造一个纳税人所认可的交通畅通，纳税人也很难拿出任何法定的一句讨回自己的公道。

由于公共物品是全体社会成员都能同时享用，而这种物品的消费又不可分割，这种公共物品的外部性，社会利益超过了私人利益，具备上述特点的公共物品不可能在有效率的私人市场上找到。也就是说，作为个体不会单独去配置这类物品；因为个体配置这种物品，会有其他人白占便宜——"搭便车"。这样，如果单靠市场调节，没有人购买，就不会有资源投入公共物品的生产。而公共物品又是每个人都需要的，这就产生了市场无法解决的矛盾。当然，除非政府利用税收、补贴以及其他形式的干预手段去鼓励，否则，公共物品的供应将出现危机。

于是，人们只好委托一个特殊的机构——政府，专门来配置公共物品。当然，这个机构不可能凭空变出公共物品，它必须向大家征收税费，才能完成提供公共物品的任务。这样，社会对政府就有了期望和要求，政府在现代社会里的角色定位应当是：向全社会征收税款，负责向社会提供全套的公共物品和公共服务。按照经济学的理论，无论一个政府有多么远大的政治抱负、崇高的精神道德或其他什么存在的理由，它作为一个公共机构最基本的功能是简单清晰的，即"组织和执行公共物品的供给"。从经济上看，政府和大众之间，实质上是一种买卖关系：大众通过缴纳税款，去购买政府的服务。通常人们意识不到这一点，原因在于：政府提供的产品和服务包罗万象，从城市建设、社会治安，到经济环境、法律制度，直到公共福利、国防战备等，纷繁的产品与服务容易混淆这些公共物品的商品本质。再有，政府在提供这些物品的时候，往往以管理者的姿态出现，使人忽略了它作为一个交易者的真实身份。

政府的产品和服务，对一个社会的运行和发展是至关重要的。很难想象，城市里的环卫工人停止工作，警察部门宣布解散，或是印钞厂关门歇业，对社会秩序会造成什么样的冲击？就更不要说什么经济发展和繁荣进步了。公共物品的基础性、渗透性、公用性，使它成为生产财富不可缺少的一项基本要素。

如何使全社会得到高品质的公共物品和一个合理的税收标准？换个说法也就是，如何在市场上用合理的价格买到称心如意的商品。答案是：自由选择和公平竞争。在买卖关系中，如果买方面对一个垄断的卖方，买方必然要吃亏。只有让多个卖方公平竞争，让买方自由选择，才可能买到品质和价格都令人满意的商品。反映到政府和公共物品的问题上，就是说，组建政府时，要让众多的个人或团体参与竞争，而纳税人具有挑选政府的权利。竞选者不仅要承诺能提供什么样的产品和服务，而且要标明这些产品的价格，即税收计划。政府建立后，如果不能兑现自己的承诺，或者不能使公众感到满意，公众有权通过一定程序终止交易，改换其他的团体来重组政府。

这样做的结果，使公共物品的供求也能趋向均衡，即政府中不存在富余人员、对社会事务的管理恰到好处（供求数量平衡），政府人员没有特权（行业无超额利润），政府的收支政策随时接受全社会的检讨（价格双方决定）。所谓理想中的高效廉洁政府，其实就是公共物品达到了市场均衡[3]。

一个国家，如果公共物品的生产处于垄断状态，公共物品就会出现低质高价现象。这样一来，一方面降低了社会的福利水平，导致社会成员的需要得不到全面满足。更重要的一方面是，公共物品的供给若被垄断，既浪费了资源和效率，也容易滋生腐败，还会阻碍国家的繁荣富强。

不是一提公共物品，就必须由政府提供，由政府自己去生产公共物品，也不等于说公共物品就是免费的。有很多公共物品，其实可以由私人提供的。城市公共设施的建设往往需要大量投资，不是单靠政府提供或者私人提供，就可以完全解决的，两者都存在一些难以克服的困难，因此，利用市场来弥补资金缺口，是许多国家已经证明十分有效的方式。这样，建设资金来源应当多元化，而且大部分可由非政府途径提供。政府的主要职能是组织公共物品的生产和供给。比如说这条路怎么修，修在什么地方由政府来安排，政府通过招标，修这条路的公司可以是私人公司，但是它最后是作为一个公共物品进行消费的。

公共物品的供给与回报机制分析。由于公共物品（基础设施）的外部性，使其投资价值不能完全从产品本身的供给中体现出来，这样，也就很难单纯依靠对产品本身的使用收费，来保持基础设施的良性循环。然而，对公共物品（基础设施）所产生的经济效益构成进行分析，我们可以发现：一是公共物品本身所创造的经济价值；二是利用公共物品后，企业经济效益和居民效用的增加；三是公共物品（基础设施）性能、条件改善后，城市土地价值的增加。因此，对城市公共物品（基础设施）的经营活动（供给与回报）也可以从这三个方面着手：一是根据不同公共物品（基础设施）的不同供给方式、不同性质采取不同的定价方式，利用价值规律和市场机制促进资源的优化配置：对鼓励居民消费的公共物品，为使其社会效益达到最大化，可采取鼓励消费价，如电价，可随用电量的增加分段递减；对稀缺的公共物品，为了促使居民节约消费，使有限的社会资源得到最经济的利用，可采取提价措施抑制消费，如用水方面，可随用量的增加采取分档分级价格递增；可采用市场调节价，即公共物品的价格由市场供求状况和竞争机制自发决定，政府运用财政政策和货币政策等手段进行间接调控。二是通过企业的利润和居民收入间接地收回。三是通过收取土地增值税将对基础设施的投入收回。

2.4.3　市场作用与市场失灵理论

按照微观经济学原理，市场尽管蕴藏不可估量的力量，但也会出现失灵的情况。也就是当市场不能引导资源有效配置时，它就失灵了。

市场为什么失灵呢？根据亚当·斯密的"看不见的手"的原理，每一个人在追求自身利益的时候，会在一只看不见的手的指引下，实现增进社会福利的目的。但这只看不见的手有可能出现的问题，第一个就是资源配置的低效率问题，高效率一直被认为是市场机制的最主要的优点。然而，在很多情况下，这种看法却并不正确。比如，我们知道，自由竞争往往会引起垄断，而在垄断的情况下，市场机制就不能够导致资源的最优配置了。第二个是分配问题，看不见的手最多只能解决效率问题，而不能解决分配问题。实际上，纯粹的市场机制的作用往往会导致贫富差距的扩大，导致两极分化。第三是失业和通货膨胀，这是人们通常所说的宏观经济问题，随着竞争，常常是有机构成不断提高，而当有效需求不足时，导致大量的工人失业。相反，如果需求过度了，则会引起通货膨胀。最后，还有生态环境恶化的问题。

为了进一步说明市场作用和市场失灵，让我们先从资源有效配置说起。所谓资源的有效配置，是指能够使得社会效率达到最大的资源配置。要使社会效率达到最大，一个必要的条件是：所有资源的边际社会收益与边际社会成本都要相等。如果在某个地方，资源的边际社会收益大于边际社会成本，则这意味着，在该处配置的资源太少，应当增加。因为在这种情况下，增加一单位资源使社会增加的收益要大于使社会增加的成本。反之，如果在某个地方，资源的边际社会成本大于边际社会收益，则这意味着，在该处配置的资源过多，应当减少。因为在这种情况下，减少一单位资源使社会减少的成本要大于使社会减少的收益。由此可见，只有在边际社会收益和边际社会成本恰好相等时，资源配置才能够达到最优状态。

　　一般来说，市场机制本身至多只能保证资源配置的边际私人收益和边际私人成本相等，而无法保证边际社会收益和边际社会成本相等。市场经济本身还存在着各种各样的"不完全性"，诸如：产权的不完全，转让的不完全，信息的不完全，竞争的不完全，调节的不完全。正是这些不完全性造成了经济活动的边际社会成本和边际社会收益不相一致，造成潜在的互利交换和生产不能得到实现，造成市场机制的失灵。

　　市场作用的一个结果是还将产生垄断。垄断的产生主要有三个方面的原因。第一是资源垄断。如果某种资源是生产某种产品所必需的，而这种资源又被一个生产者所独占，则这个生产者也就拥有了生产那种产品的垄断地位。第二是自然垄断。由于技术条件和市场状况决定了某种生产最好只由一家企业进行，两家或两家以上的企业来进行就会造成浪费。如供水管道，为了向城市的居民供水，企业必须铺设遍及全市的水管网。如果不是一家，而是两家或更多企业来提供这种水管网，那成本就会提高很多，因为每个企业都必须花费大量的固定成本，造成重复投资和重复建设。此外，每家每户都铺设好几条水管，也是极不方便的。第三个原因是政府垄断，也就是由政府制造的垄断。例如，政府规定在某一地区的某种产品只有某一个企业可以生产和销售，其他人则不得以任何方式经营。在所有的垄断当中，最引人注意的、也是最容易引起不满的就是这种由政府制造出来的垄断。这种垄断在现实社会中却较为普遍，随处可见。

　　垄断的产生实际上是对市场作用的一个否定，它损害了原本能够带来效率的市场机制。一方面，就是它不公平。垄断限制了其他人的进入，造成了机会的不公平；垄断者还可以通过制定较高的垄断价格获得垄断利润，造成收入的不公平。另一方面，垄断会造成低效率。首先，存在垄断利润本身就意味着低效率。因为有垄断利润存在，说明在这个行业里，资源配置得太少，产量生产的太少。很多人愿意进入这个行业进行生产，可是由于垄断而进不来。如果取消垄断，则会有更多的人参加进来竞争，则价格就会下降，垄断利润就会消失，产量也会增加。其次，垄断利润的存在，也造成垄断企业的不思进取。最后，垄断导致寻租行为的产生。由于垄断既缺乏公平，又没有效率，因此，对垄断应当加以限制，而且需要政府这只"看得见的手"采取一些办法来限制垄断。

　　对于公共物品，市场之所以失灵，还有一个原因是因为消费者很难得到充分的公共物品的需求信息。首先，单个消费者通常并不很清楚自己对公共物品的偏好程度；其次，即使单个消费者了解自己对公共物品的偏好程度，他们也不会如实地说出来。为了少支付价格或不支付价格，消费者会低报或隐瞒自己对公共物品的偏好。他们在享用公共物品时都想当"免费乘车者"，即不支付成本就得到利益。由于单个消费者的对公共物品的偏好不会自动显示出来，故也就无法从他们来推断出对公共物品的需求并进而确定公共物品的最优数量。

尽管我们在实际上难以通过公共物品的供求分析来确定它的最优数量，但却可以做出一个基本的判断，市场本身提供的公共物品通常将低于最优数量，即市场机制分配给公共物品生产的资源常常会不足。

关于不完全信息，不仅是指那种绝对意义上的不完全，即由于认识能力的限制，人们不可能知道在任何时候、任何地方发生的或将要发生的任何情况，而且也是指"相对"意义上的不完全，即市场经济本身不能够生产出足够的信息并有效地配置它们。这是因为，作为一种有价值的资源，信息不同于普通的商品。人们在购买普通商品时，先要了解它的具体情况，看看值不值得买。但是，购买信息商品却无法做到这一点。人们之所以愿意出钱购买信息，是因为还不知道它，一旦知道了它，就没有人会愿意再去购买它。这就导致了信息供给的不足。

公共物品的生产和消费问题不能由市场上的个人决策来解决。因此，必须由政府来承担起提供公共物品的任务。政府如何来确定某公共物品是否值得生产以及应该生产多少呢？在这里，常用的一个重要方法是社会项目评估。它首先估计一个公共物品项目所需花费的成本以及它所可能带来的收益，然后把二者加以比较，最后根据比较的结果决定该项目是否值得。如果评估的结果是该公共物品的收益大于或至少等于其成本，则它就值得生产，否则便不值得。

2.4.4 公共物品与外部性理论

所谓外部性，是指某个人的一项活动给其他人的福利造成了好的或坏的影响（也称外部经济性或外部不经济性），但却并没有得到相应的报酬或者给予相应的补偿。经营城市可以产生强大的外部经济性，使厂商"免费搭车"，降低成本，获得收益。

有的时候，某个人（生产者或者消费者）的一项经济活动会给社会上的其他成员带来好处，但他自己却不能由此得到补偿。此时，这个人从其经济活动中得到的私人利益就小于该活动所带来的社会利益。这种性质的外部影响被称为"外部经济性"。另一方面，有的时候，某个人（生产者或者消费者）的一项经济活动会给社会上的其他成员带来危害，但它自己却并不为此而支付足够抵偿这种危害的成本。此时，这个人为其活动付出的私人成本就小于该活动所造成的社会成本。这种性质的外部影响被称为"外部不经济性"。西方经济学中有许多"外部性"的经典例子，如你购买割草机所花费的成本，并不反映你使用割草机所产生的噪音给邻居带来的损害；人们和企业购买木炭的成本，并不反映废气散入大气而给其他人所造成的损害。这就是客观外在性的例子一项交易对第三者的经济影响。"清洁空气"既是一个非排他性的例子，也是一个非竞争性消费品的例子：即使某些人为防止空气污染而付出了代价，也不可能把那些没有为此付钱的人排除在呼吸清洁空气的利益之外，他们是靠别人付费的"免费乘客"，清洁空气的生产者也难于为自己提供的服务收取费用。从经济上来说，这是没有效率的。经济学家最喜欢引用的有关公共商品的例子是灯塔：它满足非排他性和非竞争性消费两个条件，也具备除非政府任何人都不愿提供的明显特点。常被引用做有关外部性的例子是蜜蜂养殖。在这里，外在性是指一种利益，而非成本。养蜂人为周围的花果种植者提供了授粉劳务，但却得不到与之相对应的报酬。因而，从社会角度来说，蜜蜂养殖量可能低于最适水平。

经济学上已经证明，外部性，不论是外部经济性还是外部不经济性，都将造成资源配置的不当或效率的损失，解决这个问题有如下几个办法。

第一是政府干预，使用税收和补贴。对于获得外部经济性的企业，国家可以征税，其税收的数量应该等于该企业获得的好处，从而使该企业的私人成本恰好等于社会成本；对于遭到外部不经济性影响的企业，国家可以补贴，也可对造成外部不经济的企业征税，其税收的数量应该等于该企业给社会其他成员造成的损失。无论是何种情况，只要政府采取措施，使得私人成本和私人利益与相应的社会成本和社会利益相等，则资源的配置便可以达到最优。

第二是内部消化，实行企业合并。例如，一个企业的生产影响到另外一个企业。如果这种影响是正的（外部经济性），则第一个企业的生产就会低于社会最优水平；从第二个企业看，由于获得了额外的好处，第二个企业的生产就会高于社会最优水平；反之，如果这种影响是负的（外部不经济性），则第一个企业的生产就会超过社会最优水平；从第二个企业看，由于获得了外加的损失，第二个企业的生产就会低于社会最优水平。但是，如果把这两个企业合并为一个企业，则此时的外部影响就"消失"了，即被"内部化"了。合并后的单个企业为了自己的利益将使自己的生产确定在其边际成本等于边际收益的水平上。由于此时不存在外部影响，故合并企业的成本和收益就等于社会的成本和收益。于是资源配置达到了最优。

第三是明晰产权，确保责权利对应。在许多情况下，外部性的存在之所以导致资源配置失当，是因为产权不明确。所谓产权，是通过法律界定和维护的人们对财产的权力。它描述了个人或企业使用其财产的方式。如果这种财产权是完全确定的并得到充分的保障，外部性就可能不会发生。科斯定理详尽的揭示了这一原理。例如，在清洁空气的例子中，只要某些人真正拥有空气所有权，污染者也就不可能不受任何约束地去污染空气。传统微观经济学强调财产权与效率之间的这种联系。根据这种观点，以促进效率的方式分配财产权是政府职责的一部分。

【链接】火车头喷出火星[4]

1960年弗吉尼亚大学的罗纳德·科斯发表了《社会成本问题》一文。在这篇文章中，科斯认为，在处理外部性或公共物品问题时，通常并不需要任何形式的政府行动。即不需要税收、补贴等手段，也不需要公共措施。只要财产权已经存在，就无须改变这种权利的强烈政策。

关于科斯定理，科斯本人并没有一个明确的说法。而一些经济学家则给出了一些不同的表达方式。一种比较流行的说法是：只要财产权是明确的，并且其交易成本为零或者很小，则无论在开始时将财产权赋予谁，市场均衡的最终结果就都是有效率的。这里所说的交易成本，包括两个方面，一是事前为达成一项合同而发生的成本，一是事后为贯彻该项合同而发生的成本。

科斯先生最喜欢引证的有关外在性的例子是美国传统的燃烧木柴的火车头，很遗憾，这种火车头喷出的火星很容易点着沿路农户的牧场。依据传统的思想，这种情况下解决问题的关键是财产权的分配。

假如农场主在法律上有权禁止铁路公司点着牧场，铁路公司就必须在他们的机车上安装火花控制装备，以减少对农场主牧场的损害。假如铁路公司有权不受任何约束地任其机车喷射火星，农场主就只能遭受更大的损害。

科斯先生并不认为这种分析方法就是很好的经济学。他的核心思想很简单，即法律上的权力——如财产权利——也可以买卖，他们也是商品，可以像考察分析其他商品的交换一样去分析它们的交换。如果农场主能够在法律上坚认火车头不能出火星，他们就可以把这种权利卖给铁路公司。如果铁路公司有权任意喷放火星，农场主可以为此出钱让铁路公司减少火车头火星的喷放。不仅如此，两者的结果完全一样。

假定农场主有权阻止火星的喷射，如果喷放火星的权利给铁路公司带来的利益大于阻止这种喷放给农场主带来的利益（因为控制火星喷放的成本是昂贵的），铁路公司就可以从农场主手中买进喷放火星的权利。其结果是对牧场的损害依然继续。反之，假定铁路公司有权随意喷放火星，而且仍然是喷放火星的权利给铁路公司带来的利益大于停止这种喷放给农场主带来的利益，那么，铁路公司就不会出卖自己的权利。结果依然，对牧场的损害将继续存在。

有一点是不同的，财产权的原始分配影响收入的分配，换句话说，如果你拥有某种东西，你的处境就比你没有这种东西时好。但是，这种财产权的原始分配对减少火星的喷放量完全没有影响。经济的力量确保这种具有同等效率的分配在任何情况下都可发生。这一思想被称作科斯定理。

1974 年，科斯先生把注意力转移到了灯塔上——一个比蜜蜂寓言历史更长的被用来证明市场失效的例子。《经济学上的灯塔》一文概述了英国 17 世纪以来的灯塔历史。它表明，具有代表性的英国的灯塔一直是由私人企业提供的。

在早期，船主和托运人请求国王允许某些人建造灯塔，并对因此受益的过往船只收取一定的费用，这些费用由灯塔所有者的代理人在港口收集。科斯先生写道："这些灯塔由私人建造、管理、集资和所有，所有者可把这些灯塔卖出或做遗产处理，政府的作用只限于灯塔财产权的建立与执行。后来，管理灯塔的责任被移交给领港公会这个半官方的组织。但是建造灯塔的费用仍是来自于从过往船只收取的"灯塔费"，而非一般的税收。

科斯定理和它所引起的进一步研究，推翻了外在性和公共商品必须要求政府干预的假设。但他们并没有用"市场总是能自我调节"的假定去取代它。

例如，科斯定律承认，如果交易成本高得使人无法承受，市场就会失败。结果，经济学家们对通过降低经营成本以纠正市场缺乏效率的做法的兴趣比以前强烈了。而那种以更精巧、更大胆的行政调控去追求效率的做法显然已经过时。

在大多数交易情况下，一项交易的达成要使得有关各方都能满意。但如果没有一个事先商定好的交易办法，人人都将不欢而散。一个最简单的传统的博弈例子是"囚犯的两难困境"。两个囚犯都被指控有罪，检察官告诉他们，如果他俩都招供，每人都处 10 年监禁。如果两人都不招供，每人判处 2 年监禁。

如果两人中一人招供，招供的人将被判 1 年监禁，而另一个没有招供的将被判 20 年。如果他们能达成一个默契的协议，两人都声称自己无罪，每人被判刑 2 年。但假定他们不可能达成这种默契的协议。这样，每个囚犯将会考虑不管对方如何行动——如果自己招供，自己的处境将会好些。结果两人都可能招供，每人得到 10 年监禁。

总之，提供充足的公共物品是政府的职责。公共物品具有消费的非排他性、非竞争性等特征，无法在个人用户中间分割，也不能阻止没有出钱的人享受它带来的好处，因此，不能通过市场交易来提供，必须由政府提供。包括国防、义务教育、立法、社会保障和救助、重大基础设施、基础研究这些公共物品，是任何一个社会发展所必需的，涉及全体公民的利益，涉及国家整体的长远的利益。提供充足的公共物品，是市场经济下政府的基本职责。

一般来说，对一级政府工作的评价，既包括经济增长的指标，也包括社会秩序是否安定、法治环境是否公平、教育机会是否充足、对弱势群体的关照是否周到，以及发展是否具有持续竞争力等诸多方面的指标。而这些方面都涉及政府所提供的公共物品是否到位和充足。事实上，缺少足够的公共物品，经济发展的速度难以保障，其成果也难以支撑长久。

2.4.5　公共财政与政府职能

在市场经济条件下，政府的职能是十分清晰的，包括提供公共物品和公共服务，调节收入和财富分配，通过产业政策，以及利用财政政策、货币政策和其他政策调节社会总供给与社会总需求的关系，以实现适度经济增长等宏观经济目标等。随着社会主义市场经济的发展，我国财政收支格局及政策取向正在向"公共性"方向转变，加入世贸组织后，这一取向得到加强。从财政收支的两个方面市场化改革来看，政府的职能和服务方向已经发生了明显的变化。

从财政税收体制的收支重要关系看起，税收是政府取得财政收入的一种形式，但在不同的经济体制环境中，税收的作用和意义有着很大的差异。计划经济体制下的税收，主要来源于国有经济单位，税收转化后的支出——"投资"，也主要投向国有经济单位，服务于国有单位。这种以国有经济为基础的财税体制，自然要对国有单位"关心有加"，形成收支"一一对应"的主导格局，其他经济单位自然也就被排斥在"主流"之外。经过多年的改革开放，我国经济体制不断向市场化方向迈进，市场主体多元化的格局已经形成，既有国有单位，也有集体单位和个体私营者，还有外商投资企业等，由此，税基的内涵也发生了很大的变化。不用说政府本身担负着提供公共物品和服务的特殊职能，就是按照"取之于民，用之于民"的收支对应原则，政府的服务面更广阔了，内容也更丰富了，要办的事情也就多了。先不说税收的钱是否够花，单从改革开放前后财政收支的变化，就可看出，政府的职能也在发生相应的变化。

按照公共财政理论，在市场经济的体制环境和公共财政的框架中，政府之所以要征税，就在于为社会提供公共物品和服务。这时，税收被赋予了一种带有鲜明市场经济色彩的"权利与义务相对称"的意义。只要纳税人依法缴纳了税收，便因此享有了向政府索取公共物品和服务的权利；只要政府依法取得了税收，便因此负起了向纳税人提供公共物品和服务的义务。纳税人（企业和居民）所消费的公共物品和服务，来源于政府提供公共物品和服务的活动。政府用于提供公共物品和服务的财源，又来源于纳税人所缴纳的税收。在这里，财政税收所担负的任务，说到底就是为"办众人之事"而"聚众人之财"[5]。这样，围绕着公共物品的生产和服务这条线索，把企业、居民和政府联结在了一起。企业和居民之所以要纳税，就在于为了换取公共物品和服务的消费权；而政府由于收税而责无旁贷地要满足纳税人对公共物品和服务不断增长的需求。

更进一步看，既然聚的是"众人之财"，为的是办"众人之事"，那么，有关税收的征收、缴纳、使用的全部事项，都必须纳入众人的视野，根据众人的意志来进行。有关税收制度设计、税收政策安排的所有工作，都应本着"众人之事"的议事规则，按照"众人之财"的理财方法来操作。这一点，从美国的城市建设管理体制可以看到这一点（详见后面案例：美国经营城市的策略与实践）。

按"办众人之事"的需要"聚众人之财"。税收收入的规模，应严格按照"以支定收"而不是"量入为出"的思路加以确定。在计划经济条件下，既然财政收入和财政支出完全听凭政府自身的安排，实行所谓"量入为出"——按照财政收入的多少安排财政支出的规模，也就成为一种自然而然的选择。但在市场经济条件下，政府不再统揽社会资源的配置，特别是政府要从事与其身份相符的收支活动，因而政府应当且可以从企业和居民手中取得多少税收收入，就成为一个需要认真研究的问题。

既然市场经济体制环境中的税收或公共财政框架中的税收，其实质意义在于为"办众人之事"而"聚众人之财"，那么，"聚众人之财"的标准，只能是市场定价基础上的"办众人之事"——政府生产公共物品和提供公共服务——的最低需要量。所以，"以支定收"——以社会公共需要为参照系，按照政府生产公共物品和提供公共服务的最低需要量来安排税收收入的规模，应当是处理诸如税收收入规模的界定、财政收入规模的界定以及财政收入占国内生产总值比重之类问题可以依循的唯一标准。诸如，在财政支出上，应不断加大对社会保障的支持力度（目前为 10％左右），使其支出水平逐渐接近发达国家的水平（加拿大 39％、日本 37％、澳大利亚 35％）。还应适时调整公共投资的基本思路。在凯恩斯的有效需求理论体系中，公共投资支出还是提高就业率的主要措施。

从市场经济体制和公共财政框架下，来看一看围绕税收而形成的各有关行为主体的行为问题。在计划经济条件下，政府实行的是在"取自家之财，办自家之事"理念基础上的税收方式。但在市场经济条件下，从公共财政框架和世贸组织规则的角度来看，围绕税收而形成的各有关行为主体的实质关系是：企业和居民为了换取公共物品和服务的消费权而纳税，税务部门为了筹措提供公共物品和服务的财源而征税，其他政府职能部门为了向社会提供公共物品和服务而用税。因此，要建立与社会主义市场经济体制环境和公共财政框架相适应的机制，就必须适时地、主动地进行理念及运行规则的调整。其方向是："聚众人之财"来"办众人之事"。

当前，由于在制度上的不完善，城市政府部门存在着寻租行为，也就是会利用公共权力追求各自的利益，这就会影响国家统一有效的法律秩序，市场经济秩序就难以建立。因此，要建立市场经济所需要的法律秩序，首先要解决公共权力的公共性问题。转变政府职能是重要的一环，此外，还必须加大公共财政建设的力度，来确保"政府权力的公共性"。其实，这两个问题是互相联系的。为了保证政府权力的公共性，第一，要从制度上确保城市政府的重要职能是为整个社会提供公共物品，防止利益冲突；第二，为了保障城市政府这一职能是为社会提供公共物品，城市政府行使权力所需要的物质资源，只能依赖公共财政。

2.5 经营城市与城市（区域）发展

经营城市与城市发展密不可分，与其所在地区的经济活力密不可分。经营城市与城市发展相辅相成，互为发展前提，彼此互相促进、共同发展。实际上，经营城市是在城市发展的宏观背景下展开的，没有城市宏伟的发展蓝图

（总体发展战略规划），没有诱人的经济发展前景，经营城市就很难有作为，如同"巧妇难为无米之炊"。这种依存和促进关系，实际上也就是经营城市与经济发展战略的相互关系。如果一个城市经济活跃，增长点多，经营城市就有了运作空间。当然，经营城市作为一种理念和方式，它并不是被动地起作用，它往往可以通过出思想、出思路、出方法、出举措，激活城市中原来被忽视了的资产，赋予城市资产更高的价值。目前，经营城市已经引发了我国城市轰轰烈烈的建设热潮，带动了城市与区域经济的蓬勃发展。而城市与区域经济的进一步扩张，反过来又为经营城市提供了运作的舞台。从实际情况来看，经营城市完善了城市的基础设施、提升了城市的投资环境、树立了城市的形象、壮大了城市的影响力，强化了城市在地区的中心作用。反过来，城市及所在地区的经济繁荣，确确实实为经营城市提供了"用武之地"。仅是 2003 年以来，全国众多城市热火朝天的经营城市的浪潮与各地经济竞相发展的态势交织在一起，形成了一幅我国城市现代化建设极为壮观的景色画面：各个城市争先恐后，一派百舸争流之势。

2.5.1 对城市发展的认识

城市是个十分复杂的聚合体，既有经济现象，还有政治的、文化的、社会的、地理的现象，城市中的各种事务与现象，都有自己的运动规律和特征。在现代城市的发展中，城市经济具有举足轻重的决定作用。

从城市的发展看，它是跟社会分工、商品生产和市场发育、科学技术进步紧密相连的，它是人类文明进步的象征。当今，城市是现代经济和社会活动最为活跃的区域，在这里一般都进行着较大规模的社会生产、商品交易和物资集散等，这里往往构成一定区域的政治、经济、科技文化中心。城市，具有较强的经济实力、发达的商业贸易、先进的科技教育、便利完备的基础设施、训练有素的劳动力和较高的经营管理水平等诸多优势。城市代表了一定区域的社会生产力水平，随着新世纪我国城市化进程的加快，城市的中心作用越来越显著，城市已经成为现代社会诸如信息、物资等各种活动交汇的特殊场所。

由此，可以概括城市的特性：一是人口的集聚性和从业的非农性；二是经济要素的集约性和产品（物资）的集散性；三是设施的齐备性和技术先进性；四是社会活动的领先性和主导性。

在谈到城市发展时，常常会涉及城市经济发展。那么什么是城市经济呢？

一般是指社会再生产过程在城市空间的具体表现，是城市空间范围内各经济部门的总和。就城市经济的组成来看，它主要包括城市内部的工业、商业、建筑业、服务业、旅游业、金融业、交通运输业、市政事业等经济部门，以其生产专业化以及财富与技术的集中为其特征。城市经济还包括城际之间的商品、原料购销活动，专业化协作和城乡经济联系以及城市内部经济部门的正确比例关系，城市内经济建设与市政建设的正确比例关系等。

我们认为，城市是区域性的经济、社会、文化活动的中心。城市经济是相对于乡村经济而言的，以非农产业为鲜明特色的经济活动。城市经济的空间地域范围，从板块看，一般包括城区经济（核心层）、郊区经济（外围层）和市辖的郊县（市）经济（边缘层）。城市经济，它并不排斥农业活动，在城市内尤其是郊区也可以有农副产品的生产与加工，如都市农业、观光农业、高科技农业示范园区等。另外，也不否认非农产业在农村地域的成长，可以说在我国的任何一个乡镇地区都可以找到城市中的产业门类。

长期以来，对发展有两种明显不同的理解：一种是西方的传统观点，认为发展就是经济增长。经济增长不但是发达国家和地区发展的主要目标，也是发展中国家和地区发展的主要目标；另一种则强调，发展应以社会——人的发展为中心，经济增长只是一种手段，目标是社会的进步，包括消除贫困、失业和不平等。有的更认为，经济增长目标只适用于发达国家、地区，社会发展目标则适用于发展中国家、地区。

对于城市发展的内涵，有学者认为：在社会主义市场经济新的历史条件下，城市发展应有新的含义：（1）发展是城市变化的一种不可逆的长期动态过程；（2）发展是城市质的变化，而不仅仅是量的扩张；（3）发展是城市从简单到复杂、从低级到高级的演进过程，并通常赋予社会文明、生态保护等积极的价值评价意义。因此，城市发展是一个城市不断进步着的经济社会演化过程，即伴随着经济结构、社会结构、政治结构及观念意识变化或变革的持续的经济成长过程。

从一个侧面来看，城市发展本身就是城市人口增长的一个过程。过去，有些地方讲城市发展不敢讲城市规模的扩大，只提它的质量的提高，这是片面的，也不符合实际发展规律。如果城市只追求城市质量的提高，而不追求它规模的扩大，质量提高会受到阻碍和限制。在我国沿海地区就有搞"贵族城市"的教训，没有规模增长，修了路修了机场最后还不起钱。没有经济的增长，城市难以发展，人口规模的增长，实际上包含劳动力就业的增长，而就业的增长恰恰是城市发展的一个机遇。

城市发展的另外一个重要的内容就是服务业和文化产业的发展，没有一定规模的人口，就没有一定规模的文化产业。跨国公司之所以都愿意到大城市去，是因为大城市具有一定规模，它具有各种较为完善的服务机构和跨国公司需要的人才，包括教育、交通、娱乐等基础设施。

不论人们对城市发展如何表述，或是如何理解城市经济发展，城市却是实实在在的存在于客观世界中，存在于我们所生存的环境中。城市发展的客观性和必然性表现在：经济活动对城市的依赖性和不可回避性；经济要素在城市空间的聚集性和集约性；城市经济的开放性和辐射性；城市地位的重要性和产业的独特性。

此外，我们还需要认识到，城市经济一方面在为人类社会带来巨大财富的同时，另一方面也引发了一些现实问题。自工业革命以来，特别是第二次世界大战后，世界各国中出现了大量的农村人口转入城市，城市的规模迅速扩大，这就带来了城市的一系列社会经济问题，如：人口膨胀、失业增加、贫富悬殊、交通拥挤、住宅紧张、地价昂贵、环境恶化等。当然，上述问题的解决，又与城市的发展不可分割。

2.5.2　城市发展有亮点，经营城市有作为

一个城市的精华和亮点是城市内外经济环境和社会变化所带来的。从下面几个案例，我们可以看到，经营城市的新思路和新举措为城市发展创造的巨大商机。

西安市将用 250 亿打造都市示范区[6]。这个都市示范区是西安市高新技术产业开发区的拓展和二次创业，定位为"国际化的、领航的、示范式"的商务中心区。都市示范区地处西安市西南、丈八东路以南、西万公路以西、绕城高速以北，总占地面积约为 2.2 平方千米，基本建设投资将达 250 亿元，计划在 2010 年基本建成，实现收入 60 亿元，GDP 达 24 亿元。"都市示范区"将由 3 大部分组成，即包括地区企业总部、外来企业办事处、小企业办公和酒店的"都市未来"，汇集商业、娱乐、休闲、居住的"都市天地"和以行政、会议、文化、交流、信息为主要内容的"都市之门"。

经营城市的第一步已经展开，2003 年 6 月 26 日都市示范区概念性总体规划设计方案国际竞赛发布会举行，启动了这个具有国际化、现代化水准建设的

大幕。这个极具魅力的项目吸引了日本黑川综合企划、韩国熙林综合建筑事务所和中国香港何显毅工程建筑师楼等国际知名的设计单位参加，整个项目建设由高科（集团）承担，采用市场化手段运作，建成后将吸引一大批银行、投资、保险等金融机构，证券、律师、会计、咨询、信息等中介服务机构，上市公司、企业集团和科技公司总部，国内外机构的办事处，贸易、通信、物流公司、酒店餐饮服务机构的进入，成为高新区乃至西安市新的经济增长点。

扬州经营城市构想先行，22 亿打造长三角物流中心[7]。为了使扬州成为长江三角洲重要的物流区域枢纽城市和江苏省现代物流中心城市，扬州市发展计划委员会会同扬州市交通局、东南大学交通学院，对扬州市的现代物流体系进行了详细的规划，预计到 2020 年将投资建设 5 个一级物流园区和 4 个二级物流中心，而 5 个一级物流园区规划项目投资将达到 22.07 亿元。此次建设的五大物流园区主要分为联运综合型、联运化工专业型、公路快运型、联运农产品专业型四种类型。整个建设规划将分三个阶段，按照扬州市物流业发展策略和物流量需求预测，力争到 2020 年使现代物流业成为扬州服务业中的新兴支柱产业，达到中等发达国家水平。"良好的开端是成功的一半"，扬州长三角物流中心这一美好的构想，已经预示着经营城市的成功，不难看出其中蕴含着的巨大运作投资空间。

浙江省湖州市六个"百亿工程"大会战启动实施[8]。这六个"百亿工程"项目是百亿农林水利项目、百亿交通运输项目、百亿电力电网项目、百亿信息化项目、百亿城市建设项目、百亿社会发展项目。2003 年 7 月，在酷暑之中，申苏浙皖高速公路浙江段、西气东输支干线湖州段已拉开了建设大会战，至年底将保证 65 个重点建设项目完成投资 66 亿元，比去年增长 37%。大力实施六个"百亿工程"，这是湖州市围绕建设现代化大城市的重要举措。为了加快接轨大上海、融入"长三角"的步伐，湖州对照自身在"长三角"15 个城市中所处的位置和存在的差距，加大重点建设力度，力争在基础设施总体水平上有新突破，从而营造发展新优势。为确保大会战的顺利实施，组织领导和资金到位至关重要，首先，湖州市把各县（区）政府和市有关部门负责人作为项目第一责任人，并建立重点建设联席会议制度，形成强有力的协调和督查机制。其次，利用经营城市方式，最大限度放宽民间投资准入领域，引导民资和外资积极参与重点建设。

宁波经营城市以"桥"为媒[9]。宁波经济发展处于上海市与杭州市的挤压之下，既有有利的条件，也有不利的因素，如何借力发展，成为宁波城市发展的关键。宁波市委市政府审时度势，以两"桥"建设为突破口，加大经营城市力度，激活了全盘经济。两"桥"分别是：物流桥——世界最长的宁波杭州湾跨海大桥；信息桥——中国国际日用消费品网上博览会。两"桥"辉映，双轮驱动，推动宁波经济逆风飞驰。2003 年宁波启动和在建的投资过百亿元的工程有 10 个。投资 118 亿元的宁波杭州湾跨海大桥被誉为推进长三角经济一体化的最大动作，目前已经打下了第一根水泥桥桩。借"大桥经济"，带动杭州湾产业带崛起，宁波正在构筑沿海临港工业产业带、沿湾工业产业带、沿路高新技术产业带三大产业带，预计 2007 年可实现工业总产值 3500 亿元。同时，位于慈溪北部的杭州湾新区已挂牌为国家级的宁波经济技术开发区的北部园区。

尽管非典打乱了组团"走出去"招商的计划，经济外向度较高的宁波，就"网上架桥"，把着力点放到网上招商、委托招商、代理招商等新渠道上来。第二届中国国际日用消费品博览会推迟后，主办者宁波如期举办了中国国际日用消费品网上博览会。网上的"交易大厅"从早到晚一直"熙熙攘攘"，客商云集。欧尚公司早早地在网上贴出了长长的采购清单，共有 213 项。开幕当日，来自美国、澳大利亚、加拿大、法国、日本、韩国及中国香港、中国台湾等 19 个国家和地区的中外客商，通过网上消博会发布了 800 多条产品购买信息。开展 5 天，客商突破 10 万人次。前不久，中国社科院发布的《中国城市竞争力报告》显示，宁波城市综合竞争力在中国 200 个城市中名列第十，是浙江省唯一进入前 10 强的城市。

湖北省老河口市，经营城市创造发展商机[10]。1999 年开始，老河口摒弃计划经济的城建模式，确立"经营城市"的理念，通过土地批租、产权置换等办法，筹集 3.5 亿元资金，建设城乡道路、供电、供水、通信等基础设施。对城区主次干道进行了扩建，亮化、绿化、净化了城区，同时推进文明小区建设，整个城区旧貌换新颜，两次荣获省级文明城市称号。城市靓丽起来，良好的城市环境引得外地客商纷至沓来。广东佛山东鄱纱布经销公司一次性买断老河口棉纺织厂，投资 1.2 亿元进行技术改造，使这家濒临绝境的企业重现辉煌。韩国多定集团到该市成立大进针织股份有限公司，年产 5000 万双礼仪手套，出口日本、美国、韩国，连续 4 年荣获全省十佳出口创汇企业称号。我国的香港宏浩油脂公司、香港 CGIC 国际控股公司、台湾南佑有限公司，以及英国切克公司等 65 家知名企业，纷纷前来老河口投资兴业。据不完全统计，老河口通过"经营城市"带来了 8.3 亿元的外来资本，盘活企业存量资产 17.95

亿元，安置下岗职工 2.3 万多人，新增工业固定资产 4.9 亿元。

常德市认为，经营城市关键是要有一个好的思路[11]。他们的思路是："科学规划、盘活资产、机制创新、可持续发展"。常德的城市定位是区域中心城市，即把常德建设成为食品工业大市、湘西北的中心城市和湖南省的经济强市，使常德成为湘西北乃至湘鄂黔渝结合区的交通中心、流转中心和会展中心。在实践中，他们运用市场经营手段，盘活资产。变"经办"为经营，变"公共产品"为城市商品，将城市可以用来经营的部分当成资产和生产要素推向市场，通过企业运作、民间运作，使城镇建设获得收益，并将这些收益再投入到城市建设的新领域，走出以城建养城建的市场化路子，实行滚动发展。同时，进行机制创新。城建、城管、规划除政府应履行的职责外，其他都用企业化经营的办法管理，如城市道路的清扫、公共绿化的维护、市政工程的保养，实行无标底公开竞标，降低了管理成本。

2.5.3　只有区域的大发展，经营城市才能有更大的作为

与城市相关联的更大空间尺度的区域，也同样为经营城市带来了广阔的舞台。从下述几个例子可见一斑。

湖南"捆绑式"做大"长株潭"。湖南从全省整体经济发展的角度出发，为了解决区域经济长期以来缺乏强有力龙头的问题，首要任务就是做大"长株潭"，使其形成一体，发挥核心带动作用。为了加快和协调发展长株潭，2003年上半年，湖南省酝酿将出台"长株潭三市规划管理联合审查制度"[12]，一些重要的城市基础建设将由三市统筹规划、选址，以进一步加快三市经济一体化的步伐。

根据湖南省最新的关于城市建设整体规划，近远期将对三市大力进行扩容提质，特别是突出省会长沙的发展。到 2020 年，届时的长沙市将成为一个拥有 300 万人口的特大城市，株洲、湘潭的人口达到 100 万，在三市周围凸现一群如浏阳、宁乡、醴陵、韶山等经济实力强、发展后劲足、建设面貌美的中小城市和中小城镇，形成一个长株潭网状城镇群，使之成为湖南省的经济发展中心。该城镇群将按照国际化水平进行建设，供水、排水、供气等公用设施一应俱全，并建起城市污水处理和生活垃圾无害化处理设施，突出现代气息，使城市内涵与外延发展有机结合。此外，湖南省还将相应建成湘北、湘南、湘中、湘西区域性中心城市，一些具备条件的县市，规划发展成为中等规模的城

市群。

不用说这种"捆绑式"发展思路将催生多少企业和就业岗位,仅从区域基础设施的建设看,已经形成了一个不可估量的大市场。

接轨上海,再上台阶,浙东四市融入世界第六大都市圈。为了充分把握发展机遇,进一步整合区域力量,发挥中心城市的带动和辐射作用,促进区域经济快速健康发展,应对更加激烈的竞争,浙江省宁波、绍兴、舟山、台州四市主动提出加强横向联合,加快与长三角龙头上海接轨,融入这个世界第六大都市圈,以便吸引更多的人流、物流和资金流汇聚浙东四市,加快区域经济共同发展。

有资料显示[13],浙东经济合作区已成为令人瞩目的创业和投资沃土。2002 年,这四市共完成国内生产总值 3431.14 亿元,比上年增长 14.06%。在这块占浙江国土面积 27.96% 的土地上,创造了占全省 44.89% 的国内生产总值。如何加快融入大上海,推进长江三角洲地区经济合作与发展,将是决定它们能否再上一个新台阶的关键。为了加快区域经济发展,去年这四市共完成交通建设投资 65.3 亿元,新(改)建公路 826 千米,实现甬台温高速公路在合作区内全线贯通,并签订了共同建设甬台温铁路的协议。据了解,2003 年合作区内三大基础工程——杭州湾跨海大桥、甬金高速公路、甬台温铁路都将动工建设。此外,宁波舟山港口资源也将加速整合,共同推进港口体系建设。

在区域合作上,四市还联手开展招商引资和拓展市场工作,共打"浙东牌"。2002 年,在成功举办"南宁展""越南展"的基础上,2003 年还将在上海或厦门举办一次对台招商引资活动。同时,四市旅游部门也抓住机会,合力拓展新兴客源市场,实施整体促销策略。结果引来合作伙伴——华东物资城市场建设开发有限公司,2001 年投资 2000 万元开发舟山桃花岛,不仅为舟山旅游业增添了新亮点,也有力地推进了当地经济的发展。此外,水资源开发利用的市场化工作也有新进展,四市区域间水资源互补共享已成共识,宁波、慈溪两地向绍兴购水一事已达成协议,2003 年 1 月舟山从宁波镇海引水工程又通水成功,初步实现了区域资源的共享。

"西安—咸阳都市圈"一出笼,引来"圈地运动"。陕西省在西部大开发中,推出了"一线两带"发展战略,其中的"西安—咸阳都市圈"和"西安西部工业轴线建设"格外引人注目。西安—咸阳构成了新欧亚大陆桥陇海兰新经济带的复合经济中心,具有承东启西的区位优势,是西部地区极具发展潜力的城市。建设"西安—咸阳都市圈",是陕西省带动全省经济跨越式发展的关键。

概念一出台，项目紧跟上。穿过新规划的（以高新技术为主）新兴产业区的咸阳世纪大道刚开通不久，就在 2003 年 5 月引来清华大学的一笔 10 亿元投资[14]。清华大学依靠科技和人才优势，率先在世纪大道两侧征用土地 1248 亩，进行创业企业孵化、创新人才培育和科技成果转化。清华科技园的建设带动了企业层面率先进入西安—咸阳都市圈的建设，引起众多企业在两市接合部跑马圈地。由此可以看出，一个发展的奇妙构想或超常思路，对经济的刺激和经营城市的促进是多么大的作用，可以说"西安 咸阳都市圈"已经有了良好的开端。

2.5.4 入世后中国城市发展的新趋势

进入 21 世纪后，中国城市经济发展出现了一些新的特点：

1. 行政管理为城市发展开路，城市快速"扩容"

党的十六大提出，"要提高城镇化水平，走中国特色的城镇化道路"。由此，在我国兴起了轰轰烈烈的城镇化浪潮，事实上，在长江三角洲和珠江三角洲城镇化已经大规模地展开。

坐落于长江三角洲、号称人间天堂的浙江省杭州市，由于周边萧山、余杭两市的并入，地域扩大到 3000 平方千米，人口增加到 450 万人。地处中国南部珠江三角洲的花都和番禺市，不久前也划归与之接壤的广州市，使作为中心城市的广州，地域面积达到 7400 平方千米，超过了上海；人口达到 1000 万，接近北京。在长、珠三角地区，几乎所有的中心或次中心城市都在进行这样的"扩容"，目的是为了能够在更大空间范围规划城市布局，营造具有现代城市功能的区域中心，以更好地带动周边城镇的发展。

城市是先进生产力发展集聚的地方，现代文明的载体。浙江省已经明确今后一段时间的任务，就是要努力提高城市化水平。要把大量的农民变成非农民，要用市场化的办法集聚产业，形成人流物流，要做大中心城市，建一批 50 万～100 万人口的中等城市，100 万～250 万人口的特大型城市。据统计，从 1999 年至 2002 年年底，浙江全省已有 288 万农民转为城镇人口，城市化水平从 36% 提高到 42%。

与城市化并行的是大规模的城市建设。城市空间扩大了一倍多的广州市，通过交通的骨干网络把城市拉开，把广州和整个珠三角连起来。现在已经有

13 条道路连接南海，广源公路修到了东莞，地铁 3 号线修到了番禺。原来两个小时进不了广州城的状况已大大改观。与上海相邻的嘉兴市正着手把中心城区从 25 平方千米扩大到 50 平方千米，同时在 960 平方千米的大市区中，统一规划市政设施，形成一个中心城，六个卫星城；再加上中心村的建设，双向推动，在 3950 平方千米的大嘉兴里，构建一主、多辅、网络组团式的城市群。

2. 城市发展不再是单纯的经济增长，城市开始树立自己的风格、品位、品牌

如今的城市发展不再是一味大拆大建，城市开始注重文化品位建设。城市发展仅仅用国内生产总值、增长速度来衡量的做法将会过时。未来的城市以文化、以品位、以格调、以品牌声誉论成败输赢。近年来，我国不少城市的城市景观、环境都是请世界顶级的景观公司、园林策划公司来设计的。最近，南京市又多了一个景观：狮子山和阅江楼。这个山与楼的结合，就是从南京的历史文化中挖掘出 600 年前有关的"阅江楼"的典籍和史实，把朱元璋的"空中楼阁"变成城市文化的成功之作。南京本身就具有山、水、城、林的独特优势，而且有明城墙的故都文化、秦淮河的六朝文化等非常丰富的文化内涵。这种历史文化和自然景观相得益彰的城市资源在世界上也不多见，他们却仍然在发掘着城市的文化历史财富，加大发挥文化底蕴的魅力。

上海也在打造自己"东方水都"的新风格。作为一个靠海的国际大都市，遗憾的是，上海一直没有真正意义上的滨海文化。据报道，上海将出资 50 亿元建设长 88 千米的景观海岸线，来打造碧海金沙。这个大胆的设想是，在南汇、奉贤（从三甲港到金汇港）之间挑选合适的位置来造一个水域面积约 25 平方千米左右、相当于四个西湖面积的一沙带水（一条人工沙滩、带状碧水），拟在 2007 年前建成。其实，造人工沙滩也是上海 500 亿元打造东方水都的重要一步。从苏州河治理、开挖七大人工湖、河道整治、开发游艇产业，一张"有水、有岸、有树、有船、有桥、有房"的都市水网呈现眼前。现在，碧水金沙的打造，更使上海超越江南水乡的概念，带来充满风情的海洋文化。这条"崛起"的景观海岸线，紧邻两港（海港、空港），它的旁边有华夏旅游度假区，奉贤海湾旅游度假区，其中我国最大的大型模拟自然热带雨林及人造海洋的热带海宫，将坐落在华夏旅游区南部，海湾度假区内则有占地 500 亩的奉新风筝放飞场。届时，这里将成为上海的一个滨海休闲度假区，集玩沙、戏水和休闲、娱乐度假为一体。

3. 创造发展机会，重在创新改革

城市经济已经不仅仅是工业经济和商贸经济的天下了，许多城市的实践，把城市经济的内容扩大了，诸如近些年较有影响的：会展经济、旅游经济、房地产经济、文化经济、教育经济等。最近，南京市就从会展经济中获益匪浅。2003 年 6 月，在南京举办的"2003 中国·南京重大项目投资洽谈会"上，据不完全统计，大会期间共达成合作意向以上大项目 72 个，总投资达 180.2 亿元人民币。其中，内联项目 34 个，总投资 131 亿元，协议引进客方资金 90.6 亿元；外资项目 32 个，协议外资 4.6 亿美元；企业资产转让项目 10 个，涉及总资产 10.8 亿元，净转让资产 1.78 亿元。会上，南京市城建、国资、交通三大平台活动现场人气火旺，所推出的 22 个项目中，有 6 个项目达成了合作意向。城建集团推出的五个城市基础设施冠名权竞拍，更是首开先河，引起了众多商家的关注。这次"重洽会"共吸引了近 1600 名境内外客商，在参会的企业中，包括联想、创维等国内大企业；深高速、上港集箱、河北华玉等上市公司，四川新希望、广东香江、浙江天正等重量级民营企业，还包括名列世界 500 强的德意志银行、日本三井物、我国的香港怡和等 12 家企业的代表。

除了经济发展的形式创新外，政策创新一直处于我国经济发展的关键和核心地位。海南利用自身特区这一独特的优势，用足用活政策杠杆，启动海南经济。作为海南经济发展的重要增长点，海南洋浦开发区一直受到世人的关注，尤其是它在政策上实现了多方面的突破和创新。进入新世纪以来，海南洋浦开发区发挥了自身的优势，经济形势已经走出低谷，目前，海南洋浦开发区已经具有经济特区、经济开发区和保税区"三区合一"的特点，享有全国最优惠的投资政策。洋浦目前已经初步形成了由港口、海关、检验检疫、金融、邮电、税务等部门构成的"港城区一体化"的深水避风港。据统计，2003 年 1～4 月，洋浦经济开发区共完成固定资产投资 7.1 亿元人民币，比去年同期增长了 8 倍多，创下了开发区自 1992 年设立以来的最高投资纪录。总投资约 130 亿元人民币的亚洲第一大浆纸项目——洋浦金海浆纸厂 2003 年 1 月开始动工。还有一批在建项目，洋浦金海浆纸厂、海南黑豹电动车厂、椰岛淀粉工业项目、洋浦发电厂改造项目、海南洋浦海发面粉加工厂等正在加紧施工，这些项目将为特区快速发展奠定坚实的基础。

4. 城市经济的空间格局发生明显变化，经济建设的"主战场"由
　 市区开始向郊区转移

随着城市规模的不断扩展，老城区土地供应越来越稀缺，价格越来越昂贵，城市建设也在相应地发生地域上的转移。经济建设的主战场由城区向郊区转移，许多城市的发展都显现出这一特点。如上海的浦东、南汇、奉贤开发力度远大于老城区。据有关报道，上海招商引资的"主战场"已经转移到占全市土地总面积九成以上的郊区。郊区招商引资的成绩已经直接影响到上海整体经济发展的全局。目前，上海已开始全面实施"城乡一体化"战略，突破过去主攻 600 平方千米（指上海中心城区）的发展格局，转而做全市 6300 平方千米整体协调发展"这篇大文章"。郊区将通过实施土地、产业及人口三大要素的集中布局和集约发展，成为上海新一轮经济拓展的"最主要空间"。

近年来上海招商引资重心向郊区转移的轨迹已十分清晰。2003 年前 4 个月，上海郊区合同引进外资 25.2 亿美元，占到全市 43.09 亿美元总额的58.6％。在 2001 年和 2002 年，郊区引进的合同外资额在全市所占比重分别达到了 60％和 65％。而在 20 世纪 90 年代中后期，郊区外资在全市所占比重不过只有 28％左右。截至 2002 年年底，沪郊共计引进外资企业近 1.3 万家，合同利用外资近 300 亿美元。上海郊区 2003 年招商引资的目标将达到：合同利用外资额达到 70 亿至 80 亿美元；引入国内资本 300 亿至 350 亿元人民币。

由于上海郊区日益成为上海中心城区与长江三角洲腹地的一个主要"中转点"，其对包括私人资本在内的国内资本的吸引力也在高速增强，沪郊经济所有制结构正在日趋合理。据不完全统计，仅 2002 年一年，沪郊引进注册资本超过百万元的国内企业 5100 多户，引进资金 257 亿元。至 2003 年 4 月底，沪郊的私营企业总数已超过 20 万家，占到全市私营企业总数的九成以上；注册资本为 2293 亿元，占到全市总额的 74％。目前沪郊的经济结构中，外资、引进的国内资本和郊区区县和乡镇的本地企业约各占三分之一。

由于上海中心城区商务成本在上升，正处产业升级的"爬坡阶段"，所以上海下一步发展，将倚重郊区提供招商引资的"加速度"。上海市高层领导要求郊区"思想放开、手脚放开、政策放开"，利用郊区的回旋空间和成本优势，大规模引进高新技术产业和装备工业，重点引入产业关联度高、能形成产业链和产业族群、具备核心竞争力的关键项目。同时也不排斥技术含量已完成升级的劳动密集型中小项目，以利于郊区当地农民的就业和增收。上海的航运枢

纽、航空枢纽、临海综合经济区及现代钢铁、石化、汽车、高新技术产业"四大产业基地"已全部布局在郊区。

5. 新经济在城市中逐渐占据主导地位

随着计算机技术、信息技术、空间技术的迅猛发展，人类社会正在发生着一场深刻的变革，它一方面将带来人们意识观念的改变，影响人们的生活习惯、价值判断、行为方式，另一方面将引起城市的经济结构、城市建设和企业经营的思想、经营方式等发生深刻的变化。

知识经济既是各个城市发展一次拉平的机会，也是一次拉大的机会。人类在征服自然的进程中，曾有过几次划时代的认识飞跃，其中也伴随着区位的变动特征。陆权时代，麦金德[15]在《地缘政治论》中宣称：谁控制了亚欧大陆谁就掌握了世界。海权时代，马汉[16]在《海军战略论》中宣称：谁控制住海洋，谁就统治了世界。空权时代，赫里克说：谁统治空间，谁就控制了世界。而在信息网络（知识经济）时代，可以说谁掌握了网络（知识），谁就掌握了未来。谁错过了信息网络（知识经济）革命，就等于丧失了在 21 世纪取得世界领先地位的机会。因此，以网络、计算机技术、生物工程、核技术、空间技术为代表的高新技术产业，以及应用高新技术的汽车业、生物制药业、能源化工业等，已经成为各个城市竞相发展的主导产业，尤其是在知识经济的推动下，更是加快了各个城市培育新兴产业的步伐。

注释：

[1] 蒋宏坤：卖长江大桥说法不尽准确，中城网，2003-6-6，资料来源：新华日报

[2] 李津逵：《城市经营的十大抉择》，海天出版社，2002 年版

[3] 岑科：谁来达成公物的市场均衡，《大鹏》，2002（6）

[4] [英] 公共物品与外在化理论，《经济学人》，1991（11）

[5] 高培勇：聚众人之财　办众人之事——社会主义市场经济条件下税收理念及其运行规则的调整，《人民日报》，2003/03/31—1

[6] 西安 250 亿打造都市示范区计划在 2010 年基本建成，中城网，2003-7-29，资料来源：华商报

[7] 扬州 22 亿打造长三角物流中心，中城网，2003-7-30，资料来源：新华通讯社

[8] 湖州融入"长三角"一流基础设施，中城网，2003-7-29，资料来源：浙江日报（谭伟东）

[9] 宁波两"桥"激活全盘经济，中城网，2003-6-23，资料来源：人民日报社（何伟）

[10] 湖北省老河口市通过"经营城市"造就勃勃商机，投资招商网，2002-6-17，信息来源：《湖北日报》

[11] 王溥、姜平、张胜利等，"经营"：城市发展的金钥匙，《湖北日报》，2002-8-5

[12] 长株潭进"围城"基础建设统一规划选址，中城网，2003-5-28，资料来源：新华通讯社（郭辉）

[13] 浙东四市共同打造经济合作圈，中城网，2003-5-28，资料来源：浙江日报（蒋一娜，蒋勇）

[14] 西安咸阳要共同构筑"都市圈"，中城网，2003-5-27，资料来源：西安日报（黎文安，刘梅）

[15] 麦金德（1861—1947）：英国地缘政治学者

[16] 阿尔弗雷德·马汉（1840—1914）：美国历史学家、地缘政治学者

第3章 关于经营城市的主体、客体

3.1 经营城市的主体是谁

经营城市包括三个要点：一是谁来经营城市？二是经营什么？三是如何经营城市？我们先来讨论第一个问题。

对于谁来经营城市？我们认为，现阶段在我国经营城市的主体是各级城市的政府，因而经营城市是政府行为，当然，经营城市不是政府包打天下，还要发挥社会的力量，借助企业的力量和市场化的运营方式来达到城市增值的目标，做到"政府主导，企业参与，市民关心"。这样，经营城市必须处理好政府、企业和社会的关系，随着社会文明与民主的进步，经营城市还必须尊重社会的意愿。从市场的角度讲，三者互为关联，政府决策，企业参与，社会推进，因此，经营城市的任何一个动作都必须找到三者的利益均衡点。

在建设和管理城市中，毫无疑问，政府是行为主体，对经营城市起着主导作用，但并不意味着城市建设中的一切事物都要由政府大包大揽下来，否则就又回到了计划经济的时代了。我们知道，城市政府具备两大职能，一是社会管理，二是经济管理；拥有三大手段，即法律的、行政的、经济的手段。作为社会经济管理的行为主体，自然是综合的使用三大手段，保障城市的健康运行。但在经营城市上，却可以更多地运用经济手段，来调动全社会的力量，市内市外的资源，参与建设城市。过去我们经常提的口号"人民城市人民建"，在行政色彩很浓的时代，虽然也起到了一定的作用，但停留在了浅层次上，没有挖掘出内在的威力，所以没有充分发挥出更大的效果。而实施经营城市后，一方面，政府在使用行政管理的市政建设领域，开始更多地运用经济的、市场的手段加以调节，不仅减少了行政干预，反而提高了行政效率和经济效益；另一方面，企业可以参与投资，经营城市的具体项目交由企业去操作，结果政府既节省了财力，也节省了精力，使政府有限的财力可以用到更需要的地方，使政府把更多的精力投入到城市的长远发展和真正的政策管理上。

在谁来经营城市上，由于对支配城市资产的主体和参与者的理解不同，还有一种观点[1]，这里不妨称为广义的理解，认为经营城市主体有三类：既包括城市政府，又包括企业和市民。也就是说经营城市是一项宏大的系统工程，需要城市各级政府、各类企业（包括中介组织）、全体市民的共同努力。虽然政府、企业、市民都是经营城市主体，但各自活动领域和在经营城市中发挥的作用是不尽相同的。

从城市政府看，政府是经营城市的主导力量。主导力量主要体现在四个方面，即城市发展的领导者，城市建设的组织实施者，城市国有资产所有权的代表者，城市基础设施和公共资产的主要投资者。这就决定了城市政府在经营城市中应做好规划工作、领导工作、指挥工作、实施工作、协调工作、政策规章制定和引导工作等。

从企业看，企业（包括中介组织）是经营城市的中坚力量。经营城市使资产由产品变成商品，使城市建设由简单的生产过程变成资本营运的过程，这一过程的实施运作，就得靠各类企业、中介组织来完成的。没有企业、中介组织的参与，经营城市就好比离开水的战船无法航行。

从全体市民看，市民是经营城市的决定力量。一方面，市民是经营城市的决定因素，作为城市主人的全体市民的文明素质、思想意识和精神状态直接影响和决定着经营城市成效；另一方面，城市无论物质文明、精神文明建设，还是环境的改善、形象的树立，都必须紧紧依靠市民，离开了全体市民的参与和支持，实现这些目标是不可能的。城市公共物品，也有一个公共参与的问题。比如说在一些公共物品的定价问题（国家铁路票价、电价、自来水价格以及一些服务价格确定的问题）上，很多城市开始搞听政制度，开辟了民主参与的渠道，为经营城市创建了良好的集思广益平台。

经营城市之所以离不开城市政府，一方面，市场的缺陷要求城市政府在经营城市时要对城市的功能定位、规划布局、形象设计、城市整体推销等进行宏观上把握；另一方面，在经营管理中引入了市场机制、竞争机制，需要在政府的引导和控制下进行，及时提供制度创新以调动、协调社会各方面参与城市建设和发展。

明确政府、企业、市民都是经营城市的主体，准确地界定各自的职能，并正确处理它他们之间的相互关系，有利于对经营城市全民性上作特性的认识，增强每个部门、每个企业、每个市民参与的自觉性。同时，也有利于明确政府、企业、市民找准自己在经营城市中的位置，避免错位、缺位、越位情况的发生。

从公共管理理论来看，城市政府是纳税人出资建立的管理公共事务的机构，因此，它理所应当地承担起经营城市的主体职责。在我国，城市政府代表国家和全体市民行使对城市资产的保护、管理和处置权，对国有经营性资产还要承担保值增值的责任。这里的城市资产不仅包括城市政府拥有的国有资产部分，也包括社会资产，如生态环境、山水风光、名胜古迹和文化遗产。

谁是城市的顾客[2]（消费者）呢？是当地的居民？企业？旅游者？投资者？一般来说，企业的顾客比较容易确定，就是它的产品或服务的消费者。如果按此推论，那么一个城市的顾客就应当是消费该城市一般商品、公共物品的消费者。这就包括有：

第一，凡是消费了该城市企业生产的产品和服务的人们，不论他是否来到过这个城市，都是这个城市的消费者，他们消费的是城市的基本功能；

第二，所有前来观光的旅游者，他们享受了这个城市的环境与文化，他们享受了这个城市的舒适与便利，他们也是这个城市的消费者；

第三，所有来到这个城市的投资者，他们消费了这个城市的基础设施和各种公共服务，由此才能正常经营运作，获取利益，他们理所当然也是这个城市的消费者；他们还要通过纳税支付这种消费；

第四，居住在这个城市中的市民，他们既是这个城市的主人，也是这个城市的消费者，自然包括城市的决策者和管理者，他们享受这个城市的所提供的舒适与便利，他们消费的是城市的非基本功能。

关于经营什么和如何经营城市，将在后面两章来讨论。

3.2　经营城市的客体是什么

回答经营什么的问题，就是要明确经营城市客体，即经营城市的客体是什么？这个客体简单地说其实就是"城市资产"。按照经营城市的定义，经营城市客体具有广泛性。即凡是城市所拥有的可以资本化、资产化的资源，不管是物质的还是精神的，有形的还是无形的，只要它有利于筹集城市发展资本，有利于增加城市吸引力和竞争力，有利于城市可持续性发展都是经营城市的范畴。它包括城市中的土地、房产、环境、市政设施等有形资产及其延伸的和依附于其上的名称、形象等无形资产。

城市资产按照其形成特征，归纳四个方面：

一是自然资源。为自然生成资产（土地、山水、空间、矿产等）；

二是人工资产，通过大量的人力、物力、财力投入产生的资本，如道路、桥梁、电力、煤气、地下管网等市政公用设施；

三是人文资源，如人力、文化、科技等；四是延伸性派生资产，它是指从城市有形资本中衍生出来的城市无形资本，如城市建筑和构筑物的冠名权、广告发布权、公交线路经营权以及信息、品牌、形象、注意力等。

也可以把经营城市的客体按照物质形态和附属特性分为：

（1）城市有形资产：城市土地，包括闲散土地、废弃土地，还有城市风光（也有学者认为该项属于无形资产）；城市基础设施和公用设施，如路、桥、飞机场、火车站、汽车站、地下管网等；城市公共物品，如水、电、气、热等。

（2）城市无形资产：城市形象、城市知名度、城市品牌、城市声誉美誉、城市投资软环境（法规、政策、办事效率、市民素质）等。

（3）城市延伸资产，如路、桥冠名权等。

"城市资产"按照政府与市场的关系，发挥资产的效用来分，竞争性领域的资产和非竞争性领域的资产。前者如国有工商企业、农场等，城市的这部分资产，当然也都是经营城市的一块重要内容，但由于对这部分竞争性资产的经营管理相对较为成熟，政府的经营指导思想也是逐步从竞争性领域退出的，故本书不再加以讨论。而对于后者，非竞争性领域的资产的经营是我们相对不熟悉的，正是本书需要讨论的重点。

针对众多的资源和资产，在经营城市中如何把握重点呢？一些城市提出了适合自己的经营领域。如湖北十堰市在推进经营城市中强调八个经营[3]，即经营理念、经营企业、经营土地、经营房产、经营城市公共设施、经营无形资产、经营环境、经营人才。

当然，不同的城市，不同的发展阶段，经营城市的内容是不同的，随着认识的加深，内容还在不断地增加。20 世纪 90 年代初期，"经营城市"的概念是在各地城市的财政压力之下萌发的，是为解决困扰城市建设、发展的资金而提出的，因此，经营城市首先的内容应当是资本运营，也就是要尽可能使城市更多的资源（土地、基础设施等有形资产）货币化，变现成资金，通过市场来操作，获得最大的收益，这对当时中国沿海主要城市、内陆部分城市的城市建设发展做出了突出的贡献。经营城市发展到今天，内容已经较为丰富，运作方式也越来越规范。经营意识、经营机制、经营主体、经营方式等方面都与初期的概念有较大的变化。

万变不离其宗，不论如何发展变化，有一点没有变，就是按照市场经济规律，对资源、资产进行集聚、重组、营运，使城市资本重新配置和优化组合，也有人称之为资本整合。

下面介绍一下经营城市的几个主要客体内容。

3.2.1 城市土地

城市土地是最具吸引力的有形资产，可以说它是城市政府的财政储备，也是城市建设重要的资金来源。我们知道，企业经营的对象是企业所属的资产，而城市政府经营的对象就是城市政府所拥有和支配的资产，土地是城市政府的最大一笔有形国有资产，经营城市首先是经营城市土地，这是由于土地本身的特性决定的。土地是一切经济活动最基本的载体，它具有不可再生性、不可移动性、稀缺性、增值性等特征，土地供应状况直接关系到一个城市的发展空间、发展潜力和发展方向，关系到一个城市产业结构空间布局和城市功能的发挥，关系到城市经济社会的有序发展和市民生活工作的环境质量。计划经济时期，我们曾不承认土地的商品属性，人为地排斥土地进入市场交易，降低了土地调节经济社会活动和配置其他资源的功能和效率。改革开放后，虽然赋予了土地的商品性，允许土地进行交易，实行了土地有偿使用（自八十年代末）制度，但由于土地管理法规的不完善或滞后性，加上违规的炒作现象，使得土地应有的调节配置功能还远未充分地发挥出来。经营城市的开展，有助于土地发挥自身的这种功能。

由于土地资源在国民经济和社会生活中的重要性以及土地资源的稀缺性，决定了城市政府必须对土地一级市场实行垄断，即城市的国有土地必须掌握在政府手中，任何单位和个人不得从事土地的买卖活动。这样，就为在较高的层次上实现有限的城市土地资源发挥最大的效用奠定了基础。因此，经营城市就要求城市政府必须高度重视对城市土地的供应和运营的管理，保障城市土地利用的可持续发展，努力提高土地资本的利用效率和地域空间的生态环境效益及经济效益，使有限的城市空间发挥最大的效用。按照我国法律规定，城市土地属国家所有，国家依法实行国有土地有偿使用制度。政府作为土地所有者的代表，享有在法律规定范围内的占有、使用、收益和处分的权利。单位和个人可依法通过划拨或出让的方式取得土地使用权。因此，城市政府有权利也有义务管理和经营好城市国有土地资产，保证城市社会经济的协调发展，并实现土地资本效益的最大化。

从城市资产来看，土地资源是最应得到保护和珍惜的，地球就那么大，城市就这么小，用去一分，就少掉一分。正是基于这种朴素的认识，世界各国政府都把追求土地效益最大值作为土地开发利用所必须遵循的第一准则。由于土地资源的稀缺，土地供给曲线将趋向于零。政府一定要控制好已经为数不多的土地资源的交易。

3.2.2　城市基础设施

城市基础设施是城市经济、社会活动的基本载体，是社会化大生产和人民生活不可缺少的物质基础，是城市赖以生存和发展的物质基础。完善与发达的基础设施条件是城市发达程度的重要标志。

城市基础设施是那些向城市居民和各单位提供基本服务的公共物质设施以及相关的产业和部门，它是整个国民经济系统的基础设施在城市地域的延伸。在我国，城市基础设施的存量是我国各级城市政府长期投入大量人力、物力、财力所产生的资产，是资本的物化形态。基础设施主要包括交通运输设施、邮电通信设施、水电气公用设施以及环境卫生、园林绿化、环保设施等，它对经济社会活动产生影响在于它为生产和生活正常进行提供必要的、一般的共同条件。城市基础设施既为城市物质生产、社会发展，又为城市人民生活提供一般条件的基础性公共设施，是城市生存和发展的基础。由于基础设施具有共用性，通用性，服务性，甚至无偿性，基础设施在国民经济和社会发展中具有十分重要的作用。

城市基础设施有广义与狭义之分，狭义是指供电、供水、供气、交通运输和邮电通信、环保防灾等设施。广义的基础设施还包括文化、教育、科学、卫生、安全等设施和部门，上述的部门和设施产生的产品与服务就是城市公共物品。城市基础设施项目一般具有建设超前性、服务公益性、效益间接性、投资大、建设周期长、回收期长等特点，基础设施的建设与水平，受制于经济实力、科技水平、管理等因素。过去，一方面城市政府采用单一的财政拨款方式来筹集巨额资金来建设城市基础设施，另一方面限制进入这一领域的投资者，投资体制僵化，结果基础设施曾一度成为制约我国国民经济发展的瓶颈。城市基础设施建设对资金的巨大需求，光靠传统的政府投资难以在短期内筹足资金，而经营城市提供了一条新的途径。

基础设施的齐全程度、装备水平以及用户的满意程度对城市竞争力、吸引外商投资及日常生产经营关系密切。来自一份外商对中国投资环境的调查显示，外商对邮电通信较为满意，对供水供电状况感觉一般，对交通运输则反映尚不理想。从实际情况看，这些基础设施从通信到水电到交通的改进，一个比一个见效慢，这也说明了改善基础设施任务的长期性、艰巨性，今后仍要加强此方面的建设工作。

城市基础设施的建设是一个系统工程，应该从规划、建设、运营等各个阶段加以整体考虑。城市基础设施的外部性和基础性，决定了城市基础设施主要由城市政府来供给。但政府的直接投资和管理会带来一些问题，这突出表现在两方面：第一，政府财政资金的有限性，限制了基础设施建设的供给能力；第二，政府直接经营管理产生的垄断性，垄断性企业缺乏提高效率和降低成本的动力。因此，这种状况必须打破。

作为公共物品的城市基础设施既存在着"免费搭车"的现象，还具有自然的垄断性，这些特征决定了其建设和运营确实需要政府的介入，以弥补市场供给的不足和运营的低效率，但是这也并不意味着政府的大包大揽，越俎代庖。城市政府对基础设施的供给应根据各类基础设施的特点，在体制改革的支持下，不断地将自然垄断的产业变为竞争性产业，努力缩小直接投资和管理的范围，把城市政府的职能由直接供给转变为组织城市基础设施的建设。在基础设施提供的方式上，除了政府直接提供之外，还可以通过公办商营式、专利经营式、私人经营式等多种方式来达到激励私人部门间接提供公共物品的目的。

随着改革开放的深入，各城市经营基础设施的方式愈来愈多，除了财政方式外，外商也可承建和开发，也可根据自己的情况选择不同的融资方式。比如：①采用负债开发，实现滚动发展。可以选择银行借贷、发行股票或债券、利用基金等方式，负债建设可以充分地利用货币的时间价值打时间差，有效地降低建设成本，可以达到花明天的钱办今天的事的效果，加速改善了城市的投资环境，保障和带动了产业的顺利发展。②多渠道筹资。一是实施"以地建城"战略，开辟稳定的筹资渠道；二是积极利用外资搞城市建设；三是实施"以城养城"，征收必要的城建税费；四是发行建设债券，吸引社会闲散资金。③盘活存量资产。按照"谁利用谁付酬，谁占有谁出资"的原则，通过拍卖户外广告经营权、路桥街冠名权等，对部分城市基础设施的投资权、经营权、使用权采取拍卖、出让、抵押以及授予特许权等方式，吸收社会资本的投入，使大量处于无效状态的公用设施变为有效资产。④采用 BOT（建设、经营、转让）、BTO（建设、转让、经营）、BOO（建设、经营、享有）等项目融资方式为城市建设提供资金。

杭州市对城市基础设施进行市场化运作采取了几种方式[4]，一是吸纳社会资金用于基础设施建设；二是实施基础设施经营权拍卖，盘活现有基础设施存量；如杭州市对赤山埠水厂的 30 年特许经营权进行拍卖。赤山埠水厂固定资产为 2000 万元，以 1.2 亿元的底价竞拍，最终以 1.5 亿元竞拍价获得成功；三是组建信息网络公司，实施网络设施企业化经营；四是实行基础设施有偿使用；五是实行城市公共服务公开招标；六是对附属在基础设施上的延伸性资源开展经营，对部分城市道路两侧的广告设置权进行拍卖，对城市人行天桥、公园绿地、公交站点等基础设施的冠名权实行有偿使用。同时，对环境、人文资源进行经营，综合利用城市的品牌资源，包括名人品牌、企业品牌等，发展城市会展、旅游、文化、商贸等服务业。

就市政公用领域而言，当务之急是引进竞争机制，实行多元化经营。打破垄断，建立现代企业制度，是市场经济条件下，市政公用行业健康发展的必要条件。近年来，上海市城市公共交通行业的改革为我们提供了成功的实例：分离非经济性的医院、幼儿园等企业办社会的机构，保证企业轻装上阵；撤掉总公司的牌子，甩脱垄断经营体制；改组原有的各个分公司，使之成为具有法人资格的实体公司，夯实竞争机制的基础；适度开放市场，对民间资本进入公共客运市场实行市场准入制度，真正推行多元化经营。

供水、污水处理等资产的经营仍具有一定的垄断性，一时难以放开实行多元竞争，但也应通过企业改制、改组、改革，建立现代企业制度，实现政企分开，转换经营机制、提高经营效益，防止国有资产的浪费。

在城市基础设施领域引入市场机制并不是说将所有的基础设施都推向市场，由于基础设施的公共物品性质，对于建设周期长、收益回报低、不宜市场化的特殊基础设施和对城市发展有重要影响的基础设施，应仍由政府投资和提供，政府依然应是城市基础设施的投资和运营主体。

3.2.3　城市的无形资产

我们知道，经营城市的有形资产，能够在短时间内很快获利，但是仅仅局限于此是不够的，无形资产的价值往往是无法估量的，其影响更为持久和深远。所以，经营城市活动不仅包括政府对有形资产的经营，也包括政府对其拥有的无形资产的经营。也就是，既要重视经营土地、道路、水、矿产等已被开发利用的传统的有形城市资源，又要重视城市形象、信息、网络、品牌、文化、民俗等还未被充分开发利用的现代城市资源，实现从主要依赖传统的有形城市资源向大力开发现代城市无形资源转变，谋求城市资产的整体升值。

城市的无形资产包括许多内容，诸如冠名权、使用权（土地）、专营特许权、文化资产、品牌形象等。其中，城市品牌形象是城市独有的文化、城市特色、城市精神、城市性质、城市的区位特点和城市底蕴的综合反映，是城市重要的无形资产，体现着城市的价值。良好的城市形象可以增强城市的凝聚力，提升城市的地位，扩大城市配置资源的范围和能力，使得城市居住者自豪、城市旅游者羡慕、城市投资者满足，是城市一种特有的资源。

城市的品牌形象是经营城市的重要载体，没有良好的品牌（品质）、声誉和形象，建设项目市场化运作以及城市经济发展城市就缺乏灵魂，就没有吸引力，经营城市也就失去了最具活力的依托。一个城市要有城市个性，只有打造了突出个性的城市，才能具有相应的知名度和美誉度。因此，城市品牌、城市个性完全是经营城市的内容和结果。注意力经济这种新经济时代的全新概念，为经营城市开辟了思路。经营城市，也需要像企业包装、宣传和营销商品那样，对城市包装、宣传和推销，花力气确立城市形象，打造城市品牌，提高城市的知名度和美誉度。

进行城市形象的设计和城市品牌的建设，有助于城市的自我推销和魅力的提升，这些都需要城市政府在经营城市中加以树立和提倡。在国外早有研究，认为城市可以做成品牌。美国杜克大学富奎商学院 Kevin Lane Keller 教授[5]就曾在他所著的《战略品牌管理》一书中指出，像产品和人一样，地理位置或某一空间区域也可以成为品牌。在这种情况下，品牌名被相对固化在一处地理名称上。可见，城市可以被按照品牌战略目标来经营。因此，从长远看，经营城市，不仅要重视直接收益的经营项目，更要把城市作为一个"品牌"来经营。必须在完善城市功能、改善城市环境、突出城市特色中，着重打造城市"品牌"，不断提高和实现城市自身增值。城市的品牌形象一般表现为城市外部的知名度和口碑，它是由城市外在的和内在的经济、环境和社会变化的深度、广度和速度的信息传递形成的。城市品牌是城市的无形资产，要充分认识它的价值。获得这样的无形资产要有眼光和较大的投入。营造城市品牌要明确价值取向，美化一个城市，最重要的是要有总体规划和精品意识，并不是有钱就能堆出一个美好的环境。

城市形象还涉及城市的文化品位和风格。比如人文的、精神的、艺术的、建筑的风貌。从建筑的视角，我们可以看到城市是一幅立体的图画，流动的风景线。城市建筑是凝固的艺术，欧洲人把他们的古城、古建筑都视为珍宝，文艺复兴时期那些大师的作品，也多体现在一座座建筑的设计、雕塑和绘画上。建筑物既是物质产品，也是文化产品，是物质文明和精神文明的载体和结晶。搞好城市需要有艺术眼光和文化品位。城市建筑文化一般具有先进性、综合性和多样性的特征。城市建筑文化的先进性一般表现为具有代表市民的素质和理想追求的品格，它是与城市先进生产力的代表相通的，也是民族的精神和历史文化的积淀与升华。城市建筑文化所具有的广泛的综合性和多样性，特别多的表现在国际性城市、大城市和旅游城市，那里既是民族的、地区的文化集结点，也是传统的和现代的、东方和西方文明的汇合处。因此，提高城市建筑的文化含量和质量，既要求这种文化的先进性和代表性，也要求这种文化的兼收并蓄的多样性和艺术性；既反映现代城市生产力水平和生活水平，又反映民族和时代精神，博古通今，中西合璧，雅俗共赏。经营城市的文化品位，发展文化产业，弘扬先进文化，将提升城市整体形象，提高城市的整体价值[6]。城市人文景观特色和历史文化遗产，可以提升城市的知名度和城市文化品位，又具有重要的旅游经济价值，需要妥加保护，保护同样出效益。

城市形象是历史、文化、经济综合发展、长期积淀的结果。像北京是中国的首都和政治、文化、国际交流的中心；上海是中国的经济、金融中心；深圳是我国改革开放的窗口，经济发展速度惊人；这些城市在人们心目中已经形成特有的形象。然而，随着经济的发展和外部条件的变化，原有的城市形象往往不适合或不足以包容不断变化和发展的城市需要。在新世纪，城市发展必须寻求新的形象定位，从而为经济发展开辟更广阔的空间。这就需要像塑造一个企业的品牌形象和品牌个性一样，人为精心地去营造和设计城市新的形象。

城市形象需要有相应的内涵来支撑，需要有相应的产业素质。城市的美化、亮化、绿化、净化固然重要，但仅此是不够的，解决城市发展的根本之道是建立"城市的自组织机制"，即城市的造血机能，主要体现在具有竞争力产业的培育和建设上。否则，一旦我们把宝贵的资金都用在了城市表面的建设上，而忽视了城市内涵的充实，经营城市就像无本之木，无源之水，还是运转不起来，甚至衰落下去。

由于城市形象的复杂性和综合性，在城市形象的塑造中，首先应该根据城市的性质、区位、发展历史、自然条件、体制等有形和无形资源，对城市形象进行设计，这是塑造城市品牌形象的基础。这种形象设计不能仅仅依靠几句口号、一个标志和一些没有多少实效的"政绩工程"来实现，因为这些只能反映城市某个方面的特征，而难以全面展示城市的历史、现状、未来和各个城市的特色。城市形象设计应是包括城市政府对外开放政策、城市政府办公效率、城市窗口单位的服务水平和城市公共物品建设等方面的综合发展计划。其次，城市形象的创立，除了城市本身要具有良好的发展品质外，也需要像对待企业发展一样，对城市进行营销。"酒香也怕巷子深"，特别是在一个竞争不断加剧的时代，为了吸引投资，城市也必须利用各种形式进行立体的宣传，如通过电视、广播、户外广告、因特网、城市标徽、城市文化、城市企业形象等给大众一种独特、清晰、明确、美好的印象。再次，城市形象主要通过城市著名的企业、城市居民的精神面貌、城市政府的办事效率和城市的市容环境等方面来体现。它们互相影响，相互作用。其中，城市的市容环境是在城市长期发展过程中，由城市中各类建筑物的形象与布局、各种基础设施、文化景观、自然景观以及社会秩序与市民精神风貌所组成的一种城市可视范围内的整体形象。它既是城市建筑艺术和城市精神文明的综合体现、城市文化与历史的积淀，也反映了城市政府的办事效率。一个好的市容环境可以为城市经济发展拓展资本空间，是居民选址中考虑的重要因素。因此，在城市形象经营中，城市政府应该注重城市的市容环境建设。

还有一种广义的人文资源说法，主要包括城市的人力资源、文化资源、科技资源和政府资源等。一般体现为城市的创新能力、学习能力、管理能力和进步能力，它决定着经营城市的效率和质量，是经营城市中最具有主观能动性的因素，决定着经营城市的成败。但是，这种划分对经营城市实际操作显得茫然，因为一些资源不宜直接经营。

需要指出的是并非所有城市资源都可以进行经营或资本化。城市中有的资源，如上面提到的人力资源、政府资源，特别是涉及国家安全、社会安全的一些资源就不能经营。有的资源可以部分经营。比如，对于产业意义上的文化、教育和旅游等资源的经营，政府完全可以让市场来进行。但对于那些市场开发无法获取效益，而对城市功能优化和提升、对城市未来发展有重要意义的那些文化、教育和旅游资源，政府则必须立足长远，积极介入。

另外，在城市管理和发展中，在新的市场条件和国际环境下，必然会产生一些新的城市资源（或新功能）、新的目标，这对城市政府的职能提出了全新的挑战。对此，城市政府迫切需要研究的，就是要实现这些目标政府应该做什么，政府职能要做哪些方面的调整和创新。例如，在新的城市化发展形势下，城市政府必须积极研究和推进城市土地制度、产业政策制度、户籍制度改革、行政区划和区域管制制度等方面的改革与创新。

总之，经营城市就是要充分发挥无形资产的潜力，发挥历史文化和名人效应，使之成为重要的引资资源，改善城市环境，提升城市品位。

【案例】山东省莱芜市对城市无形资产经营进行了探索[7]。几年来，该市先后在拍卖城市公用设施广告发布权、城市公共交通线路使用权等 20 多个项目上获得了成功，实际增加政府财政性收入 6000 多万元。尤其是在一次政府专项基金"存款权"的拍卖中，以底价 600 万元起拍，最终以 680 万元竞买成交，既实现了无形资产的价值变现，又解决了政府管理中的热点难点。

我国许多城市都在通过城市无形资产的变现和城市品牌的升值，多渠道多方式为城市建设筹集资金。如南京市公开拍卖公交线路经营特许权、青岛市公开竞卖出租车经营权，以及对立交桥、道路的冠名权，还有的城市进行广告权、古树名木的招标拍卖等。大庆凭借城市品牌，获得国家开发银行确定的"受信城市"，得到 2003 年度贷款数额达 184 亿元[8]。

经营城市重在无形资产的创造，无形资产的创造重在解决以下三个问题。

第一，城市形象的塑造。我们已经知道，城市形象是城市历史文化积淀的客观反映，是以城市物质环境外貌为载体的各种信息的综合反映。城市形象不仅仅是外貌，还要有内涵。城市形象是内在美和外在美的和谐，是视觉形象和直觉形象的统一，也可以说是物的形象和人的形象的统一。所以，城市形象是城市两个文明建设成果的自然反映，是城市决策者要素和市民要素综合反映的一面镜子，是城市市容景观形象、市民形象和政府形象的整体反映。

为了塑造好城市形象，必然要加强城市形象建设工程。这一工作可从三方面入手：一是加强城市形象理念的教育。就是要从上到下，提高对城市形象重要性的认识。城市建设中最重要的要素是人，所以应该在提高市民自信心、乐观向上、培养市民美感上下功夫。对市民进行城市形象理念的宣传教育，是城市形象建设的一个重要前提。二是重视城市视觉形象的设计。形象的载体是视觉，内在美通过外在美表现出来，设计非常重要。视觉形象中最重要的是建筑物、街道住宅区等人工形象和自然形象的和谐。和谐是一种美。城市形象建设需要包括：主旋律是什么？主旋律和多样性是什么关系？现在城市形象设计中的弊病是，第一个是形式主义，没有和谐；第二个就是模仿主义，照抄照搬。城市形象的设计是创造性的活动，不能照抄照搬别人的。创造性是形象设计的灵魂，没有创造没有发展谈不上设计。形象设计不是一个技术性问题，而是价值观问题、理念问题、社会文化艺术涵养的问题。是人的内心世界的表现，是人的追求的表现。三是树立城市人的形象。人的形象的树立主要通过两个服务窗口：一个是行业服务（特别是商业、饮食服务行业）窗口；一个是政府服务窗口。一个城市服务水平与这个城市各行各业服务和城市政府服务的效率、作风有极大的关系。四是城市形象品牌的选择。这涉及城市的特色或个性问题，商品品牌能达到耳熟能详的，即是名牌。城市形象品牌也有大众知名度问题。城市形象的品牌有综合性品牌，也有个性的品牌。我们在买商品时，称上海货很好，这就是上海品牌的作用，说进口货很好，就是因为进口货的品牌一般比中国的品牌要好，这是综合性的形象。如果哪个地方形象好，出什么特产，你把商标一打上，消费者就愿意买。城市的整体形象也可以分解为若干局部的具体的品牌形象。国内外城市形象常常通过城市的标志性建筑物或者纪念物来体现。巴黎有埃菲尔铁塔、凯旋门，美国纽约有自由女神像，提到悉尼就想到歌剧院。提到三亚有鹿回头，广州有五羊。有的则是通过市树、市花来展示自己，也有文化意义。城市具体的品牌形象还有一个重要的侧面，就是存在于城市空间的文字、图案、色彩、音响、招牌、门匾、广告栏等。有的是增加城市好形象的，如景点的命名、建筑物的题字。西湖为什么有名，与西湖那些景点命名好有很大关系。有的是败坏城市形象的，如拥挤不堪的"广告战场"、高音喇叭等。某些城市社区修个水池命名为"水上威尼斯"，有的屋顶绿化了，命名为"空中巴比伦"，有的餐厅命名为"恺撒餐厅"，越洋越好，以为很气派，其实不然，完全两回事，其效果适得其反。

第二，城市环境的优化。城市环境是城市形象的重要组成部分，城市环境的优化，现在提得比较多的、有共识的，就是绿化、美化、净化、亮化。城市绿化是城市现代化的重要标志，也是反映生态平衡、居住舒适度的重要指标。城市绿化是治理现代城市病（城市污染、拥挤、脏乱差）的一个重要途径。城市绿化是人的本性的要求，人有一个亲山亲水的要求。其实，人并不亲和现代城市高楼林立的水泥森林，人们应当建设有树木花草、适宜人居住的山水城市。城市的美化反映了人的企盼、人的追求，是人对居住环境的理想目标。城市怎么才叫美？曾经有这样的提法：城市是凝固的音乐，是立体的画，是流动的风景线。净化是指环境卫生整洁程度。和国外比，有些大城市的绿化、美化比较容易赶上去，净化就差得远。有形有象的我们容易去使劲，无形无象的我们容易忽略，但真正要增强城市的竞争力，必须二者兼顾，不能疏忽任何一个方面。应该注意现在城市环境建设中的一些败笔，例如，好大喜功，脱离实际，脱离城市的经济水平，脱离城市的承受能力，热衷于搞什么"首长工程"。生搬硬套，照搬人家的设计图纸而不知创新；华而不实，重视城市的入口、出口、参观路线、高级宾馆，不重视市民普通的实际需要；建筑物的粗制滥造；向钱看齐，商风不正，建筑物的倒塌事件不少；城市建筑缺少文化内涵，缺乏精品意识，缺乏艺术性和美感，等等。

第三，城市文化的提升。文化的范围很广，这里我们只讨论城市建筑的文化、景观的文化，一个事物总是一种文化的表现，茶有茶文化，食有食文化，服装有服装文化，建筑物有建筑物的文化。一个建筑代表的是一种文化品位、一定的文化含量和文化积淀。有人讲故宫和凡尔赛宫是统治者内心世界的表现。城市建筑物建成之后，有附加文化效应。杭州景点的名字命名很美，文人墨客的诗词歌赋提升对它的美感。现在一些景点的命名和附加文化的感染力就匹配不上了。所以，城市文化提升应从物质文明和精神文明两方面来入手。物质文明方面，建筑物要有文化含量，特别是标志性建筑物；广场要有广场文化，广场是城市的客厅；社区要有社区文化，让居民区宜人居住，使居民非常满意、称道；休闲区的文化，特别是关于公园的建设，要有宜人、愉快、典雅、清静的气氛，让人喜闻乐见，心旷神怡。

精神文明的文化体现在市民素质的提高，公共政策的效率，文化生活的丰富多彩。城市文化的提升，就是进行城市形象的优化、改善城市形象、创造更佳的城市形象。

3.2.4　城市的投资环境

投资环境作为经营城市的对象，它既包括城市的有形资产，也包括城市的无形资产，既包括物质的因素，也包括精神的因素，它是一个综合的事物。

投资环境是指影响或制约投资活动及其结果的一切外部条件的总和。对城市政府而言，也就是，围绕投资主体、投资活动所提供的各种条件（因素）的集合。它包括与一定投资项目相关的政治、经济、自然、社会等诸方面的因素，是一些因素相互交织、相互作用、相互制约而成的有机整体。因此，投资环境是一个复杂的系统。如果投资环境好，就说明投资活动在该地区能够正常顺利地进行，否则，投资活动就会受到阻碍。

过去为了发展经济，很多城市都是走了一条"经营企业"的路子，即抓企业、争项目、找贷款、办工厂，通过兴办企业，出产品，上产值，拿利润，增税收。由于市场竞争日趋激烈，各地重复建设项目众多，往往面临诸多风险，不仅不能挣钱，还要背上债务包袱，然后不得不再拿财政的钱去填补，造成恶性循环。而一些地方通过打造良好的投资环境来吸引外来投资的办法，效果极佳，由此，这就开辟了另一条发展经济的路了——改善经营环境和投资环境。从经营城市的宗旨来看，改善投资环境和经营环境是其经营对象的一个重要内容。良好的投资环境，包括完备的城市基础设施和市政公用设施，完善的城市功能，优美的自然环境与人文环境的和谐，以及开放的政策和法规。这种环境条件，是吸引国内外资金的前提，环境优势可以转化为经济优势。城市竞争力提高了，城市整体增值，国家、城市、这个城市的所有企业、单位和个人都可以受益，实现"多赢"。

城市的投资环境包括城市的硬环境和软环境。硬环境又称环境硬件，或有形环境，是指投资环境中有形的要素的总和，例如：城市的土地、基础设施、自然区位、旅游设施和经济基础等物质环境；而软环境或无形环境则指无形的投资环境要素，其内容广泛得多，它包括：政治、法律、经济、政府的行政办事效率，还包括人们的观念、风俗、习惯等社会文化，以及依附于硬环境上的名称、形象等无形资产等。

过去，由于只强调其公益性和福利性，城市的硬环境设施由政府统一供给。单一的资金来源和只讲投入不讲经济回报的机制，使得这些设施别说是扩大再生产，就连维修有的也难以维持下去。这在传统的计划经济体制下，可以说是一道无解的难题，而在向市场经济过渡过程中，人们逐渐认识到土地、基础设施等城市的硬环境本身也是一种资源，可以通过经营城市挖掘其潜力，以其经营收益支持城市建设、促进城市发展。近几年，又逐渐地把部分软环境（名称、形象、文化、品牌、声誉等无形资产）也纳入了经营城市的内容。

我国许多城市在实践经营城市，他们通过采用市场经济手段，按照所有权与经营权分离、投资与收益相匹配的原则，以有偿转让、委托经营、招标拍卖、股份合作、租赁、抵押、承包等市场运作方式将城市土地、基础设施、公用设施、旅游设施中可经营的资源推向市场，充分发挥城市的区位交通、自然环境、人文环境、矿产资源等优势，吸引各种渠道的投资，进行开发和利用，最大限度地实现了城市资产的保值增值，推动了城市的各项建设，提高了城市经济效益，成为改革传统城建投资体制和推动城市发展的一种有效思路。

对城市软环境的经营也是经营城市的一个重要组成部分，它包括人才的经营、政策机制的经营、创新的机制设计、城市形象经营、城市品牌经营（下面详述），以及城市文化和城市制度等，他们是城市发展的灵魂。因此，也可以说，经营城市的核心是建设与城市功能相适应的文化和制度。通过经营城市，不仅要促进有效竞争制度的建立，还要促进兼顾效率与公平的管理制度的建立，以及有利于推动创业与创新的社会文化的氛围。总之，经营城市是对城市的整体经营，它不仅仅包括对城市的硬环境的经营，而且包括对城市所有可经营资源的经营。

需要注意经营的是，经营城市的客体重点应是可经营性项目，不是说所有的城市基础设施和建设项目都可以采用市场化经营。经营城市，城市政府首先要明确经营的客体内容，并按照经营性、准经营性、非经营性对城市资产进行评估、产权界定和清产核资，测算出城市国有资产的份额和规模，以便根据类别的属性来确定项目投资主体、运作方式、资金渠道、权益归属等，区分出应由政府投资的项目或由社会投资的项目，由政府运作可经营性项目核准经营性项目，从而使经营城市产生最佳的收益。

注释：

［1］刘蕲冈：关于经营城市几个本源问题，《咨询与决策》，2003（1）

［2］李津逵：《城市经营的十大抉择》，海天出版社，2002年版

［3］刘蕲冈：关于经营城市几个本源问题，《咨询与决策》，2003（1）

［4］朱铁臻：经营城市是现代城市发展理念的创新

［5］从经营城市看中小城市会展经济的发展，中城网，2003-6-10，资料来源：新华通讯社

［6］徐惠蓉：经营城市的探索与实践，《南京经济学院学报》，2002-12-30

［7］林建宁：城市资产经营管理探析，《中国行政管理》，2002（1）

［8］大庆城市品牌换来184亿，中城网，2003-6-3，资料来源：新华通讯社（魏民）

第4章　经营城市的方式方法

有人这样说道，谁掌握了经营城市的诀窍，谁就掌握了经济发展的金钥匙。实际上，这就形象地告诉我们，要学会经营城市，敢于经营城市，早于经营城市，善于经营城市，这样才能取得城市发展的主动权。经营城市不应局限于现有的范围和方法，而应把握经营城市的规律和实质，可以因地制宜，因势而动，灵活多样，创新发展。

4.1　经营城市的原则[1]

在我国长期的计划经济体制下，城市管理者的主要职责就是把城市建设好、管理好。而现在，随着我国市场经济体制的逐步建立和完善，以及我国城市化进程的逐步推进，经营城市这一全新理念应运而生，成为城市发展理论的创新，为实现城市建设事业的持续快速健康发展提供了一条有效途径。为使经营城市有序进行，有的放矢，减少盲目性，以下几个原则需要遵循：

1. 资产商品化

在经营城市中，我们应把城市所有可以经营的资产都应看作是商品，是可以流动、变现和增值的，并能带来效益的资本，是一种可以从实物形态转变为价值形态的资本。也就是说，城市的资产具有商品属性，既有使用价值又有价值，是可以经营的，而且价值是可以在交换中实现的，对城市资产能否正确认识，直接影响到经营城市工作的开展。

2. 活动资本化

经营城市活动的实质是剥离资产的所有权与经营权，将资产的所有权或经营权看作是可以带来价值和剩余价值的资本，进行营运。从这个意义上讲，经营城市就是资本营运。如土地使用权的出让、国有股权的转让、出租车经营权的拍卖等。

3. 手段市场化

它要求经营城市的一切活动都要通过市场进行，市场手段要贯穿经营城市始终，靠市场信号反应需求与供给的关系，用市场效率机制配置资源，一定意义上讲，不用市场手段使用城市资产，就不能叫经营城市。

4. 运作公司化

经营城市不能由政府去直接运作，而应由经济实体去运作，这样才更符合市场经济要求，也才会更有效益。政府及相关部门，或把资产委托、招标给公司，或参股、控股，由公司具体承担操作，进行商品买卖交易。

5. 目的效益化

通过经营城市，使政府的投入有回报，能增值，创造良好的效益。而且这种效益是经济效益、社会效益、环境效益的三个有机统一。

4.2　经营城市的运行机制

所谓机制，就是事物本身的内在联系和运行规律，是不以人的意志为转移的客观存在。经营城市的机制就是按照一定的目标保障经营城市顺利实现、正常运营的各种作用方式方法的总和。

做好经营城市，应当完善三个机制，即目标导向机制、经济运行机制和行政运作机制。这三个机制的关系是，目标导向机制决定利益取向和驱动力，对其他机制产生决定性的推动作用，并贯穿始终；经济运行机制在目标导向机制的基础上，对市场行为进行约束和诱导，包括对行政运作机制的影响；行政运行机制则体现对目标导向机制和经济运行机制的保障。实践表明，推进经营城市的关键在于只有建立一套与市场经济相适应的经营城市体制，实行经营主体公司化运作，才能形成"投入—产出—再投入"的良性循环。

1. 目标导向机制

作为目标来看，经营城市不同于企业经营，它要求的是经济效益、社会效益和环境效益综合进步，而不仅是经济效益的单一增长。

2. 经济运行机制

　　经济运行机制是经营城市的重点，对于经济运行机制，首先要求有一套调节各类资源自由进出经营城市领域的市场经济体制平台。经营城市如果仍然按过去计划经济手段进行分配（如图1所示：传统的城市建设投资机制），也不能称其为经营城市，所以经营城市必须按市场经济规则吸引各类资源进出经营城市领域。这时，行政运行机制起着十分关键的作用，它对市场规则的建立、实施、监督和调整起着无法替代的作用。其次，经营城市要求有社会上诸多的投资主体参与其中，围绕投资主体形成一种政府主导、市场主体、社会运作的局面（如图2所示：经营城市的组织机构简图），也只有这样才能保证经营城市的顺利健康的发展。现在经营城市有一些新办法、新措施，有一些体制的改进。最多的是收费制、承包制、招标制，有的在政府职能部门下面设一个城市投资建设公司，一般大城市都有，像沈阳、上海、广州，有很多经验。城市建

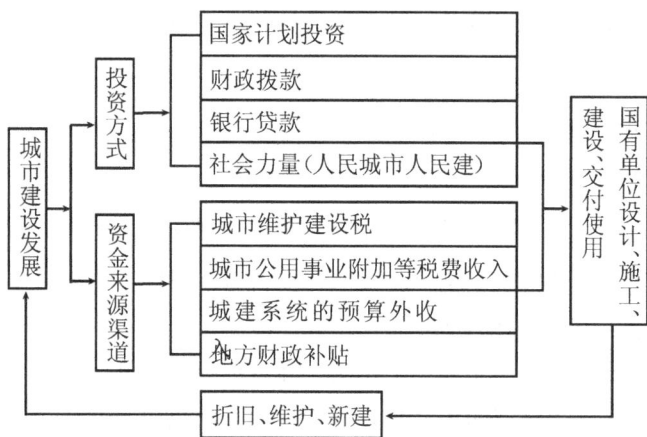

图 1　传统的城市建设投资机

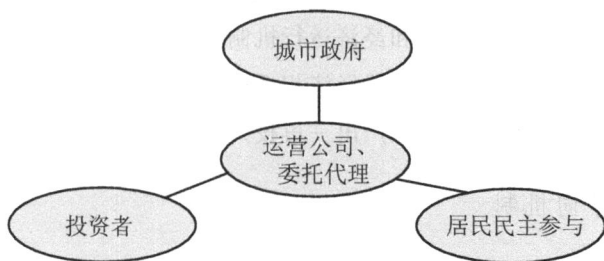

图 2　经营城市的组织机构简

设投资公司的后台是政府，可以运用商业化的操作方式对城市国有资产进行有效运营，进行融资、建设，并回收资金，还可以通过银行贷款、政府补助，发行城市建设债券等途径筹集更多的资金。城市建设投资公司是一个法人实体，需要按照市场机制的要求成立，按照公司法和公司自身的章程运作，其作用是负责城市资产，包括基础设施的开发、建设和运行，并进行城市内部的统筹协调。该单位应当是一家观念超前、机制灵活、管理科学、人才优秀、讲求效率的企业，依据城市政府的委托或授权，运用"资本运营"的方法全面开展经营城市。上海城市建设投资开发公司应用市场运作方式，成立不久就筹措到上百亿元的资金[2]，建设了杨浦大桥等城市重要的基础设施，不仅对城市建设做出了重要贡献，自身也取得了良好的效益。

经营城市经济运行机制说到底就是市场机制，是市场机制的供求机制、竞争机制、价格机制、法制机制的综合运用。也就是说，经营城市中的所有资源，不能用行政办法指挥和调配，而应通过公开信息、公开竞争、公开招标和拍卖等市场办法来引导流动和配置（如图 3 所示：经营城市的调控反馈机制图）。

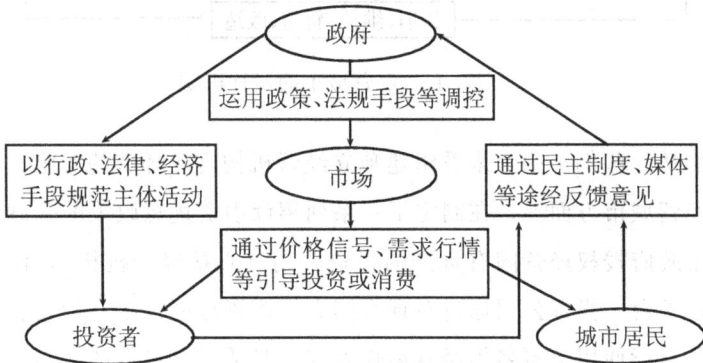

图 3　经营城市的调控反馈机制

组建独立经营机构，开展经营城市。政府管理、经营公共物品，但是它自己并不直接生产公共物品，它将公共物品委托给市场中的企业，然后由企业进行生产，组织供应。因此，建立经营机构（公司）是经营城市中十分重要的一环。它既是政府与市场的联系的桥梁，也是政府调控管理城市的重要工具。运营机构（公司）按照与政府关联的特性，分为直接经营机构和间接经营机构。直接经营机构，一般由城市政府或国有资产管理部门组织设立，按照企业法、公司法和国有资产管理等方面的规定，受权代表政府经营受托的城市资产，承担受托资产的保值增值责任；直接经营机构（经营实体）运用市场化手段，向社会和境外招商引资，或向国家信贷，取得作为经营城市资金，然后根据城市发展的需要，建设公共设施，提供公共物品，创建良好的投资环境（如图 4 所示：经营城市的运行机制图）。间接经营机构是相对直接经营机构而言的，它是一般参与城市资产开发、建设的具备相应资质的企业，在经营城市中，进行投标、竞标、或委托经营，间接经营机构不必由政府组织设立。

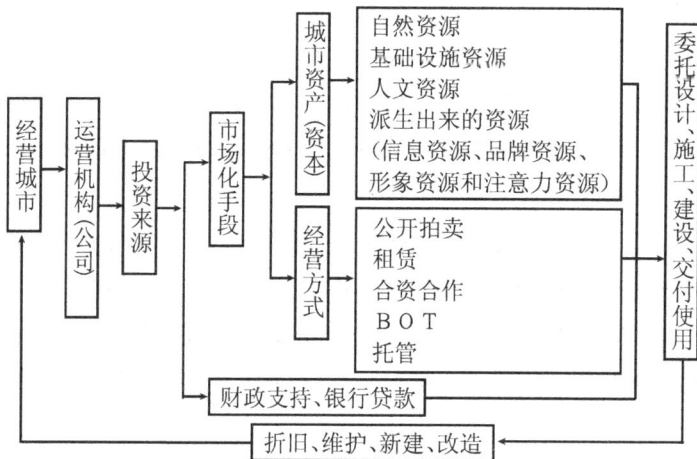

图 4　经营城市的运行机制

让我们从一些例子中，来看组建独立经营机构这一环节的实施。如河南省许昌市在经营城市方面[3]，在制定了一系列招商引资优惠政策的基础上，组建了 4 个由市政府授权经营国有资产的投资公司（直接经营机构），作为城市建设的投融资平台。投资公司通过对现有国有资产资源的重组、拍卖、租赁、转让、抵押、有偿使用、冠名等经营运作方式，盘活了存量资产，筹措了大量的建设资金，加快了城市化进程。目前，许昌市最大的经营城市项目——东城区近 20 平方千米的土地整理项目已经开始运作，4 桥 6 路工程已经启动，许继大道和帝豪广场的冠名权已顺利出售。许昌的创新机制引来了八方来客，美国联合技术能源控股国际公司投资 2.68 亿元人民币建设许昌市第三热源厂项目、中国石油河南公司投资 3 亿元建设许昌双燃料汽车系统技改工程项目、中科投资公司投资 1.3 亿元建设许昌市燃气工程项目等均签订了合同、协议或意向书。

再如，经济发达的国际风景旅游城市——杭州，为了确保大都市战略的顺利实施，同样抓住经营城市的关键一环，首先从打造间接经营机构做起。2003

年 6 月 10 日中国（杭州）十大城市运营商授牌仪式[4]在杭州西子湖畔的西子国宾馆隆重举行。这十大城市运营商的确认，经历了一个民间社会化的选择过程。由主流媒体的杭州日报报业集团为主，承担起宣传、推进城市运营理念的责任。首先，召开"城市运营与城市化进程主题论坛"，省市领导以及来自中科院、浙江大学、哈佛大学等省内外著名专家和省城 30 多家知名开发商代表，就城市运营的理念及实践进行了深层次的探讨。然后，邀请省市 13 位各界的专家组成专家组，对杭州市著名的房地产开发企业进行了全面的考评。经组织者近一个月的资料收集、整理、筛选，并根据对被提名者综合开发素质，以及社会、经济、区域、行业贡献率等指标进行认真的评议，确定中国（杭州）十大城市运营商是：绿城房地产集团有限公司、浙江南都房产集团有限公司、金都房产集团、广厦房产集团、杭州坤和建设集团有限公司、华产地产集团、浙江国都房产集团、杭州滨江房产集团有限公司、浙江通策房地产投资集团股份有限公司、开元房地产开发有限公司。这次推介的"十大城市运营商"将会带动杭州市一批有实力、有胆识、有能力的各类城市运营商，加盟杭州城市化进程和现代化建设大业，促进"构筑大都市，建设新天堂"的早日实现。

前不久，广州为了加快琶洲国际会展中心区的土地开发，首次向社会公开征集"城市运营商"[5]（间接经营机构），并拟将这一开发新模式全面推广。

作为未来广交会的举办地点，与珠江新城一江之隔的琶洲国际会展中心区正成为广州经营城市的明珠之一，日益受到投资者的关注。人们预测，琶洲将发展成为广州对外交流的重要窗口，成为广州城市建设与经济发展的强大增长点。目前，琶洲地区土地仅出让 3 块，一块为广州国际会展中心土地；一块为一家五星级酒店土地，一块为附近地商用地。其中广州国际会展中心首期工程已建成投入使用，占地面积 43.9 万平方米，建筑面积 39.5 平方米，全部工程建成后，占地面积和建筑面积均将达到 70 万平方米。

此次开发的琶洲储备用地，总面积 4.33 平方千米，目前可出让用地面积 98 万平方米，可出让建筑面积 160 万平方米。土地使用性质是与会展中心区相配套的商务办公、酒店、居住用地。

尝试引入项目管理制，这是土地开发的一种新尝试，通过引入项目管理的模式，从而对城市土地进行评估、策划及开发。具体而言，琶洲国际会展中心区将首次引入整体开发和经营策划的概念，通过公开征集，委托中介机构负责编写琶洲储备用地可行性研究报告和运营思路。方案将经专家评审、优化后，报市政府批准立项，再组成项目管理经营班子，按照既定的方案实施。

征集编写的《琶洲储备用地土地开发可行性研究报告》和《琶洲储备用地土地开发经营策划报告》，将是琶洲储备用地土地开发项目主要的决策参考文件，其内容包括：基本的调查、分析；明确投资收益、开发进度（土地出让进度、土地整理和工程开发进度）、资金计划、市场营销策略。

琶洲储备用地整体土地开发的启动资金，采取以银行借贷为主和部分财政支持方式，通过滚动经营，逐步利用土地出让收益还贷和归垫部分财政资金，力争实现整体收支的基本平衡。活动组织者市土地开发中心，希望通过公开征集，找到一个拥有完善的公司组织架构和专业技术人员，有能力承担大型土地开发项目可行性研究和经营策划研究工作的顶级"城市运营商"，在 4 个月内完成有关方案的编制。下一步，珠江新城、金沙洲、员村、白云新城、广氮等储备用地的开发也将推行这一新模式。

3. 行政运作机制

对于经营城市的行政运作机制，重点是要建立两个机制[6]，即利益驱动机制和工作运行机制。之所以要建立利益驱动机制，目的就是要充分调动各方面参与经营城市的积极性，通过明确政府与企业、市民的利益分配关系和分配比例，从制度上，利益上保证形成经营城市的合力。所谓工作运行机制，是指要制订工作计划、工作程序、办法以及阶段目标、考核体系等，使经营城市有序推进。

与经营城市的工作运行机制密切相关的一个方面是城市的财政和支出状况。从城市的财政收入来源看，大致划分为：

租：体现为土地出让金、土地租金等；这部分是城市资产的一种变现，是收入的大头，但往往不在财政预算中。

税：工商税收、农业税；城市中以工商税收为主。税收作为政府收入的主渠道，它的法定性最高，征收管理也最为严格，因而收入也最为稳定。1994 年我国实行分税制改革后，属于地方财政的工商税收收入包括：营业税、地方企业所得税、个人所得税、城镇土地使用税、固定资产投资方向调节税（已暂停征收）、城市维护建设税、房产税、车船使用税、印花税、屠宰税、农牧业税、农业特产税（已改革）、耕地占用税、契税、增值税的 25％部分、证券交易税（印花税）50％部分和除海洋石油资源税以外的其他资源税。

费：包括城市公共物品的使用收费和各种行政性收费、罚没收入；这部分中，使用费将越来越成为城市公共财政收入的重要工具，但目前的管理基本上在"预算外"。

利：国有企业上缴的利润，这部分将越来越淡出。

债：来自世界银行、亚洲银行、外国政府和金融机构的贷款，发行的债券；这些款项需要偿还，一般视作是递延的税收。

从城市财政的支出方向看，大致有：经济建设支出，包括基本建设、对国有工业的投入、市管县体制下对农业的投入等；对科教文卫事业的支出；行政管理费用的支出；城市维护和建设支出；社会保障和社会救济支出；价格补贴，等等。

财政支出中一个众所周知的事实，就是行政管理费用的支出比例越来越高，城市的财政越来越成为"吃饭财政"。

工作运行机制中的一个重要内容就是加强对公共物品的监督。公共物品的生产和供应，如果缺乏监督，容易形成垄断，其价格可能会失控。这就需要确立严格的价格监督制度，不允许其价格超过一定水平，促使经营者要不断地降低成本，提高服务质量。当前城市生活中的一个较大障碍，是公共物品的价格趋于上涨而不是在下降。这里面既有体制问题，造成经营管理成本的不断上升，也有通过不断加价来掩盖浪费和效率低下的情况。所以，通过加强公共物品管理和监督，才能真正地降低公共物品成本，提高城市的发展潜力和竞争力，才能吸引更多的外资。

【案例】在建立经营城市运营机制方面，上海城建投融资体制的改革[7]值得我们借鉴。

上海城建系统承担着本市市政公用设施工程的建设运营任务。20 世纪 90年代，上海用于市政公用设施建设的投资 1728 亿元，占同期整个城市基础设施建设投资的 52%，占同期全社会固定资产投资（13607 亿元）的 13%。在市政公用基础设施投资中，有 945 亿元为市城投公司筹得，占市政公用设施建设投资总量的 55%。10 年中，市城投公司累计直接用于城建项目的资金 700多亿元，用于还本付息的资金 274 亿元。目前，上海的高架道路、"三横三纵"、轨道交通、污水治理等项目多为市城投公司投资建设的。

上海在深化改革、积极探索多渠道筹措城建资金的新路子的同时，坚持"开源与节流"并举，加强对资金使用、运作的监管，努力提高投资效益。

一是加强制度建设。制定了《关于加强建设系统资金使用管理的通知》等一系列规范性文件，从制度上为提高资金使用效率提供保障。在实施中做到了"二控制一加强"，即：控制工程投资、控制用款进度和加强财务管理。

二是加强财务监理。把内部审计和外部审计、过程中审计和事后审计有机结合起来，包括对工程合同、支付凭证和工作量的审核，控制支出的合法性、合理性和正确性，并严格审核项目用款，合理控制用款进度，减少项目资金沉淀。

三是转换运行机制。改变统借统还的机制，依据资产关系组建行业资产经营公司，按照项目的经营偿债能力、以及下属公司的层次，对项目实行分类、分层管理，逐步形成以城投为主、行业资产经营公司为辅的经营机制。

四是配套进行项目管理体制改革。进一步发挥市场机制配置资源的功能，通过推行项目法人责任制、设计施工总承包制以及项目设计公开招标等方式，对项目管理体制进行改革，降低了建设成本，提高了投资效益。

上海的城建投融资体制改革虽然取得了一定的成效，但同建设"一个龙头、三个中心"的要求相比，同"十五"上海城市建设的投资规模、完善社会主义市场经济体制的要求相比，仍有不相适应的一面。主要问题是：财政对城市建设的直接投入仍然不足，项目的还贷机制尚未真正建立，成本与支持基本平衡的公用事业价格机制尚未形成，城投公司的内部运行机制也还有待进一步完善。

为了进一步完善城市建设多元化的投融资机制，广泛吸收社会（民间）资金，上海建设系统下一步将重点做好三方面的工作。

第一，进一步明确市城投公司地位。市城投公司将按照政府授权，继续承担起对城市基础设施建设进行筹资、投资、经营、还贷的投资公司，并发展成为建设系统的资本经营、资产运作和资金监管中心。同时，在多元投资的市场条件下，作为多家市场主体中的一家，必须进一步增强在资本市场直接筹（融）资的能力，不断扩大在基础设施建设投资市场中的份额。

第二，继续拓宽筹资渠道。一是加大招商力度，吸引社会资金。通过发挥政府投入的导向作用，加强金融、保险方面的支持，搞好前期动迁，完善化解风险的配套政策，更加广泛地吸引社会资金（包括民间、境外）投入市政基础设施建设。二是进一步盘活资产存量。举债建设形成的基础设施资产，市政公用行业深化改革带来的资产性质变化、运行机制转换，是盘活存量的有利条件。用好价格机制和有关政策，形成国有资本退出、社会资金进入的良性互动。三是充分利用好资本市场。通过信贷、债券、建立偿债基金、BOT、项目贷款、项目上市、配股、回购、存量变现，以及经营收入等手段积极筹措城建资金。

第三，建立科学合理的运作权制。一是建立责任明确、多元主体的投资经营还贷机制。充分调动各主管局、集团公司筹措资金、当家理财的积极性。目前在这方面已经有了实质性突破，以资产关系为纽带，建设系统成立了市政、水务、交通三家资产经营公司（简称"1＋3"模式），把原来授权给市城投公司经营管理的资产，按照行业分工，委托这三家公司自主经营管理，由其承担筹资与还贷的责任。二是建立责、权、利相一致的资产经营责任制。对建设系统及市城投公司资产，在盘清家底基础上，明晰资产责任，按照"谁管理（占有）、谁承担资产经营责任"的原则，对部门或企业普遍推行责、权、利相一致的任期目标责任制，保证每一块国有资产有人管理；对在建和已建成但尚未明确资产责任的项目，也明确资产责任或建立项目公司。

4.3 经营城市的主要方式、途径

随着市场经济体制的确立和城市化发展战略在我国的展开，每个城市都在探索城市建设、发展及其资金来源问题，而经营城市就是探索过程中产生的一种模式。经营城市的具体方式方法很多，林林总总，散见于报纸、杂志，主要有财政投入、政策性收费、银行贷款、土地批租和出让收入、盘活存量资产、城市建设项目经营特许权的经营、BOT 融资方式、ABS 融资方式、服务业价格、债券、彩券、利用外资和租赁融资、股票融资等。除了国家和地方财政投入用于城市重点建设工程和公益性建设项目外，经营城市的具体运作方式有：

4.3.1 运用城市规划指导开发

城市规划是城市建设的总体安排，它全面地、科学地展示了城市空间各个层次的发展前景及其分工与作用，由此勾勒和塑造出不同区域、不同区位、不同地区的预期增值，直至构造出其各自的宜人居住、宜人工作、宜人娱乐休憩的自然与人文协调景观。在此基础上进行经营城市，才能取得良好的经济和社会效益。需要强调，并不是有钱就能建成一个美好的城市、一个美好的环境、一个美好的未来。没有科学完善的总体规划和精益求精的精品意识，难以建成一个功能完备、各业协调、环境宜人、品位高雅、舒适方便、健康发展的城市。当然，没有钱，美好的规划只能是"纸上画画，墙上挂挂"。最佳的方式是二者有机的结合。还有一点需要注意，指望一步到位的城市规划是不现实的。

在城市资产运作中，政府是通过规划的方式来推进经营城市的，城市规划是政府经营城市的依据和纲领。这意味着政府掌握着城市发展的规划权，实际上决定了城市各种资源未来的使用、运作和发展形态，因此，城市规划权构成了经营城市的战略性资源，它成为城市资源的资本资产运作的基础平台。这决定了城市规划在经营城市中具有极其重要的地位。

从经营城市角度看，科学合理的城市规划中蕴藏着许多商机，可以说是城市的"聚宝盆"，而质量不高的城市规划则暗藏着许多危机，可以说是城市的"风险陷阱"。城市总体规划，不仅要达到其应有的技术规划、艺术规划要求，而且要体现其经济与社会规划要求。因此，对城市规划科学性、指导性、战略性及其重大作用和价值，应引起足够的重视。如苏州市政府通过精心规划城市，使城市土地和空间升值。通过完善的城市规划和政策美化城市，城市美丽了，土地升值了，吸引力增强了。规划后展现在世人面前的苏州，一方面是作为历史文化旅游名城的苏州；另一方面是半年财政收入超百亿、经济高速增长、台商投资密集的苏州，台资企业逾 2300 家，总投资超过 100 亿美元。中国台湾的一项调查表明，苏州投资环境名列大陆首位[8]。这说明规划美好城市能进一步使城市升值，形成强大吸引力。

另外，在城市规划中溶入经营城市理念也很重要。比如在科学规划的同时，对城市进行 CI 设计，CI 设计同城市规划相比，重要的区别在于：它把打造城市品牌作为目标，变技术规划为经济规划，始终把城市作为一种资源，把城市建设作为一种产业，科学规划，整体运作；既讲投入又讲产出，还要满足人民群众不断增长的物质文化需要；既有宏伟蓝图，又有城市营销。再如，城市规划建设要注意打造城市特色，按照个性化、现代化、国际化来规划设计城市。所谓个性化，就是要有特色意识，使现代文明同历史文明有机结合，做到山城要有山的雄伟，水乡要有水的韵味，名城要有名城的风采。所谓现代化，就是要有现代意识、现代建筑、现代城市功能、现代产业等。所谓国际化，就是要有超前意识，借鉴国内外建设经验高标准建设城市。

城市发展的关键是这个城市能不能培养出自己的魅力、吸引力和竞争力。否则，即使想方设法搞了很多资金，结果城市价值得不到提升、资金得不到合理的回报。城市要想长期存在发展，其规划必须高瞻远瞩，其资源必须能够良性循环。否则，城市就会过早地死亡、消失。所以城市政府的关注点，不应只是哪个具体的项目应该上，只顾忙短期利益，而轻视或找不到整个城市长远发展的根本利益。城市的基本定位、规划、生产力与竞争力解决了以后，会自然而然有吸引力。需要人才，它会吸引来人才；需要资金，它会吸引来资金。

经营城市作为城市发展建设和管理的一种手段，不是目的。因此，当我们把城市土地、城市基础设施建设、市政公用设施、交通设施、园林、环卫、城市广告等推向市场时，必须坚持以城市规划为先导，以服从城市规划为前提，避免出现不合理的布局和盲目建设，避免城市政府规划、管理失控，不能强调经营城市而任意修改规划，更不能把经营城市摆到高于城市规划的位置之上。换个思路，如果把城市规划也看作是经营城市的一个有力手段，经营城市的前期工作，这样，城市规划可以说是经营城市最根本、最有效、最富吸引力的方式方法，这对于理解和做好经营城市是十分有益的。

城市规划包括城市发展的各种谋划、规划、开发、建设及至管理等。

4.3.2　土地批租和出让

近几年来，各地通过土地有偿使用为城市建设和国有企业改革积累了大量资金，对于有效地配置资源起到了不可忽视的作用，充分体现了加强城市土地经营的重要性。上海仅土地批租一项，九五期间共获得了 1000 多亿元的基础设施投资，平均每年约 200 亿元的规模。再如，2001 年 3 月开发建设的泰安市东岳大街西路综合改造工程，政府高度垄断土地一级市场，先行把规划区内，道路两侧土地全部征为国有，做出先期土地储备，待经过一些基础设施配套建设工作，使土地增值后，再通过整片划拨、出让给市国资公司，市国资公司对其进行综合开发，立体建设。通过此项开发，市政府即收缴市政配套费 4 亿元，土地出让金 1 亿元，获得基础设施建设投资 12 亿元。土地日益成为城市资产的重要组成部分，城市财政收入的重要来源之一，"政府手中没有地，比财政没有钱还要可怕。"——许多城市都有这种切身的体会。实践告诉我们，一个城市的土地收益水平受制于它的城市建设和管理水平，一个不争的事实是，一个具有良好经济前景、高效率管理的城市，必然带来较高的地价水平。这样的城市在城市建设、管理、发展等方面的投入，通过土地出让即可实现回报，还不要说其他方面的效果。从各地的经验来看，大体有这几个要领：政府垄断一级市场、不卖生地只卖熟地、不搞协议只靠拍卖，根据规划成片开发，等等。

各个城市在土地有偿使用中，也都已经形成了一套较为完整、规范、有效的办法。比如杭州市在经营城市土地方面的具体做法[9]，第一，建立和实施土地收购储备制度，这是加强国有土地资本运营的有效手段。实践证明，开展国有土地资本运营，必须加强政府对土地供应的调控，而建立土地收购储备制度是增强政府供应土地的调控力度，解决"多头"供地的有效手段。1997 年下半年起，杭州市开始建立并实行土地收购储备出让制度。主要措施包括：成立市土地储备中心，具体实施土地收购储备和出让的前期准备工作，出台《杭州市土地储备实施办法》，规定土地收购储备制度的具体政策和做法等。市土地储备中心通过行使土地"统一收购权"和"统一批发权"，实行"政府主导型"的土地储备制度。这一制度规定，市区房地产开发用地必须先统一由市土地储备中心收购储备，然后由规划部门提供规划指标给储备中心，房管部门向储备中心颁发相关地块《房屋拆迁许可证》，计划部门给予相应的立项，由储备中心将"毛地"变为净地。通过政府土地管理部门一个"口子"向市场供地，强化了政府在土地供应上的主导地位，明晰了城市土地的产权关系，从而强化了政府对土地一级市场的宏观管理，为全面实行城市国有土地资本运营奠定了良好基础。第二，实行土地招标拍卖，是开展城市国有土地资本运营、实现资源优化配置、提高效益的有效手段。建立公开、公平、公正的市场环境是社会主义市场经济的客观要求。杭州市政府在这方面先行一步，调整了房地产开发用地的审批程序，实行供给引导需求的土地资产运作模式。此外，加强土地招标拍卖的组织领导，把原先成立的市土地收购储备管理委员会调整为市土地收购储备出让管理委员会，由分管市长牵头，计划、城建、规划、房管、财政、土地等有关部门参加，负责城市土地招标拍卖的决策和土地出让中政府各有关职能部门行为的协调。2000 年 11 月杭州市已被国土资源部确定为全国国有土地资本运营的试点城市之一。

对于土地资产的市场规范运作，有专家学者提出了建议[10]，认为不同的城市资产，由于其特点不同，经营的策略也是不同的。根据城市土地经济学的原理，对城市土地的经营主要包括三个方面：

第一，建立供给引导需求的土地资产运作模式。土地的价值是由供给和需求共同决定的，在市场经济下，当需求一定时，土地供给越稀缺，其价格和利用效率也就越高。当然，如果土地价格过高，反过来也会限制经济的发展速度。因此，土地的供应状况直接关系到土地的价格，同时也间接影响到城市发展的速度，所以城市政府可以利用土地供给，严格的控制城市土地供应总量和开发总量，对城市经济发展实行宏观调控。然而，由于目前我国城市国有土地供应的主动权并没有完全掌握在政府手中，城市政府作为土地所有者代表的收益不仅得不到充分体现，而且城市土地供应中不分时间、地点、周期的随意供应，也降低了土地的收益。今后，政府必须加强对土地一级市场的垄断，建立土地收购储备制度，通过建立完善的土地收购、储备、开发、置换、供应等制度，要将新成立的收储中心直接隶属于城市政府。通过土地收购—土地储备—土地出让，达到政府对土地一级市场的垄断。

城市政府在收购土地时，需要大量资金，由于许多城市的财力并不富裕，可以使用土地出让、出租抵押、向银行申请贷款等办法进行融资。上海通过土地批租，化解了资金不足的困扰，迅速筹集了资金，加快了旧区改造，走出了一条新路。仅用 7 年时间，上海就实现了市区人均居住面积达到 10 平方米的目标。从 1991 年到 1998 年 9 月底，上海中心城区共有 40 万户家庭、150 万人口以及 12000 家单位搬迁出中心城区。城市建设大规模推进，使上海城市面貌和环境发生显著变化。杭州等城市也这样操作过，同样取得了很好的效果。

第二，加大土地招标拍卖的比例。土地的价格是在土地市场上通过竞争来决定的，实行土地招标拍卖，通过市场竞争出让土地，可以创造更高的土地收益。然而，目前我国城市土地供应的方式大多以协议方式为主，招标拍卖的比重很低。过多的协议出让不仅使国有土地价值得不到充分体现，而且也为土地交易中的"暗箱操作"提供了"温床"。今后，在土地使用制度改革中，要在严格控制协议出让土地的同时，推行城市土地使用权的公开招标、拍卖制度，加大土地公开招标拍卖出让的比例，除政府机关等非营利单位外，其他用地应一律实行招标拍卖出让。为适应城市土地市场化运作，创新经营城市机制，积极创造条件成立城市地产经营公司，调控城市规划区土地一级市场，放开经营二级市场，收购托盘特困企业、预征道路延伸、旧城改造、重大工程周边的土地，加工成熟地进入市场拍卖。具体程序是，凡需在城市取得土地使用权的单位、开发商和个人，先到国土交易中心或相关部门登记，再由国土交易中心或相关部门根据要求、地段、地块状况确定最低价，然后组织公开竞价，这样既保证了开发城市土地依法进行，又使城市载体实现其经营的最高利润，使土地成为城市建设最重要的融资渠道。从而增加城市政府的土地收益，强化政府在土地供应上的主导地位，以及对土地市场的宏观调控能力，引导城市合理发展，同时防治土地资产开发的失控和效益的流失。

第三，优化城市土地利用结构，提高城市土地利用效率。城市不同位置的土地具有不同的价值。高价值的土地由低效益的企业占据是一种土地浪费，低价值的土地由高效益的企业占用也不利于平等竞争。城市土地经营应该以功能不断优化为前提，"地尽其用"。这就需要我们建立一个良好的土地利用市场，充分运用级差地租原理，适时拓展和优化城市的土地利用结构，适时调整土地基准价格，改造旧市区，建设新市区，提高土地利用效率，为企业投资经营创造公平、合理的环境氛围。

城市土地的价格是一个城市基础设施水平的反映，城市基础设施的建设、管理与营运水平与城市土地收益呈正相关关系，良好的城市基础设施，必然带来高水平的地价。由于城市的公共投资目前大多是由城市政府提供的，城市基础设施条件改善后所造成的土地价值升值，理所当然应由城市政府收回。目前土地资产交易过程中出现的直接由土地使用者自行获得全部土地收益的做法，实际上颠倒了土地投资者和受益者之间的关系。为此，要根据市场价格，每隔3年或5年重新审定评估一次，调整租金，把租约作为灵活的奖金运用起来，将在城市建设、管理、发展等方面的投入由城市政府通过土地增值的部分收回，从机制上解决城市公共设施、基础设施等只有投入而没有产出的问题，从而形成"投入—产出—再投入"的良性循环。

天津市于2003年6月1日正式新出台的《天津市国有土地有偿使用办法》，可以说是对土地经济学理论的一次实践和应用。该办法不仅对土地使用方式作了规定，《划拨用地目录》以外的用地全部以有偿方式使用，经营性用地全部以招标、拍卖或者挂牌方式公开出让。而且对土地的管理机制进行了调整，专门成立了由市长任主任的天津市土地资产管理委员会，对国有土地资产管理的重大问题进行决策，形成全市关于土地管理的最高最终决策机构。规定中明确了天津市国有土地由天津市人民政府集中统一管理，天津市土地行政主管部门统一负责全市行政辖区内国有土地收购、储备、出让、转让的管理。此外，天津市土地整理中心是天津市政府设立的全市土地收购储备的唯一机构；天津市土地交易中心是全市唯一的土地有形市场和土地交易的专门机构。这样就建立起了一个"既蓄水，又放水"的土地供应计划管理制度。通过政府垄断土地一级市场，严格控制土地供应总量，将有效发挥市场配置土地资源的基础性作用，充分实现土地资产价值，提高土地资源利用效率，进而创造公平、公正、公开的土地使用环境。正如一位天津市的领导所说，目前，天津市正在进行大规模的基础设施建设，天津市的土地资源价值将会大幅度提升。加强对国有土地有偿使用管理，就是为了建立规范统一的土地市场，增加政府土地资产收益，扩展城市基础设施建设资金来源。这一举措将会导致天津数千家房地产企业的重新洗牌，有实力的企业在将这一轮建设热潮中受益[11]。

4.3.3　利用招投标方法

招投标方法常用于具有竞争性的工程建设中，而经营城市运用这种方法可以最大限度地发挥城市资产的价值。这一方法具体说来就是对拟开发地段的土地使用权、经营权、房产开发建设权、基础设施（道路、桥梁、水、电等）运营权、广告设立权、公共服务经营权和公共设施（公交站点）冠名权等资源进行公开出售，从而使资源、资产变现，置换出投资开发建设资金。对城市公共服务实行公开招标，还可以提高城市维护保养水平。

【案例】2003 年 6 月份举行的南京重大项目投资洽谈会上，南京市推出了85 个招商项目，总投资 614 亿元[12]。这些项目遍布城市基础设施、服务业、制造业，在 22 个基础设施项目中，南京长江二桥及在建的三桥赫然在目：二桥，标价 38 亿元，转让经营权（或股权）；而三桥，则是主体工程融资 30.9亿元。政府"卖"大桥，确实动作不小，给经营城市放了颗炸雷，许多人都感到吃惊。南京市代市长蒋宏坤的一番话，使人们探到了谜底。蒋宏坤首先纠正媒体"流行语"："卖"二桥之说，不尽准确。南京此次大规模的项目招商，不是一个"卖"所能概括。应该说，是国有资产有序进退，是南京转变政府职能，改变城市建设投融资体制的重大举措。刚开始，对一些重大基础设施列入转让清单，有些人有顾虑，但最终统一了认识：城市建设，也要不求所有，但求所在。这些项目都还在南京，项目的功能不会变，变的只是投资方式、管理模式。也不是说，这些设施现在经营得都不好，而是要建立多元化的投资体制，让国有资产抽身出来，投入回报周期长，社会资本做不了或不愿做，而又是社会少不了的项目中，起到"四两拨千斤"的作用。以前搞城建，投资主体大多是政府，政府做了很多不该做的事，其实政府只要搭平台，做好服务，把项目拿出来，让企业去选择，让市场去配置、去运作。我们现在急于加快三桥、四桥建设，没有大量的钱怎么办？盘活二桥等存量资产，就可滚动建设更多的项目。当然，这次城市项目洽谈会运作规范，推出的每个项目，都进行了充分调研和论证，对投资回报期做了科学预测，兼顾了社会效益与经济效益，对经营期限、投标者的实力、声誉，都有明确规定。这样的城建融资洽谈活动，南京准备每年办一次，将来，南京城建所有项目原则上都要推向市场。

【案例】北京改进招投标方式。北京正以筹备和举办 2008 年奥运会为契机，在借鉴国外先进经验基础上，加快体制创新和机制创新，积极探索政府引导、市场化运作奥运项目建设和运营运作模式。北京市从 7 月 1 日起推行建设工程工程量清单计价，这种"无底价"竞标的建设工程的新计价方式，将首先从国有投资项目和奥运项目开始。这一举措将为奥运工程透明、公开，避免暗箱操作、滋生腐败现象提供依据。

传统的以标底为中心的计价模式和招标方式，最大的弊端是严重遏制了竞争的全面性，投标竞争往往蜕变为预算人员水平的较量，而由于传统造价管理模式下的定额项目和水平总是与市场相脱节，远远不能真实地反映出建筑产品的市场价和企业真正的竞争水平，还容易诱导投标单位采取不正当手段去探听标底，不但成为滋生腐败的温床，还严重阻碍了招投标市场的规范化运作。

至 2008 年，北京的奥运场馆和配套设施的总投资约为 2400 亿元，同时，北京房地产开发乃至房屋租赁业将"升温"，到 2005 年，房地产开发累计投资额约为 2800 亿元，总市场规模在 5000 亿元左右。规模达 5000 亿元[13]左右的北京奥运建筑，自然成为世界建筑领域炙手可热的市场，成为全球建筑业的"兵家"必争之地。世界上的知名建筑大师都要到北京来，展现自己的建筑作品；全球的建筑企业也要到北京来，寻求瓜分北京奥运建筑市场的机会。进入 2003 年 6 月份后，北京奥运会国家体育馆及奥运村项目法人第二阶段招标工作已经启动。第二阶段的投标申请人主要来自中国大陆、中国香港、澳大利亚、美国、日本、荷兰及中国台湾。

【链接】南京欲"出租"长江二桥求"双赢"（中城网 2003-6-9 资料来源：解放日报）

南京长江二桥经营权将转让！消息一传出，立刻吸引了国内外投资者的"眼球"。38 亿元资产的经营权转让，足见南京进行投融资体制改革的决心。同时，对帮助南京长江大桥"减压"意义重大的二桥来说，经营权的转让，是否能让两座桥走出尴尬、走向"双赢"呢？

尴尬从二桥通车后开始。南京长江大桥由于历经长年密集车流的"压迫"已不堪重负。建成于 1968 年的大桥，34 年多来平均每 5 分半钟通过一趟列车，日均通过汽车约 5 万多辆，年通过总重量达 2 亿吨之巨，是世界上客货混跑运输最繁忙的公铁特大桥。特别是近几年来，大桥路面动过的大小"手术"不计其数。为此，南京用 36 亿元打造长江二桥，希望二桥来分流大桥的压力，结果却不尽如人意。据南京长江二桥管理局提供的数字，目前二桥日通车量为

1.5 万辆左右，是当初设计流量的四分之一。

一边是不堪重负，一边是能量放空，二桥的尴尬究竟出自哪里呢？关键是收费价格。二桥的收费标准远远高于大桥，同样是 6 座以下的轿车，二桥一次收 20 元，大桥只收 10 元；载客 20 人至 50 人的客车，二桥一次收 50 元，是大桥的 3 倍多。收费过高的差异使得必须路过南京的大部分车辆宁愿绕点路从大桥过，也不愿走二桥。而造成高收费的原因，除了二桥的建设成本外，由政府管理带来的经营成本高居不下是很重要的一点。

南京大学一位教授认为，二桥经营权转让给企业后，企业按照市场化方式管理二桥，必定控制人力、管理成本，从而降低经营成本。如果还能够通过企业内部挖潜来降低成本，二桥的收费肯定会下降。这样，既提高了二桥的效益，又能缓解大桥的压力，可谓"双赢"。另一方面，长江二桥经营权转让项目初步评估价格是 38 亿元，这样南京市政府对二桥的建设投资就能一下子收回，然后政府再将 38 亿元资金投入城市建设中，又能为南京增加几个重点工程。而作为投资者，算盘更是打得精：长江二桥总投资近 36 亿元，现在年收费约 1.6 亿元，扣除一部分养护管理成本，大约经营 20 年左右就可收回投资成本，而且之后就可以每年净赚 1.6 亿多元。又是一个"双赢"！

北京晨报 2003 年 9 月 19 日报道"南京二桥将以 45 亿元出售"，西班牙一公司欲以高于建设成本（30 亿元）买下南京二桥 30 年经营权。二桥日均通车量已增至 2.3 万辆，最高日收费已突破 100 万元，使得投资者更加看好二桥。

4.3.4 利用外资、内资形式

1. 利用外资形式

将外资导入城市建设的领域，是经营城市的一个重要手段。外资包括外商直接投资和外商间接投资两大类。外商直接投资（FDI）是指外商将资金投入到经商办企业办实业上，直接参与企业或项目的经营管理，获取营业利润；外商间接投资主要是指外商将资金投入到股市（股票、债券）或银行等金融市场中，一般不参与企业管理，只获取股息、红利、利息等。目前，在我国利用外商直接投资成为主流，主要方式有：中外合资、中外合作、外商独资、合作开发、BOT 以及外商投资股份制、特许经营方式等。

【案例】山东省济南市采用利用外资这种方法，同以色列的泽威集团就建设城市中的现代化主体停车场及经营、管理达成协议。外方投入资金、设备，中方提供停车场地，停车位置空间和其他相关用地，从而最终对城市交通做出统一开发建设与系统经营管理。这在全国是第一个范例，该工程项目建议书和相关文件已报送国家计委立项待审批。另外，该市还与外商联合开发"阳光花园"，此项目由中国香港新世纪有限公司，中国香港舜兴实业有限公司同济南市阳光置业有限公司三方合资，成立了"济南新世界阳光发展有限公司"，注册资本 1000 万美元。该项目启动顺利，已于 2000 年 11 月 19 日奠基，列入国家建设部首批"国家康居示范工程"。

【案例】杭州市针对非典疫情的发生，于 2003 年 6 月起正式推出"非典过渡期间引进外资特惠政策和措施"，提出了以外资拉动投资及经济增长为重点的六大应对措施[14]，以加大招商引资力度。直接涉及经营城市方面的有：

放开投资领域减少前置审批。对外商投资在建筑施工企业项目经理的资质核准、外国设计机构设计资格核准、广告技术资格核准、经纪人从业和商标代理人资格核准、房地产中介等前置审批予以取消。

鼓励外资参与基础设施和社会发展项目建设。基础设施及公益性项目享受优惠。对于道路、桥梁等基础设施、外商进行投资或股权转让等，其土地经批准后可采用行政划拨加租赁的方式取得，其合资、合作、股权转让的期限可延长至 25 年。对于天然气等利用外资，可按照西气东输的政策，享受外资鼓励类的优惠政策。

积极争取利用国外贷款。环保、消防、道路、地铁、污水、自来水等交通基础设施及环保项目要尽早推出一批符合条件的项目，向世界银行等国际金融机构和外国政府申请贷款。另外，还要积极探索 BOT、TOT、股权转让、境外上市等利用外资新形式。

提前启动重大储备项目。在抓好一批在建利用外资项目的基础上，尽快新开工一批利用外资项目。同时，要提前启动一批重大储备项目，特别是对一批需要省和国家支持的项目，要创造条件，尽早启动，争取绕城公路整体股权转让给中国香港、上海合资项目签约。另外，要做好国外贷款前期项目准备工作，对地铁一号线、杭州消防进口救援设备等要加强项目前期工作，争取西班牙、日本政府贷款和其他国外优惠贷款。优化投资"软环境"。

对于特殊项目要采取"急事急办、特事特办、事后补办"的方式进行，努力帮助外商"抢回"时间，对于外商投资工业项目达 1000 万美元以上，或是 500 万美元以上的一产、三产项目，均可进入"绿色通道"审批。

　　加快进口设备免税确认审批。如果外商投资的企业属于国家鼓励类项目，在可行性研究报告、可研报告批复、进口设备清单、投资估算表等材料齐备的情况下，免税确认转报工作在 1 个工作日内完成。对于内资企业进口设备免税确认，在可研报告、可研报告批复、进口设备清单等材料齐备的情况下，扣除国内投资项目不予免税的进口商品外，在 2 个工作日内完成免税确认转报工作。（周春燕）

　　【案例】从南京市国内招商引资暨城乡资源对接工作讲评会上传出消息[15]，南京市 2003 年上半年国内招商引资增势喜人，截至 6 月底，全市达成 100 万元以上内联项目 744 个，联合投资总额 209.76 亿元；吸纳市外资金 112.87 亿元，完成年度目标的 174％；实际到位资金 55.18 亿元，完成年度目标的 106％。其中，达成城乡资源对接项目 545 个，联合投资总额 93.25 亿元，完成年度目标的 170％。在达成的 744 个项目中，已有 555 个项目开工在建或建成投产，项目成熟度达 75％。

　　南京市国内招商引资和城乡资源对接工作呈现出诸多特点，首先是大项目多，单体规模大。上半年该市共达成亿元以上项目 42 个，投资总额 125.74 亿元。如：湖南路地块开发、南京工业大学科技园项目投资额分别高达 5 亿元和 3 亿元；南京朗驰集团与浙江民企南京中浙投资发展公司共同投资的中驰汽车园项目，总投资 3.2 亿元。其次，工业项目大幅攀升。上半年全市达成工业项目 451 个，投资总额 70.65 亿元，占 34％。达成的项目中，长安汽车一期投资 2.5 亿元在溧水兴建生产基地，目前已实际到位资金 2500 万元，项目已开工建设。沈阳合金钢投资股份公司与该市第二机床厂合资组建南京二机床有限公司，项目总投资 1.12 亿元，目前客方到位资金 8512 万元。此外，三产项目加速升温，园中园项目增多，全市共达成三产类项目 237 个，联合投资总额 128.59 亿元。其中，投资基础设施、房地产及旅游开发项目的投资额占 61％。全市达成园中园项目 19 个，投资总额超过 24 亿元。仅溧水县，就达成长安工业园、鼓楼科技园、建邺工业园、下关工业园、南京国际工业城、晨光工业园等多个园中园项目。还有一个特点是项目向郊县集聚趋势明显。在达成项目中，7 个郊县达成内联项目 708 个，联合投资总额 170.35 亿元，协议引进客方资金 161.95 亿元，实际到位 38.81 亿元。其中，城乡资源对接项目 545 个，联合投资总额 93.25 亿元，协议引进客方资金 85.81 亿元，实际到位资金 22.28 亿元。

　　在引进外资参与基础设施建设方面，上海做得也比较成功，像杨浦、南浦大桥、隧道等几个大的工程，都有外资的参与，形式包括合资、BOT、特许经营方式等。

2. 利用内资形式

除了利用外资形式外，国内资本市场也是一个不可忽视的渠道。尤其是随着我国整体经济实力的提高，国内资本市场日益雄厚，市场机制日见完善，国内资本（游资）市场已成为一块亟待开发利用的领域。一些城市已注意到了这一点，如山东省济南市对当地的内资加以利用，该市与鲁能集团联合开发建设南苑小区。总投资达 100 亿元，成为济南市城市建设史上一次投资最大的开发建设项目。这是大企业集团参与城建，进行连片土地整体开发的大胆尝试，将对未来的城市建设模式产生重大的影响。

江西省兴国县，除加大利用外资外，着重利用内资，仅 2000 年，全县争取各类无偿资金就达 6000 多万元，相当于许多小县一年的财政收入。短短两年的时间（1999—2001 年），吸引投资 3 亿多元，新修了 5 条大道，新建了 3 个广场，城市绿化、美化、亮化工程全面展开，城市面貌已焕然一新。这两年多来，兴国县通过经营城市，不但政府没有投入一分钱，反而净赚了 200 多万元。

巴州巧打"经营城市"牌[16]。巴中市巴州区在经营城市中，提出了"以地建城、以地养城、多元投资、滚动发展"的城市建设指导思想，把市场机制引入到经营城市和管理之中。他们把土地当作资源开发，把公共设施作为产业对待，把城市当作企业来经营，做活了经营城市这篇大文章。几年来，该区累计投入城建资金 19.8 亿元，城区面积由 8.5 平方千米扩大到 15.2 平方千米，城市人口由 8.8 万人猛增到 18.6 万人，昔日破烂不堪的小城镇，变成了景色秀美、干净整洁的川东北新城。

为了加大城市基础建设投资力度，该区采取公建、民建、集资联建相结合的办法，累计投资 6.3 亿元，先后完成了城市公厕、污水处理、绿化美化、道路建设等 30 多项重点工程，新增建设面积 450 多万平方米。同时，该区按照"谁投资、谁受益"的原则，将市政设施推向市场，采取拍卖使用权、买断经营权、出让冠名权、广告权等办法盘活商业性公共设施资产。通过出让出租车经营权，取得了 300 多万元的拍卖收入，充实了城建资金。

随着城市的不断扩大，该区把民间投资的主题引导到兴办公益事业上。他们明确提出，民间能干的事让民间去干，政府还利于民。在这一政策鼓励下，许多"工头""老板"及富裕起来的群众纷纷建学校、办医院、建市场、搞房地产开发。目前，该区个人投资兴办中小学校和幼儿园 25 所，兴办中型医院 2 所，开设宾馆 15 家，总投资 2 亿多元。该区 2002 年投资的 2.5 亿元城建资金中，财政投入不足 400 万元。外部资金的注入推动了城建经济的快速发展，带动了房地产业、各类服务业等 20 多个城市产业的不断壮大，城市经济连年保持两位数的快速增长。

4.3.5　利用公开拍卖方式

这种方法是对城市中若干设施的经营权、使用权等进行公开拍卖，实现所有权与经营权的分离，置换（筹集）新项目的建设资金。这种方法也是一种常见的市场运作手段，在经营城市的具体经营活动，需要用这种市场机制来推动。例如山东省泰安市为吸引城市公用设施建设资金，打破政府垄断，放宽市场准入，按照"谁投资，准受益"的原则，拍卖和出让城市公用事业和基础设施建设的经营权。2000 年该市城区沿街改造，建设公厕，政府决定采用土地无偿使用 30 年，免收一切行政收费，各种入网费、增容费减半征收，并允许同步建设 1～3 倍面积的商业用房等优惠政策，鼓励外资、个体私营经济成分参与，经过不长时间即吸引 1 亿多元社会资金，建设、改造公厕 2196 个，彻底改变了该城市反映极为强烈的公厕脏、乱、差的面貌。再如，首列上海磁悬浮列车冠名权通过拍卖，以 2090 万元被上海新湖房地产开发有限公司拍得，冠名"新湖明珠号"，2003 年 9 月 20 日首发"处女行"。再如辽宁本溪市在资金匮乏情况下通过对长13.5千米的滨河大道及沿线的冠名权的公开拍卖、使用权的授权[17]，赢得以"峪明泉""红苹果""迎宾酒"等命名的绿地和开放空间，使省政府提出的每隔 1000 米就有 2000 平方米绿地的城市变为现实。

据媒体报道[18]，在 2003 年 6 月份举行的"2003 南京重大项目投资洽谈会"上，南京市向中外客商发布了拍卖玄武湖隧道、机场连接线、赛虹桥立交、双桥门立交、纬九路等五项基础设施冠名权招商信息。在 2003 年 7 月 18 日上午，南京首次拍卖城建项目冠名权如期举行，五项城建工程冠名权以 472 万元的总价顺利拍卖成功，其中民生银行南京分行以 260 万元拍得玄武湖隧道冠名权，双桥门立交、赛虹桥立交、机场高速连接线等三个城建工程被南京晨光集团、润泰市场、中信实业银行南京分行全部以 60 万的报价拿下，宇城房地产开发公司以 32 万元的价格拍走了纬九路工程冠名权。这五项基础设施投资总额约 40 亿元。

整个拍卖活动进展顺利，且都以高出预期底价的价位成功拍出。拍卖成交后的买家可以分别获得这五项基础设施的 10 年冠名权，可以用单位名称、产品品牌、吉祥用语等为基础设施命名 10 年，同时，涉及标的物地名的相关地图、道路指示牌等都会标有冠名标识。期满后予以注销并重新冠名。从市场分析来看，竞买者不仅能拥有十年里名称使用所带来的广告效应，还包含通过拍卖运作时产生的附加广告效应，因此，尽管冠名权的转让价格较贵，但仍然很受众多企业的青睐。确实，长达 10 年的冠名权所起到的宣传作用是一般的广告效果无法比拟的，对企业形象的提升和员工的激励更是效果卓著。

这次冠名权转让的 472 万元收益将全部投入到南京城市亮化等公益设施建设中。尽管这几百万的冠名费与上述五项基础设施投资总额约 40 亿元相比，数目区区小数，顶多够初期的维护费用，但这种"公平，公开，公正"的拍卖方式，一方面正式承认了冠名权的市场价值，一方面也开启了"经营城市"新的理念的大门；同时也有效地避免了"暗箱操作"，以市场竞价的方式来体现城市资产的价值，无疑是一次有意义的尝试。

几乎是在同期，从天津传来消息，天津滨海快速有限公司委托蓝天拍卖行有限公司拍卖津滨轻轨车站和列车的冠名权[19]。此次津滨轻轨拍卖的冠名权包括 15 个车站和首列车。15 个车站中包含市内 4 个，东丽区 5 个，塘沽区 3 个，开发区保税区 3 个，车站冠名权的拍卖将根据所处的地理位置、区域人流量、区域经济发展的状况分为 10 万元、15 万元和 20 万元 3 个档次，其冠名权限为 5 年。首列车冠名权起拍价为 98 万元，冠名权限 2 年。

津滨轻轨规划线路由天津市河西商场至天津开发区第八大街。一期工程从开发区终点至市内中山门，全长 45.409 千米，其中高架线 39.915 千米，地面线 5.494 千米，共设 19 个站，并设有停车场、车辆基地、控制中心各 1 个。设计最高时速每小时 100 千米，全程时间约 35 分钟。车辆长 19 米、宽 2.8 米，近期采用 4 辆编组，计划投入 29 列，共计 116 辆，可满足市区至滨海新区之间高峰时每小时 3 万人次的客流量。工程预算总投资约 65 亿元人民币。

该工程自去年五月开工以来，进展顺利。截至目前，津滨轻轨的土建工程已经全部完工，即线桥主体工程量已经全部完成。沿线 15 个车站已经基本完成图纸确认、接口等各项工作。其中 10 个车站已经完成结构与建筑装饰的交接，正在进行砌体、钢结构加工安装、装饰样板确认、室外广场深化设计等项工作。停车场、车辆段、控制中心主体工程已经全部结束，正在进行装饰、空调、消防、弱电、道路、围墙等项工作，站场的全部工程将于 8 月底完成。

　　轻轨的轨道工程也进入最后的冲刺阶段，其中正线轨道 26.74 万块预制支撑块已全部完成，车辆段轨道的 41 组道岔及 1 组交叉渡线已安装完毕，碎石道床及轨枕铺设基本完成，主变电站、外网及 7 个分离变电所主体已经完成，进入设备安装阶段，通信、信号工程正在进行紧张的施工。据介绍，参加竞拍的企业初步定于 6 月 30 日之前结束报名。

　　十堰宾馆拍卖也是市场化运作的典型案例。对如何盘活十堰宾馆资产，市政府一开始就决定采取拍卖的形式进行处置。在选定拍卖公司时，不是政府说了算，而是将债权人（8 个）召在一起进行投票，按得票多少确定武汉一家拍卖公司为宾馆拍卖的委托人。在拍卖中，采取竞价方式，谁出钱多就卖给谁。自始至终，透明度较高。湖南省益阳市 1996 年将市区内所有路灯、电杆上广告实行拍卖收费，仅此一项收入就达 1000 多万元[20]。其他地方还有拍卖公路收费站等做法。

　　地名冠名权是城市资源的一个组成部分，通过市场化运作的方式，公开拍卖地名冠名权，多渠道地为城市建设筹集资金，是经营城市的重要内容之一。拍卖所得资金除了用于城市建设，还将用来加强当地地名管理工作。西部重镇、四川省会成都加快"经营城市"步伐，首次将城市资源中的无形资产"地名冠名权"推向市场，进行公开拍卖[21]。成都市首次拍卖的是红星路隧道的冠名权。红星路隧道工程是四川省、成都市政府投资的一项重点工程，隧道本身造价约一点四亿元人民币，全长一千米，地处成都市中心城区南北向交通要道，周边地区均为著名的商业街区，具有人流量大、辐射宽的特点。红星路隧道冠名权的起拍价为三百八十万元，使用年限为二十年。

　　冠名权除了人们常见的地名、街道名、建筑名形式外，近来上海市又在全国首次推出了"古树名木冠名权"的拍卖，上海市绿化委员会、上海市古树名木保护办公室把包括 450 年树龄的闵行古紫藤在内的 50 棵古树名木搬上拍卖台，起拍价最低 1 万元，最贵的是安亭镇的唐朝千年古银杏，一年的冠名权起拍价达 30 万元。拍卖所得将全部用于相应的古树名木维护工作，社会各界包括个人都可以参加竞拍。竞拍成功的单位和个人可享有不少的权益，比如可以将相应的古树名木冠名"某某公司树"，甚至认养人还将被载入"上海市古树名木认养档案"。

　　【链接】关于政府拍卖报刊亭是非争议的分析[22]

　　近来，围绕一些地方政府拍卖报刊亭产生了很多争论。有人认为拍卖报刊亭是砸弱势群体的饭碗，是不义之举；也有人认为拍卖报刊亭是引进竞争机制、是与时俱进。政府究竟该不该拍卖报刊亭呢？

所谓拍卖报刊亭，实际上是以拍卖形式出售报刊亭的特许经营权。在市场经济条件下，资源主要通过市场配置，政府一般不介入。但在某些存在外部效应的领域，政府还要承担起资源配置的职责。就报刊亭而言，如果其数量和位置任由自由竞争来决定，那么就可能由于数量过多或位置不当而产生负的外部效应，如阻塞交通、影响卫生或有碍观瞻等。为此，政府通常出于维护社会公共利益的考虑，在一定区域内，通过特许经营的方法对报刊亭的数量或位置做出限制（经济学称为管制）。

政府无偿提供报刊亭有以下两个缺点：

首先，垄断利润无法回归社会。特许经营的方法限制了自由进入，存在垄断，因而给报刊亭行业带来了正常利润以外的垄断利润（一些报刊亭可以拍卖到十几万的天价便是明证）。完全可以说，在存在进入限制而产生垄断利润这一点，报刊亭行业和电信、民航、邮电等行业并无本质区别，这不受行业性质、规模或所有制等的影响。显然由于进入限制而产生的垄断利润不应属于个人，而应该属于代表社会公众利益的政府。无偿提供报刊亭使垄断利润最终保留在行业内部，而不是回归社会。

其次，报刊亭使得垄断利润保留在报刊亭行业内部，提高了整个行业的利润率。高利润率导致想经营报刊亭的人增加，因而报刊亭会供不应求。如何解决这一问题？可供选择的非市场方法包括：第一，按照"先来后到"的原则排队；第二，按照管理者意愿；第三，按照服务质量；第四，按照生活水平；第五，按照抽签的结果。第一和第二种方法显然是不公平的。第三和第四种方法操作复杂，工作效率低。五种方法又都不能保证能力强者获得报刊亭，从而降低了资源配置效率。

而与无偿提供相比，政府以拍卖方式出售报刊亭的方法有以下两个优点：

首先，使垄断利润回归社会。政府拍卖报刊亭时，垄断利润以支付拍卖款方式回归社会，这不受报刊亭是否盈利的影响。

其次，可以解决公平及效率问题。拍卖报刊亭的结果是出价高者获得报刊亭。第一，这种方法是公平的。因为做到了价格面前人人平等，体现了公开、公平和公正的原则。出价低而没得到报刊亭，就像出价低买不到其他商品一样合理。第二，这种方法也是有效率的。一方面，拍卖报刊亭操作上简便易行，工作效率高。另一方面，出价高的购买者在自己盈利并纳税的同时，还向政府上缴了更多的垄断利润，因而他们获得报刊亭，也提高了资源的配置效率。

反对拍卖报刊亭的理由大概有以下五种：第一，提高价格；第二，部分原来的从业者下岗失业；第三，不公平竞争；第四，部分报刊亭从业者属弱势群体；第五，拍卖报刊亭的收入进了管理部门"小金库"。这五点理由都是不成立的。

关于提高价格。政府设法提高报刊亭的拍卖价格是理所当然的事。一般说来，在其他条件相同的条件下，普通商品生产者在出售商品时，会将商品出售给出价最高的购买者。政府在拍卖报刊亭时，和普通的商品生产者并无本质不同，也要坚持收入多多益善的原则。因为只有这样，才能筹集更多的收入，才能尽可能多地将垄断利润回归社会，才能使资源配置更有效率。

关于部分原来的从业者下岗失业。拍卖这种方式一般会提高出售价格，部分资金少的人可能无法在报刊亭竞拍中如愿，因而下岗失业——很多人最不能接受的也正是这一点。诚然，下岗失业对个人及社会都不是好事，但市场经济就是这样，竞争中不可能人人都是胜者，各个行业都是如此（尤其是在一些老工业基地，近年来产生了大量的下岗失业人员）。不允许存在下岗失业，竞争就无法开展，资源就无法优化配置。总不能在报刊亭行业设一个保留铁饭碗的"特区"吧。而且，部分原来从业者下岗失业也给其他人提供了上岗就业的机会，从总体上看，竞拍前后的就业人数可能并无太大的变化，只是重新"洗牌"而已。

关于不公平竞争。的确，参与报刊亭竞拍的人资金实力各不相同，最后胜出的可能是那些资金实力雄厚的人。但这也不能说拍卖是不公平竞争。市场竞争注重的是机会均等，而不是强求起点和终点的一致。如果只有各方面条件完全相同才叫公平竞争的话，世界上根本就不存在公平竞争了。在拳击、举重和摔跤等体育比赛中的确存在分级进行的现象，但那只是为了增加比赛的对抗性和观赏性。况且在同一级别内部，各个选手的情况也不可能完全相同。限制资金多的人参与市场竞争是不公平的，资金少而无法参与市场竞争却不能算不公平。不管你是否喜欢，资金多的人就是可以有更大的选择范围，有更多的投资机会，这就市场经济的游戏规则。

关于部分报刊亭从业者属弱势群体。的确，弱势群体参与市场竞争肯定会遇到更多的困难。但是，市场不相信眼泪，政府在给弱势群体以人文关怀的同时，也要尊重经济规律。弱势群体要想改变困难处境，最终还是要靠积极参与竞争，提高自身的竞争能力。当然，对于那些由于各种原因最终无法在竞争中胜出的人，政府也不会坐视不管。但只能主要通过社会保障渠道来解决，而不是因噎废食，限制竞争。鼓励竞争、提高效率这一市场法则与完善社会保障、保护弱势群体这一社会公平原则完全可以兼容。譬如，拍卖报刊亭所得款项可以用来增加政府的社会保障资金，在更大的范围内，在政府及社会各界的监督下，更公平地解决弱势群体的生活问题。

关于拍卖报刊亭的收入进了管理部门"小金库"。目前财经秩序并未根本好转，拍卖报刊亭收入进入管理部门"小金库"的可能性完全存在。但这是如何加强财政管理的问题，并不影响拍卖报刊亭的合理性和必要性。这就好比，不能由于有政府官员贪污公款，纳税人就可以拒绝履行纳税义务。

其实，有些人反对拍卖报刊亭是思想观念问题。中国长期实行计划经济，整个经济和社会生活中缺乏竞争机制。改革开放后，尽管市场经济蓬勃发展，但一些人思想观念还没有转变过来，对竞争机制仍持怀疑甚至排斥态度。

竞争机制是极为重要的市场机制。只有通过竞争，才能使价格机制有效形成，才能正确评价和引导资源，才能使市场经济的作用充分发挥出来。在当前的经济和社会生活中，竞争几乎无处不在——土地拍卖是在竞争，工程招投标是在竞争，事业单位竞聘上岗是在竞争，连政府官员差额选举也是在竞争。在这种形势下，为什么出售报刊亭不能竞争？

有些人反对拍卖报刊亭却是既得利益问题。一些地方一个报刊亭可以拍卖到几万元甚至十几万元，说明这个行业的垄断利润非常大。如果不公开拍卖，垄断利润便流入经营者或管理者个人的腰包。他们往往打着维护弱势群体利益的幌子，千方百计地阻挠拍卖。这一做法具有一定的欺骗性和煽动性，我们的媒体和公众有时也被其误导。

针对这两种情况，首先，我们要继续解放思想，与时俱进，尽快摒弃一些陈旧、落后和僵化的思想观念。在这方面，我们的各类媒体一定要有所作为，一定要把握正确的舆论导向。其次，我们的政府要坚持原则，以代表最广大人民群众的根本利益为己任，顶住各方面的压力，绝不向既得利益者让步，将拍卖进行到底。当然，在拍卖报刊亭时如涉及弱势群体，政府一方面要做耐心细致的思想工作，另一方面也要对他们的合理利益给予适当考虑。这样既可以体现党和政府对弱势群体的关怀，又可减少工作中的阻力。

总之，政府拍卖报刊亭是好得很，而不是糟得很。政府在处置广告牌、加油站及出租车等特许经营权时也要解放思想、大胆地引进竞争机制，以使垄断利润回归社会，实现公平竞争，并提高效率。

4.3.6 利用资产置换方式

这种方法是指用现有的城市资产的产权（实际上还有巨大潜在的价值），置换出投资资金，用以加速城市建设或城市新兴产业发展。这种方法对于盘活许多闲置的国有资产存量，优化资源配置，提高资产的运转效率，都起着不可低估的作用。上海市利用这种方法，在老市区内，对部分产业实行了"置地换业"，使原来拥挤在狭小市区内的一些企业，由此获得了新生，产业得到了调整和优化，城市的资产尤其是土地得到了充分的利用和增殖，原来依靠行政手段也难以办成的事，如今凭着资产置换得到了解决。又如，贵州都匀市，自1998 年以来，一直是以"资本置换、整合资源"为突破口，解决贫困地区城市建设资金问题。都匀市对城市土地资源、闲置厂房和设备的出让，以及实施旧城建设区域的安置补偿等，均实行重大政策倾斜，先后调动了市内外各类形态的社会资本 8 亿元，对于改变城市面貌，促使各类资源、市场要素迅速整合聚集，推动城市各类资本升值，促进经济发展起着重要作用。都匀市经营城市的体会是，城市经济发展，离不开资本的配置和优化，不仅是投资增量的配置，重要的是投资存量即资产存量如何流动和重组的问题。促进资本流动，实现资产实物形态向资本价值形态转换，是调整资本结构、优化资源配置的主要手段，也是释放经济潜能、促进生产力发展的有效途径。都匀市在实践中深刻感受到，城市国有资产，只有流动才能具有资本增值的属性，才能获得从资产到资本的转化，才能"新生"，产生新的资本价值。这个流动就是"资本置换"，这是都匀经营城市的创新之路。

4.3.7 举债经营

举债主要是指经营城市的经济实体向金融机构借钱融资，在资本市场上通过发行股票、债券、彩券等方式进行融资，花明天的钱，圆今天的梦。除了向银行借贷外，下面介绍几种主要方式：（1）股票市场融资，包括直接上市、借壳上市、买壳上市或境外上市的融资方式；（2）基金市场融资，主要为契约型或公司型基金、开放型基金或封闭型基金方式；（3）债券市场融资，可采用市政债券、公司债券。如上海市曾经发行浦东建设债券和煤气建设改造工程债券。这种形式在本质上就是以城市政府为担保的地方债券形式，而且是在现行制度下被政府认可的、普遍使用的基本融资模式。从上海的情况看，仅举债一项近十年累计共筹集资金 400 多亿元。贷款主要为依靠国家政策的浦东开发贷款、外汇贷款以及商业银行长期贷款，债券则包括重点企业、浦东建设、市政建设等方面的债券。这是筹措城建资金的主要渠道之一。再有就是向国际资本市场融资以及吸收境外的直接投资。共筹集资金 21 亿美元。包括德国、美国等外国政府贷款，世界银行、亚洲开发银行等国际金融组织贷款。逸仙路高架工程还直接利用外资进行投资、建设和营运管理。

通过举债建设，10 年来上海市城投公司形成了 734 亿元债务，目前债务余额仍高达 340 亿元，但从根本上讲是十分值得的。一是举债建设同当时经济形势、金融政策相适应，是城建投融资体制改革不能逾越的发展阶段，并且是今后一定时期内仍需要采取的筹资方式。二是通过举债所建成的基础设施是上海的发展所必需的，对于城市功能完善、投资环境改善、人民生活水平提高乃至整个城市超常规发展都起到了至关重要的作用。三是经济发展水平越高建设成本就越高，举债建设充分运用货币时间价值，打了"时间差"，有效降低了成本，形成的资产还可以进一步盘活。四是从经济运行的角度看，举债建设确保了扩大内需、投资拉动方针的贯彻，对于上海 GDP 连续 9 年保持两位数的增长及结构调整、保障就业都起到了促进作用。

需要注意的是，虽然把举债作为公共投资的财源渠道之一已逐渐形成共识，但随着举债规模的不断扩大，必须谨防由此引发的巨额财政赤字居高不下并呈现不断增长以及长期化趋势。当然，这种防范应当基于公共投资市场化改革的到位，即我国市场经济体制的不断完善。从目前实践情况看，经济越发展，债务所占产出（收益）的比例就会降低，对财政的不利影响在下降。10 年前上海 GDP 是 894 亿元，如果 340 亿元债务放到那时候看，超过经济总量三分之一，确实是个不轻的负担。2002 年上海 GDP 是 4551 亿元，这样债务仅占 7%。

尽管负债经营可以提高城市建设的效率、速度、规模和城市竞争力，但也不能不考虑偿还能力问题。企业经营中，负债率是衡量一个企业运营状态的一个重要指标，一般它有一个合理的百分比，那么，在城市经营中是否要以此指标作为衡量尺度呢？负债率百分之多少才合适呢？目前，还没有公认的标准。但是，对于偿还能力问题（这里只涉及政府组织设立的直接经营机构），城市的直接经营机构应当把负债额度与城市的发展战略要求、城市规划的任务结合起来，把项目的投资回报率计算准确了，负债是可取的，是有效的，是必行的，也是不必担心的。关键不在负不负债，也不在负债多少，关键在于城市的战略目标、城市规划能不能实现。当然，经营机构应当做好扎实地市场调查和预测工作。如果城市发展战略、城市规划制定的科学准确，而只是在实施中缺少资金，这时完全可以负债经营。

4.3.8　通过发展会展业来经营城市

会展经济和商务旅游已成为现代产业中附加值最高、关联度最强、社会影响最大的城市功能产业，但在一些条件较好的城市仍未得到应有的重视。这里所以把会展业提出来加以讨论，主要是想以此为例，说明经营城市与经营产业的相关关系，实际上他们可以起到异曲同工之效。由于会展业的独特作用，它被不少城市作为经营城市的切入点。实践也证明，可以通过发展会展经济来经营城市。目前，在我国已经形成巨大商机的会展经济莫过于北京的 2008 奥运会和上海的世博会了。

其实，如果从经营的角度看，奥运会是会展经济中最为成功的一个例子。1980 年国际奥委会的账户上只有 4500 万美元，而现在已达到两亿美元以上，其中还未包括总部大楼等固定资产。在过去的 20 年间，国际奥委会从其商业开发中获得了近 150 亿美元的收入。从奥运会电视转播与 TOP 计划我们可以看到奥运会市场开发这一成果[23]（见表 3）。

表 3　近年电视转播费收入

		销售总额（亿美元）	组委会分成（亿美元）
夏季奥运会	1992 年巴塞罗那	6.36	4.41
	1996 年亚特兰大	8.95	5.65
	2000 年悉尼	13.23	7.94
	2004 年雅典	14.77（到 1998 年夏）	大于 7.24
	2008 年北京	17.03（尚未完成）	8.33
冬季奥运会	1992 年利勒哈墨尔	3.53	2.12
	1992 年长野	5.13	3.08
	1992 年盐湖城	7.48 截止到 1999 年 6 月	4.45

在 1997—2000 年这一奥运周期中，国际奥委会预计总收入 35 亿美元，其中一半来自电视转播权的出售。来源比例具体为：电视转播 50%；赞助 36%；门票 11%；特许权 2%；纪念币、邮票等 1%。国际奥委会（IOC）只自留 7%，93%分给各国奥委会、奥运会组委会（长野＋悉尼）、各单项协会等。

按照北京市统计局 2002 年 7 月份对奥运给北京的影响测算：举办奥运会将对北京每年的经济增长产生 2 个百分点以上的拉升作用，进而使全市经济在近 10 年中保持两位数的增长，人均国内生产总值 6000 美元的目标也将提前实现。奥运建设所需资金将是巨大的，仅基础设施投资就将达到 2800 亿元，每年新增 360 亿元。

随着我国城市化步伐的加快，城市在经济社会发展中的地位和作用更加突出。如何经营好城市，加快城市的现代化发展的问题，已摆在了各个城市的面前。会展业作为城市产业体系中的一个分支，对城市经济发展和产业结构调整都将起到积极的拉动作用，这一独特作用开始被许多城市所重视。

城市是会展经济的发祥地[24]。城市作为人口与经济的聚集中心，也是会展经济的发源地与集中地。根据 1710 年出版的《市场与展览概述》（Description of Market and Fair）记载，最早的会展机构与会展兴起于中世纪欧洲的大城市英国伦敦；近代商业意义上的世界第一个会展于 1890 年在德国的城市莱比锡举行。

经营城市促进城市会展经济的发展。现代国际会展业、会展经济的发展，与各国政府对会展业的高度重视是分不开的，它是城市管理者经营城市的结果。德国之所以拥有汉诺威、法兰克福、科隆、慕尼黑等一大批闻名世界的会展城市，在一定程度上均可以说是经营城市的结果使然，即在硬件上，兴建规模庞大的展馆；在软件上，出台一系列鼓励措施和优惠政策，吸引展会组织者和参展商，推动着城市会展经济的发展。

流动性与异质性是现代经济的重要特征，信息流、资金流与技术流等构成流量经济的主体。知识经济时代的到来，城市之间的竞争取决于流量经济的规模与流速，而会展经济正是为物质流（展览）、技术流（研讨会）、信息流（区域性、国际性会议）等迅速聚集与疏散提供了作用的空间。如第 90 届广交会洽谈成交额达到 133 亿美元；2001 年德国柏林消费电子展共有来自 40 个国家和地区的 915 家厂商参展，订单金额达 20 亿欧元；在第五届"中国北京国际科技产业博览会"上的签约项目总计达 397 个，总成交额 73.5 亿美元，其中仅北京的签约项目就有 133 个，总金额达 57 亿美元，占全部成交额的

75.5％。会展业作为流量经济的媒介与载体，城市会展经济越发达，其融通、汇集信息流、资金流、技术流和商品流的功能就越强，在新的国际分工体系中，城市竞争力就越大，进一步经营城市也就有了更好的经济和社会条件。此外，会展业凭借其巨大的产业带动作用，推动城市其他产业，尤其是第三产业的发展，逐步提升了城市的服务功能，强化了城市的对外辐射能力，使城市在区域经济发展中的极化作用得到加强，最终为更好地经营城市提供了良好的社会经济环境。

在世界展览业大国——德国，闻名世界的会展城市有汉诺威、法兰克福、科隆、慕尼黑、杜塞尔多夫、纽伦堡、斯图加特、柏林和莱比锡等。这些城市会展经济的发展均得益于城市管理者将展览业作为支柱产业加以扶持：不仅兴建了规模庞大的展馆，还出台了一系列鼓励措施和优惠政策，吸引展会组织者和参展商。据德国博览会委员会公布的数字，到去年为止，这个行业的计划投资额达到 42.5 亿马克，实际投资额可能还要超过这个数字。在场馆建设上，德国的展览面积总计将近 700 万平方米，仅汉诺威市就拥有 40 多万平方米的展览面积。可见，我国城市会展经济要发展是离不开当地政府的引导与支持的。

一般而言，城市会展经济的培育和开发可从以下几个方面作为切入点：城市的区位优势、旅游资源、产业结构、人才优势、环境气候、人文景观、历史风貌、政策支持等。

优势或特色产业往往作为会展业发展的基础，是城市培育会展品牌的先天优势。目前我国东莞、义乌等城市会展经济的发展就基本是以产业为依托的。东莞地处珠三角经济圈的中心地带，近几年，一万多家外商企业云集东莞，使东莞的加工制造业形成一定的规模，为东莞会展业的起飞打下了坚实的产业基础，并形成了一批名牌展会：规模居全球第四的"东莞国际电脑资讯产品博览会""虎门国际服装交易会""中华国际家具展览会""毛织展"和"玩具展"等；已连续举办八届的"义乌小商品博览会"使义乌这座城市声誉鹊起，成为中国区域会展城市的"典范"。倚托优势和特色产业，发展行业会展是我国城市发展会展经济的最有效途径。

4.3.9　其他方式

除了上面介绍的采用独资、合资、合作等形式吸引国内外投资者参与城市基础设施建设经营外，还可采用 BOT（建设—经营—转让）方式建设经营城市基础设施。

BOT（Build-Operate-Transfer）投资方式是指政府同私营部门的项目公司签订合同，由项目公司筹资设计并承建一个具体项目，在双方协商的时期内，由项目公司通过经营该项目偿还项目债务并回收投资，协议期满后，项目无偿转让给所在地政府。这种方式被当作一种重要模式广泛用于包括城市基础设施在内的各种领域。它的好处在于：减少了政府的财政负担，提高了项目运作效率，有利于加快基础设施建设，缓解瓶颈制约，有利于政府实施大项目宏观管理。但也存在不利之处，如项目的确立与实施难度较大、风险较大，易于形成掠夺性经营（特殊价格收费），扰乱正常市场秩序，政府承担一定的责任；税收流失等。

这种方式在国际上并不少见，在我国可以说仍在试行之中，近些年越来越受到重视。许多省市都有一部分 BOT 项目，但由于起步较晚，经验不丰富，立法不完善，我国在利用 BOT 进行城市基础设施建设方面还存在较多的问题，还处于利用的初级阶段，有许多问题亟待探索。但这种方式已经在减轻政府财政负担，吸引国内外资本参与城市建设，分散政府城市建设投资风险、提高技术管理水平，提高营运效率等方面发挥了作用。

另外，还有一种 TOT（转让—经营—转让）的方式，直接把存量资产转让给市场中有实力的独立法人经营。通过城市基础设施资产经营，实现存量资产的保值、增值、变现。

特许经营方式。即政府将一部分城市建设项目以特许方式由民间资本经营。这也是把社会资金引入城市基础设施建设领域的一个途径。从1996 年开始，上海通过采取部分基础设施专营权作价出让，或者作为 BOT 的抵押等各种形式，共直接吸收外资 16 亿美元，出让项目所吸收的资金则可再建设新的项目，这也盘活了城市现有基础设施的存量资产。北京市也出台新的举措，2004 年起，将供水、供热、供气、排水；污水和固体废物处理；收费公路、地铁、城市铁路、城市公共交通及其他城市基础设施全面向社会开放，政府将通过公开招标，授予中标企业或个人在一定时间和范围内对某项市政公用设施或服务进行投资、建设或营运的权利，即特许经营权。

开展资产经营。按照"责权利相一致""谁投资、谁经营、谁受益、谁承担风险"的原则，通过产权委托、转让、入股、使用权出让、经营权转让等方式，吸纳社会资金，拓宽融资渠道，进行资产运营，1997 年，上海市委市政府决定将价值 700 多亿元的基础设施资产、涉及全资企业 9 家、控股公司 14家、参股企业 13 家，由市城市投资公司授权经营，使资产负债率从 79％下降到 50％，筹资能力明显增强。此外，还通过 4 家上市股份公司吸收了一大批社会（民间）资金。

政府支持。主要表现在直接投入和政策等方面的支持。例如上海市政府每年对市政建设都有少量的直接投入（以前是 6 亿、2002 年开始是 10 亿），并允许部分设施服务的政策性收费。另外，在拆迁安置政策等方面的支持，通过项目招商就吸纳 100 多亿元社会（民间）资金。

金融机构支持与金融业务的创新。从银行融资我们并不陌生，但是新近深圳推出的集合委托贷款却使人耳目一新，且开创了基础设施投融资的新渠道。据报道[25]，深圳机场（集团）公司与建设银行深圳分行 2003 年 6 月签署了一份集合委托贷款协议，建设银行将联系 2 亿元居民储蓄存款贷给机场公司，用于机场候机楼改扩建工程。集合委托贷款是一种介于储蓄、国债和股票之间的中间产品。银行将分散于广大储户手中的储蓄贷款集中起来，以贷款方式发放出去。此次 2 亿元 3 年期集合委托贷款年利率定为 3.6％，高于同期银行存款利率和国债利率，为市民开辟了一条全新的投资渠道。

这是深圳首次将居民储蓄存款以集中委托的方式贷向重大基础设施建设。此举不仅是深圳在投融资体制改革和金融创新领域的大胆尝试，更是惠及八方的好事。集合委托贷款的对象为重大基础设施项目，一般都列入市政府重点工程，项目前景看好。加上贷款要纳入银行的风险防范体系，因此其风险可以控制。机场（集团）公司十分欢迎这种方式，因为委托贷款利率低于同期银行贷款及企业债券的利率，可减少企业的财务费用，这次机场获得的这笔委托贷款可比一般银行贷款减少 600 万元的财务成本。从银行的角度看，集合委托贷款是一种全新的金融产品，可规避资产负债规模局限，分散地下融资活动，维护金融市场的统一。截至 4 月末，深圳市居民储蓄存款余额达 1918 亿元，是固定资产投资来源的一大"蓄水池"。集合委托贷款为居民储蓄投向重点基础设施项目建立了一个很好的通道。

这种将居民储蓄转化为社会投资的新型投融资方式，对打破基础设施建设"一靠财政，二靠银行"的传统做法，实现基础设施建设多渠道筹资具有重要意义。深圳市发展计划局对这次活动进行了组织策划。

以上经营城市的几种方法，只是从不同的侧面、不同的角度做出归纳，不仅难以概全，而且这些不同的经营城市方法在有些方面可能会出现重叠和交叉。近几年来，我国的许多城市根据不同情况、不同项目，采取不同的经营城市方式，筹集了大量建设资金，加快了城市基础设施和公共设施的建设，推进了城市教育、卫生、环境等公共事业的发展，形成了城市建设的良性循环，有效地促进了城市质量的提高。随着对经营城市认识和实践的深入，相信会有更多的经营城市的方法出现，会有更科学的归纳和总结。

注释：

［1］刘蕲冈：关于经营城市几个本源问题，《咨询与决策》，2003（1）

［2］城市经营是 21 世纪城市政府面临的新课题，引自 www.fujian-window.com

［3］孙菊生、张启良：论经营城市的科学内涵与基本思想，《城市经济、区域经济》，2002（6）

［4］杭州十大城市运营商授牌，中城网，2003-6-11，资料来源：杭州日报

［5］广州首次招募城市运营商，用地新模式将全面推广，中城网，2003-6-11，资料来源：南方都市报

［6］刘蕲冈：关于经营城市几个本源问题，《咨询与决策》，2003（1）

［7］上海城建投融资体制的改革，《中国城市经济》，2001（7）

［8］孙菊生、张启良：论经营城市的科学内涵与基本思想。《城市经济、区域经济》，2002（6）

［9］徐惠蓉：经营城市的探索与实践，《南京经济学院学报》，2002（3）

［10］江曼琦：对城市经营若干问题的认识，《南开学报》（哲学社会科学版），2002（5）

［11］天津土地资源实现市场化交易，中城网，2003-6-4，资料来源：新华通讯社（嵇哲杨仲义）

［12］蒋宏坤：卖长江大桥说法不尽准确，中城网，2003-6-6，资料来源：新华日报（俞巧云　孙巡）

［13］北京 5000 亿奥运工程引发中外大战，中城网，2003-6-4，资料来源：市场报

［14］杭州推出特惠政策加大引进外资力度，中城网，2003-6-2，资料来源：杭州日报

［15］南京国内招商引资上半年达成亿元项目 42 个，中城网，2003-7-17，资料来源：新华通讯社

［16］巴州巧打"经营城市"牌，引自 www.sc.xinhuanet.com，2003-5-5

［17］孙菊生、张启良：论经营城市的科学内涵与基本思想，《城市经济、区域经济》，2002（6）

［18］南京拍出五大项目冠名权　玄武湖隧道卖了 260 万，中城网，2003-7-18，资料来源：扬子晚报

［19］天津滨海轻轨拍卖车站和列车冠名权，中城网，2003-6-6，资料来源：新华通讯社（张梁）

[20] 杨凯源：经营城市与企业经营的比较，《城市问题》2002（3）

[21] 杨杰：成都市加快"城市经营"首次拍卖地名冠名权，中城网，2003-6-4，资料来源：中国新闻社

[22] 政府该不该拍卖报刊亭？中城网，2003-6-27，资料来源：中国经济时报（边作新）

[23] 奥运会电视转播与 TOP 计划，《市场报》，2001-12-6（8）

[24] 从经营城市看中小城市会展经济的发展，中城网，2003-6-10，资料来源：新华通讯社

[25] 深圳推出新投融资方式：集合委托贷款，中城网，2003-6-6，资料来源：新华通讯社（李南玲）

第5章　经营城市需澄清的几个问题

对待经营城市这一现象，目前存在着许多不同的反映，也产生了许多不同的观点，有支持的，也有反对的，也有观望的。作者认为，经营城市这一新生事物，产生于我国经济体制的转换发展时期，它有其必然性和合理性，新生事物往往有不完善之处，可以在未来的发展中加以完善。对经营城市中的几个突出问题，下面做一下必要的讨论。

5.1　经营城市的目标究竟是变现资产筹集资金，还是建设有特色、有文化内涵、有竞争力的城市

把经营城市仅仅理解为变现资产筹集资金，这是不全面的。经营城市的最终目标，是要把城市建设成有特色、有影响力、有文化内涵、有竞争力的城市，能保持城市国民经济健康发展和可持续发展的城市，以及社会不断全面进步的城市。城市不仅是经济单元，而且是一个社会文化和生态综合系统，经营城市要以经营手段运作有关资源，实现整体城市社会经济的可持续发展，经营城市的内涵远远不在于此，筹资只是目标之一。

经营城市的基本功能是为城市建设提供资金支持，但仅以此为目的，则会陷入误区。面对城市建设资金缺乏的困境，许多城市提出经营城市的初衷可以说是以经营方式筹集和运作城市建设的资金。但是，如果将经营城市的内涵仅仅定义在城市建设资金的筹集和投入的市场化运作上，则可能产生误导。特别是在少数城市把经营城市扭曲为政府通过出售城市资源而获取资金收入，一讲经营城市就以为是出售城市土地、出售城市资产。这种单纯筹集城市建设资金的经营城市做法容易产生一系列的不良后果。

首先，在城市资源的开发利用和经营上，往往为追求短期资金收入而对城市资源进行过度开发、不合理开发和破坏性开发，造成对城市资源的破坏和浪费，甚至功能退化。

其次，为追求眼前的经济利益，而忽视对城市资源的战略性经营，从而忽视了土地、空间、文化等城市资源的长期可持续发展。比如，有的城市政府为了提高土地拍卖收益，竭力提高土地价格，造成城市房地产价格畸高，对城市吸引力产生了消极影响。

第三，对于那些在近期难以产生直接经济效益的城市资源，在城市建设与发展中，没有得到应有的重视，特别是没有注意到其潜在的长期效益。例如，有一些具有文物价值或潜在旅游价值的用地，一下子被卖掉用作住宅开发用地，导致对旅游资源和文化资源造成难以挽回的破坏。

因此，我们应当从目的、过程和效果等方面全面的理解经营城市这一事物，而不是孤立、片面、甚至割裂地看待它。经营城市的目标是一个资源配置不断优化的目标，是一个不断发展、与时俱进的动态过程，经营城市要创造最佳的人居环境，最佳的市场环境，最佳的投资和创业环境，最佳的生态环境。经营城市要把国内外优秀城市作为榜样，学习借鉴，扬长避短，最大限度地利用现有资源，乘势而上。所谓变现资产筹集资金，只是实现经营城市最终目标的一个特殊手段。

全面的理解经营城市的目标涉及三个方面：一是提高城市资源的价值，二是提高城市竞争力，三是在人口、资源和环境方面提高城市可持续发展能力[1]。

就提高城市资源价值来说，经营城市就是要对构成城市空间、城市功能和城市审美载体的各种城市资源进行聚集、重组和营运，以实现这些资源的价值和功能的最大化与最优化。例如城市的土地资源是最为稀缺的，经营城市就是要通过土地资源的静态和动态的配置，使其产生最大的效益。静态配置就是根据土地资源最佳用途来界定其使用价值，针对已有的土地资源在不同用途下没有达到效益最大化的状况，通过土地置换，使不同地段的土地都能发挥其最大效益。动态配置就是通过城市规划的制定和调整，通过交通的改善，使处于劣等位置的土地资源得到改变而升值。再如城市个性、知名度和美誉度是衡量城市资源价值的重要指标。因此经营城市就是要一方面通过经营的方式使这些指标的价值得到实现，另一方面就是要提高城市的品牌、知名度和美誉度，使城市的价值进一步提升。城市大了，美了，城市投资价值也就高了。需要指出的是，城市资源价值的提高，受益者固然包括城市政府，但更为重要的是投资者受益。

就提升城市竞争力来说，城市竞争力体现在多方面，包括城市市场化水平、城市产业等级、生产要素的聚集程度、国际化程度等。城市环境是实现城市竞争力的载体，主要包括三个方面：第一，布局合理、可持续发展的城市空间；第二，良好的、服务优质的城市基础设施和社会设施；第三，以人为本的制度和文化环境。从经济角度讲，完善的、有效率的市场服务体系是现代化城市功能和城市竞争力的决定性因素。从经营城市角度看，一个城市能够达到万商云集，这个城市就可能是最有竞争力的。在经济全球化的背景下，城市政府经营城市的一个重要内容是建立开放型城市，包括向外国和外地投资者的开放，吸引更多的投资者进入。与此相应，经营城市的一个重要内容是为进入城市的各类投资者提供最有吸引力的投资环境，为进入城市的各类消费者提供最有吸引力的消费和服务环境，包括硬件环境和软件环境。对厂商来说要立足于保护产权，健全市场体系和市场秩序，以降低交易成本，广纳生产要素。在现代经济中城市竞争力还表现为其对外围的辐射力，因此经营城市还应为区域经济的发展建设服务。通过城市自身的市场建设及城市与区域基础设施等经济联系纽带的建设，扩大城市的外围，深化城市与外围的联系。

就提高城市可持续发展能力来说，经营城市内涵就是要以市场经济手段，实现城市建设投入和产出的良性循环和城市的可持续发展。可持续发展的基本要求是当代人的发展不能损害后代人的福利。城市的可持续发展涉及三方面内容：一是城市设施的建设应该有一定的长效性，为后代人造福，不能今日建，明日拆。二是经营城市不能破坏城市资源。城市资源构成了城市发展的载体，城市资源主要由城市自然资源和城市社会资源构成，其中某些城市资源具有不可再生性，如土地资源、文物资源等，因此经营城市同一般的市场经营不同。它更为重视资源的长期效益，重视城市环境的保护和生态的平衡，特别要防止在城市空间、土地和景观资源的开发中急功近利的行为，使我国传统历史文化资源和自然风景资源免遭破坏。三是从城市建设的资金安排来说，既不能对现代人欠账太多（拖延城市建设的速度），也要防止负债过度，以免后代人为前代人偿付过高的债务。

要从根本上解决城建资金不足对城市发展的制约，就必须改变城建投融资单一依靠政府投入的体制，把寻求资金的目光扩展到市场，实现新的投融资体制。

经营城市不应摒弃原有的资金渠道，也不应减少政府的财政投入，更不是放弃对公共设施的管理。对消防设施、环保设施、福利设施、文物、重要的城市标识等，应由政府直接经营，切忌"一刀切"。

5.2　经营城市究竟是政府收费，还是优化资源配置

目前，对经营城市的实践，还存在着一些片面的认识。如有人认为经营城市就是政府想方设法、巧立名目进行收费；还有人甚至批评政府部门经营城市，其实是在为地方政府管制企业等政企不分、部门利益的行为找借口。确实，这些认识和批评意见指出了经营城市实践中的问题，但是我们不应当因为经营城市存在一些问题就贸然否定经营城市的做法，而经营城市的精华也并不会因有瑕疵而失去光彩。因噎废食是不足取的，当然我们需要正视存在的问题，加以克服和避免。将政府经营城市理解为政府收费，不利于正确地实施经营城市。一是对于收费者（政府或委托者），容易受眼前利益的误导，忽视城市长远利益、整体利益、更深刻内涵价值的挖掘；二是对于交费者，容易对政府频繁的收费产生疑问，甚至不信任感，也容易引发变本加厉的行为，出现资源的误置。

我们知道，相对于计划经济时期政府有多少钱办多少事的体制而言，提出经营城市无疑是一大进步。它对加快城市建设步伐，改变城市面貌，提高城市品牌和竞争力、吸引力都有促进作用。当然，也确实存在着一些城市在经营城市中，把经营获利放在首位，把解决地方财政拮据作为目标，助长一些城市华而不实的作风。如一些城市或地方把经营的理念不适当地扩大到一些纯公益性事业或政府必须负责的不宜市场化领域，导致公众利益或国家长远利益受损。比如各类国家级风景区、城市的开放公园绿地以及休闲广场都是公益事业，应该主要由政府来办。但一些城市为了眼前利益，在经营的口号下，在公园绿地内或设卡收费，或设立各种营业场所，甚至大兴土木建楼堂馆所。更有甚者，个别地方把属于国家的风景资源作价出卖。

也有的城市急功近利，为了早日取得经营城市的收益，甚至不惜牺牲城市赖以生存发展的环境。这样的城市对所转让的项目，如土地的转让、房地产开发或其他城市公共设施使用权、专营权转让，虽然都采用了招标形式，但由于没有严格遵循城市规划，而且对所转让的项目与城市环境的关系，与城市未来发展的关系研究不够，造成得到了眼前利益，丢了长远利益。此外，一些业主取得使用经营权后，千方百计降低成本，提高土地或设施的开发强度。由于业主常以是否有最大效益来决定其行为，这对城市景观的协调，对城市的环境质

量及居民的生活舒适度往往带来负面影响。严重的将造成城市面貌损毁，破坏城市独特的文化与景观特色。

在一味追求短期利益、急于求成的驱使下，城市规划往往被束之高阁，或不断被修改突破，盲目扩大城市规模，形成圈地卖地，寅吃卯粮。一旦决策失误，不仅造成本届政府的压力，还对未来城市政府造成巨大的财政包袱，后患无穷。

值得警惕的是经营城市还助长了一些城市华而不实的作风。经营者（政府）力求在短时间内改变面貌，"一年一小变，三年一大变"，愿望虽好，但由于是在同一模式下，在同一时期内进行的，项目的经营方式也大同小异，这就造成了"千城一面"。

实际上，经营城市犹如一把双刃剑，它既有利于城市转换机制，与市场接轨，加快发展，营造新的现代化城市；又有可能损害城市的长远与全局利益，破坏城市传统风格；在一定条件下还会造成城市未来的巨大财务危机，助长城市建设的盲目性。正如中国城市科学研究会秘书长顾文选在杭州举行的"两岸四地城市发展论坛"上所说[2]，经营城市已经为许多城市所大量实践，也取得了一些经验，但如果偏离正确的轨道，就会产生巨大的副作用。

说实在的，在市场经济条件下，多渠道筹集资金大势所趋，城市建设的难点最主要又集中在资金不足上，所以，在某种程度上讲，政府的努力，各种政策的制定也就主要围绕解决资金问题而展开。由于认识上的偏差，现实的紧迫任务及压力，对筹资缺乏长远考虑，所进行的投资体制改革难免落入为筹资而收费的误区上。再加上经营城市出现的偏差和不适当作法，确实引起了一些人们对经营城市实质的误解。

事实上，经营城市中的资产变现、出让、收费等，只是整个经营城市过程中的一个体现，如前所述，经营城市更为本质的应当是通过包括收费等市场手段，调节资源的流进流出，优化配置资源，提高整体效率和竞争力，推进城市的可持续发展。也就是说，经营城市应该是城市整体的经营，是城市要素优化组合的过程，它包括三个方面的优化内容[3]。

第一，城市产业的优化组合，也就是我们经常讲的城市产业结构的调整和优化。产业结构合理，能够大大提高城市的效率，否则，会影响城市产业的发展、影响经济效益的提高。城市产业的优化体现在以下方面。

一是城市产业关联度的提升。城市产业和产业之间要形成产业链，相关程度要高，城市产业的联系越紧密就越有效率。提高城市产业关联度一般要研究城市的性质和功能，要准确确定城市的主导产业，由主导产业再来派生其他的产业、相关的产业，有这样一个顺序提法：主导产业→支柱产业→配套产业→服务产业，也有这样的提法，基础产业→非基础产业，基础产业和为基础产业服务的非基础产业是相辅相成的，关联度越高，效益越好，如果产业之间不相干，产业不是和本市的产业相关，而是和很远的其他城市的产业相关，那么运输成本就大大增加，管理也不便。

二是城市产业产出效益水平的提升及其结构的优化。城市产业调整一般讲有存量调整、增量调整，增量调整是指产业投资增加，投资增加最需要注意的是投资回报率，就是效益（利润）水平的提升。产业利润水平的结构是参差不齐的，有的赚钱，有的不赚钱，有的很赚钱。投资总的指导原则就是综合效果最佳，解决瓶颈问题，把有限资金投到关键关节和回报率很高的产业上去，集约经营，不搞粗放经营，促进整体收益率提高。

三是城市产业可持续发展的增强。城市可持续发展与产业结构关系极为密切。这方面的教训也很多，比如矿业城市，矿产资源快要枯竭的时候，怎么转产，可持续发展是战略性的，必须有远见。北方城市有个共同的问题——缺水。缺水是长期形成的，过去对此缺乏认识，但是，从现在起研究产业结构调整时，一定要用可持续发展的观点，也就是城市的发展与城市资源一定要适应。

第二，城市土地利用的优化组合。土地是城市国有资产中最大的一笔，以前土地是无偿划拨，无偿使用。改革开放后逐步实行了土地有偿使用，土地这笔资产很大，如何使其在城市发展中发挥重要的调控指导作用，也要优化组合。

一是做好城市规划，在确定城市定位和发展战略目标的基础上，完善城市功能分区，确保城市内各个产业的协调发展。具体项目的选址要权衡它的经济效益、环境效益、社会效益。对有利于城市发展战略实现的项目可以优惠提供土地，对于城市发展中所限制的项目则可以提高土地的使用成本，甚至不予提供土地。

二是做好城市用地的置换和结构调整。随着社会、经济、技术的发展变化，一些原来合理的土地利用方式，就会变得不合理了，效益也会受到影响，这就需要对原有结构和存量进行必要的调整。土地置换是一种土地利用调整较为有效的方式，它可以通过投入较低的成本，达到优化土地配置的目的。如大连市通过土地置换，把市中心的啤酒厂搬出去了，那里作为绿地，那里的土地价值反而提高了。前几年，哈尔滨市中心的一些住宅区，土地级差地租高，在城市政府有关部门的运作下，住户从市中心搬出来，到市区边置换到了更好的新住宅，市中心原来的土地卖给了产业部门。结果城市政府只花很少的补助，就改善了城市景观，改善了市民的住房条件。城市用地的置换是很重要的经济结构调整。

三是做好城市交通网络的优化组合。交通是城市各种功能是否能够正常运转的重要前提，很难想象，一个交通拥堵不堪、车流不畅的城市能够保障高效率的现代化生产生活的需要。因而，交通发展的预测、交通方式的变化、交通用地的前瞻性、科学性规划对于提高整个国民经济效率至关重要。尽管目前国内外还没有完全解决这一世界性的难题，但确实需要在经营城市中引起注意。北京、西安、上海等都不同程度地存在交通拥堵问题。据说，泰国的曼谷，成年人出行要带尿不湿，堵车不是以分钟计，而是以小时计。城市交通问题是空间结构的一个大问题，它为城市经营、城市规划提出了挑战性课题。

第三，做好城市资本的优化组合。城市资本的优化组合主要是指城市资本的聚积、利用和重组，城市资本的优化组合包括以下几个方面。

一是发挥好城市财政的聚财、用财、生财之道。

二是发挥好经营城市的资本流通的作用，融资的作用。城市的交通、流通、融通，三者是相通的。交通解决物流问题，流通解决商流问题，融通解决资金问题。

三是城市土地的出让和土地的营运。土地的一级市场搞活，二级市场搞活，有偿使用，这里面可做的文章较多，如地租、地税、土地费等。

四是招商引资。通过塑造良好的投资环境，吸引外来资本加入本城市的建设领域，这部分资本往往包含更高的科技含量、管理含量、新机制含量，是优化资本组合的一个重要方面。

不管怎样，上述问题的提出，还是给我们敲了警钟，要求在经营城市中，除了城市政府积极转变职能外，也要注重公共财政来源的公正性，来确保"政府权力的公共性"。为了保证政府权力的公共性，第一，要从制度上确保城市政府的职能是为整个城市提供公共物品，防止利益冲突；第二，为了确保城市政府的职能是为社会提供公共物品，政府行使权力所需要的物质资源，唯一依赖就是公共财政。公共财政的来源当然是法定的税收、公共资产的运营收益以及有关费用。

5.3 经营城市究竟是旧体制的惯性，还是新体制的创新

传统计划经济体制下，政府集公有资产所有者和经营者为一体，集社会事务管理者和经济活动管理者于一身，也就是人们常说的既是"官员"，又是"老板"；既当"裁判员"，又当"运动员"；否定企业经营自主权，否定市场机制的作用，使经济活动失去应有的活力和动力。改革开放以来，改革的方向是确立企业经营自主权和转变政府的职能、减少政府对经济活动的干预，即政府把经营权还给企业，自己主要从事经济调节、市场监管、社会管理和公共服务。事实证明这是现代市场经济发展的正确方向。

经营城市虽然在经营对象和内容上与企业经营有所区别，但既然是经营，就都有以营利为目的的市场行为。而经营城市又强调主体是政府，执行经营的职能，这样一来，在我国经济体制转变还未完成之时，似乎政府又要回到经营者的位置，究竟是旧体制的惯性，还是新体制的创新，需要做出回答。

认为不宜提倡政府经营城市的论点、理由主要有：一是，政府执掌着行政管辖权，同时又拥有公共物品所有权，一旦从事经营活动，因不具备企业具有的那种激励和约束机制，道德风险和机会成本都相对较高。许多事实均可证明：政府操办经营业务，不仅资源利用效率普遍较低，而且极易产生腐败，损害政府形象，如假公济私和以权谋私的。二是，政府是市场经济秩序的监管者，监管者自己从事经营活动，等于裁判员兼运动员，合二者为一，不利于提高微观运作效率的需要，也不利于规范政府行为、维护政府形象，这是对市场公平竞争原则的否定。可见，政府的性质和地位决定着它不宜从事经营活动。三是，政府能力的有限性。政府在经营领域大显身手，必然引发城市公共管理的"缺位"。

其实，仔细分析一下，我们就会发现，经营城市在我国城市实践中的出现是不可避免地、也是不以人们意志为转移的。

第一，在那些费时、费钱而又无直接经济收益的公共物品的生产领域，百姓渴望社会能够提供物美价廉的公共物品，但事实上是私人物品的生产者一般不愿进入公共物品的生产，导致城市公共物品供给乏力，难以满足需求，更何况我国的城市普遍存在着公共物品的供应欠账较多状况，按照世界惯例，政府也不得不承担公共物品的生产与管理。根据经济学的基本原理，政府在提供那

些市场无力解决的城市公共物品时，通过合理的经营方式可以获得更高的效率。

第二，政府既"行政"又"经营"，并非不可调和，关键要看如何"行政"和"经营"。从我国成功运作的城市看，在我国现行体制下，通过必要的法定程序，还是能够保障政府在经营城市中发挥应有的作用，而不越位，也不缺位。

第三，至于腐败问题，并不是仅仅是经营城市带来的，假如政府不进行经营城市，腐败现象也并非就可以杜绝，显然腐败问题根源并不是出在经营城市上。

第四，对政府从事"经营城市"而误了"正业"而担心是不必要的，市场经济理论也指出提供公共物品这些事情是政府分内该管的，应该属于"正业"，政府在经营城市领域大显身手，不仅不会引发城市公共管理的"缺位"，反而会使政府职能"到位"，使长期得不到解决的城市公共设施和公共物品的提供有了解决的希望，政府职能的转换也有了更为明确的方向，而且，经营城市也将会加强城市政府运用城市资产调节经济的能力，运用经济手段提供社会公共服务的能力。所以，经营城市不是旧体制的惯性，而是新体制的一种创新。

总之，历史和现实都告诉我们，必须以发展的观点，看待新生事物。在新的历史时期，城市政府要彻底摆脱传统计划经济的羁绊，依据市场经济发展要求，切实把政府职能转变到经济调节、市场监管、社会管理和公共服务上来，避免政府职能"越位"和"缺位"而产生的种种不良后果。

5.4 经营城市究竟是加剧了城市债务负担，还是减轻了城市的财政压力

在推进城市建设中，资金短缺常常是城市政府提供公共物品所面临的主要矛盾。我们知道，在城市建设领域，政府完全依靠自身积累来满足日益增长的市民和经济发展的要求，是很难有大的作为，因此，经营城市就成为抢抓机遇提升竞争能力的重要手段。近几年所以提倡经营城市，就是想突破财政收支的约束，利用政府信用负债开发，加快城市建设进程。

但是，也有人对经营城市以举债建设方式提出质疑，认为可能会因为经营城市加剧城市债务负担，增加城市财政的偿还压力。原因是：一是因为城市公

共设施有其自身的特殊性，它属于公共物品，很难以经营方式回收资金，即使可以回收，周期也很长；这自然会加重城市的还款压力；二是，政府官员为追求政绩普遍有扩大城市建设规模的偏好，虽然政府财政收入有限，但一方面由财政出资外，还从银行借贷。由此极易推动城市建设负债经营超出适度范围，引发城市建设规模失控，造成建设债务无法按时归还。

应该说，既然是经营，也就有风险，也就会有盈利，或有亏损。即使是城市政府进行经营操作，也不可能就是百分之百的盈利，百分之百的成功，而一定不亏损。经营城市究竟是不是加剧了城市债务负担呢？还是减轻了城市的财政压力呢？对此应作具体分析。因为，一是每一个城市在经营城市中，运用的方式并不相同，即使是举债和银行借贷，也有很多形式，短期的、长期的；国内的、国外的；合资的、合作的，等等；而每一个城市的经济发展水平与经济实力也不相同，偿还能力也不同，因而，不宜一概而论。从上海的实践看，经济越发展，债务所占收益的比例就会降低，对财政的不利影响在下降。目前上海城市建设债务是 340 亿元，仅占 2002 年上海 GDP4551 亿元的 7.5％；如果放到 10 年前，就要占当时上海 GDP894 亿元的三分之一，确实是负担不轻。如果按 2005 年上海 GDP 达到 7300 亿元计，只占 4％的大小，显然，并不构成严重的负担。二是，不能单以城市公共设施的投资回报计算收益。诚然，城市公共设施的投资，的确很难以经营方式回收资金，即使可以回收，周期也很长。但是，看待城市公共设施的投资，要跳出城市基础设施建设项目的本身，从整个城市的受益来看，从城市的长远受益来看，问题可能就会容易理解；由于整个城市基础设施建设水平的提高，城市的竞争力平台提高了，国内外投资进入的可能性增大了，众多产业发展的环境完善了，结果可以想见，城市的整体经济活力、经济活动量明显地增加了，当然，城市的税收增加了。由此，可以看出，公共物品生产投入的回报是通过整体经济发展扩张而实现的。从一些城市的经营城市多年的实践也可看出，运用举债方式开展城市建设也并未造成严重的债务负担，也没有形成较大的财政压力；反而是，城市建设筹资的渠道增加了，尤其是外资的进入，不仅不会造成债务负担，也更不会对城市财政形成压力，其结果是城市的基础设施改善了，城市财政收入增加了。

经营城市在一些人眼里是个“一本万利”的事情，政府操控着城市的资产，把握着进入市场的时机，只有赚多赚少之区别，没有亏损蚀本的忧虑，因而，谈不上有什么风险。但是，一个事物总有它的两面性，一些潜在的风险和危害还是存在的，我们还不能掉以轻心，谨慎地对待经营城市，规避风险。

5.5 经营城市究竟是加重企业的税费负担，还是减轻了企业的税费负担

不管怎样，政府经营城市确实拓宽了生财之道，增加了地方财政收入。但有人认为这只是形式上的收益，这是政府利用行政手段和市场化名义，对国民收入做有利于政府的再分配。理由是，因为在经营城市中，政府主要依靠对资源的行政垄断而获利，政府工作本身并不直接创造价值，广大企业才是财富的真正创造者。企业为了使用政府控制的资源，不得不支付相关费用。这些费用对政府来说是增加的收入，对广大企业而言是增加的成本。如此，在产品价格不变甚至有所下降的情况下，企业的经济效益可想而知。尽管政府在经营城市中各种收费都有一定依据，但国民收入再分配理论告诉我们，经营城市水平越高，企业税费负担就越重。

对于是否加重企业的税费负担，我们可以从这样几个方面来看，一是倘若不开展经营城市，企业税费负担是否就可以减缓；从实际情况看，一旦基础设施不完善，诸如公共物品供应短缺、设施年久失修、能力欠缺等，常常造成企业生产能力闲置、企业发展受限、拉闸限电、缺水少气等，企业的正常生产受到影响，实际上增加了企业的成本和支出；二是要从全局算账，算大账、算总账，算长远账，而不仅仅是算个别企业的账；经营城市可以使一个城市的基础设施水平在短时期内迅速提高，投资环境平台迅速提升，为企业创造一个相对宽松的经营运作环境，也同时创造了许多创业投资机会、就业机会；从长远和发展上看，即使现阶段企业费用增长了一些，但可以看作是对未来事业的一种投资（铺垫），算大账应当是合算的，而对单个企业来说，确实有"企业支出与其收益不对应"的状况，这就如同"前人栽树，后人乘凉"，这就出现了国民收入分配错位的现象；三是从规模经济来看，经营城市水平越高，企业税费负担应当越来越轻。我们知道，随着城市基础设施的日益完善，进入城市各产业的市场主体会越来越多，每个企业分担的公共物品的成本费用应当会逐渐减少，规模效应就会显现出来，其实，从我国的电信、交通等基础设施的近几年的发展就可以看到，随着这些设施的建设，一些服务项目的收费在逐步下降，如电话初装费，网络信息费、飞机票等，一些项目虽然收费仍然较高，但所创造的收益、前景和机会也同样增长，这就是说，较高的经营城市水平，将创造

更高的经济效益和社会效益，它是低层次、不完善的基础设施无法比的，这也就是为什么发达国家与不发达国家的生产力水平相差巨大的一个重要原因。

5.6　经营城市是否会加大土地资源枯竭的风险

土地经营是政府经营城市的一项主要内容。我国城市土地所有权属于国家，对企业经营性用地实行有偿使用，是利用市场机制优化土地资源配置，提高土地利用效率的必要措施。但是也有人担心，一旦经营城市走向追求近期城市土地收益最大化，将会造成土地资源面临枯竭危险。原因是土地属于非再生资源，城市土地更是有限。政府在经营城市中，为实现土地收益最大化，不仅要征收近期土地使用费，而且把土地未来收益也收入囊中。具体表现为在土地租赁、批租和入股三种形式中，政府相关部门坚持把土地批租作为土地有偿使用的基本形式。所谓批租，就是一次性收取几十年土地使用费（住宅 70 年、工业 50 年、商业 40 年）。他们认为这种形式表面上看政府得益颇多，其实流失更多。道理很简单，因为政府由此丧失了后续半个世纪左右土地增值的收益权。

其实，这里我们需要明确几点，一是追求土地的收益最大化并无不当，尤其是通过合法的市场化运作，克服了土地的乱批滥用，使土地资源获得了充分的利用，既有效地配置了资源，节约了土地，也实现了土地的真正价值，发挥了土地调整产业和经济发展的杠杆作用；二是土地资源的近期巨额收益，也并非是对未来收益的剥夺，总体上看，一旦土地经营的收益被及时用于亟需资金的产业领域，应该是更好更早地解决了城市发展的瓶颈，为未来的腾飞和发展奠定了基础，这实际上是加快了现代化进程，缩短了实现现代化的时间，所以，这是值得的。这里，不能仅从土地单一方面的得失来看，要从土地出让对整体经济活动带来的变化来看，看它所创造的发展机遇和推动各部门进步的程度；三是土地收益是一定时期一定社会经济技术条件下的价值反映，所以，限定土地的使用年限，有利于满足新的条件下土地价值的调整，这样也就可以保证政府和社会的公共利益，也不会丧失土地增值的收益权，不仅不会导致土地资源的枯竭，而且还可以根据情况到时及时收回，重新配置。当然，这里有一个前提就是，土地的经营是真实的按照市场原则进行的，按照法律法规允许的方式进行的，而不是非法的、不科学的或投机取巧的方式进行的。

为了保证土地有偿使用达到最大化，有专家提出改"土地批租制"为"土地租赁制"，认为这样可以克服目前的土地批租方式的弊端，一方面通过低门槛的土地租赁制可以在较短时间内，对所有经营性土地实行有偿使用，另一方面它能保证未来若干届政府对后续土地收益的不断增长掌握收益权。他们认为，土地租赁制是全面推行土地有偿使用制度，同时又确保政府长期获取土地收益的有效形式。

其实还有一种较为根本的方法来解决土地出让中的短期行为和损害他人利益、长远利益的事情。这就是建立民主决策机制，借鉴国外的成熟做法，对土地的运营、操作，要有严格的法定程序，既不是市长说了算，也不是使用者出钱多就能拿下。在经营中，不仅要建立有效的行政机制、市场机制，还要建立专家论证制度、有关团体审议制、居民听证会制度、公示制度等，由此，来保证现在的政府不会把未来政府的收益占为"已有"，现在的市民和企业也不必承担后代人的土地使用费。总之，经过多次协调、多边会商，会产生出一个满足各方利益、近远利益结合的土地运营结果。只有这样才能有效地保护和利用土地资源，并使城市土地有偿使用规范化。

5.7   经营城市是否会强化地方保护主义

在经营城市中，会使地方保护主义得到强化吗？根据目前一些地方政府的表现，人们提出了这样的问题。担心的原因来自于这两方面的因素：第一，日益强化的地方权益。经过 20 多年的改革开放，地方权益具有了相对的独立性，政府的财政收支更加依赖于地方经济的发展。而要扩大城市建设规模，改善市民生活，增加地方公共福利，政府就必须尽快发展地方经济。按理这本无可非议。问题在于市场有限，并非所有企业都能如愿发展。在地区之间、企业之间差别较大的情况下，后进地区和后进企业在竞争中往往处于劣势地位，但他们在与地方政府的关系上却具有相对优势，在一定程度上甚至是利益共同体。因此，企业和地方政府联合起来构筑贸易壁垒，保护本地产品，成为企业之间、地区之间竞争的一种主要手段。一些地方政府常常又是区域之间不正当竞争的组织者和支持者，使市场经济演变为"诸侯经济"。第二，不断产生的官商案件。城市政府执掌着本市经济管理大权，他们有条件利用种种行政和经济手段实施地方封锁和垄断，或变相的封锁和垄断。虽然我国的《反不正当竞争法》

明文规定："政府及其所属部门不得滥用行政权力，限定他人购买其指定的经营者的商品，限制其他经营者正当的经营活动""不得滥用行政权力，限制外地商品进入本地市场，或者本地商品流向外地市场"，但是，受局部利益驱动，地方保护主义仍然相当普遍。有关资料显示，1999 年全国工商行政管理机关查处地方非法垄断案件为 10 件，2000 年为 56 件，2001 年增加到 137 件。经营城市实质上是把地方经济作为一个整体来经营，显然为政府实施地方保护主义提供了理论依据，增大了市场秩序治理的难度。

其实，并不是经营城市可能产生或者强化地方保护主义，市场经济本身也不能杜绝地方保护主义。我们知道，像美国这样的标榜为自由市场经济的国家在国际经济活动中也常常实行贸易保护，这实际上是地方保护主义的国家化，经常引起其他国家的谴责。这里我们不是为地方保护主义寻找借口，而是想说明，地方保护主义的真正根源不在经营城市，应该说在于经济发展的不平衡、收益分配的悬殊差异。我国地域辽阔，地区之间发展差别大，当然这不能成为实施地方保护主义的理由。

这里，需要注意，经营城市在一定意义上可以削弱地方保护主义。为什么呢？让我们换个角度看问题，首先，如果我们承认，经济发展的不平衡是产生地方保护主义的根源，那么，如果能够消除这种不平衡就可以制止地方保护主义的发生。前面我们已经讨论过，经营城市具有在较短的时间内，筹集资金，加快建设，切实提高城市公共建设、公共管理、公共服务的水平，能够有效地配置资源，提高整体经济效率，这样，本地的经营环境和投资环境大为改善，本地的产品和服务在市场上也就具有了一定的竞争力，不必非要政府出面限制其他同类产品进入本市或者政府给予一定的照顾，就能够自主迎接竞争挑战，甚至产品和服务输出本市区以外。可能还会有人问，经营城市并没有消除经济发展的不平衡和收益分配的悬殊差异。确实，经营城市不是"万能药"，不能要求它包治各种问题。这里应当发挥它的激发城市内部各种资产活力的功能和优化提升投资、经营环境的作用。消除经济发展的不平衡和收益分配的悬殊差异，还应有其他手段共同进行干预、配合。其次，如果我们承认，经营城市在一定意义上可以实现城市政府转变职能，明确政府职责，有利于实现政企分开，更加专心于公共物品的提供，有利于实现发展思路的转换，那么，城市政府就可以主要通过净化和优化市场环境、社会环境和生态环境，提供更加优越的经营条件、生活条件，有力地推动地区经济和社会全面、持续的发展；而不是进行官商结合，保护局部利益、短期利益。再次，如果我们承认，当今市场一体化和经济全球化的趋势具有不可阻挡的力量，那么，阻碍竞争、保护落后的地方保护主义实际上是不合时宜的、是短命的。从经营城市的实质上看，经营城市追求创新发展、乐于参与竞争、摒弃守旧落后、崇尚开放公正，愿意引进外部资源，借用外力，这些都直接冲击着地方保护主义的观念和做法，经营城市与地方保护主义的宗旨完全相左，因此，经营城市是符合经济全球化这一潮流的，不会与地方保护主义为伍的。

市场经济的发展要求破除地方封锁和垄断，在统一、开放、竞争、有序的条件下，实现生产要素和产品的自由流动与优化组合。这是社会利用市场机制优化资源配置的必要条件。为此，城市政府作为国家行政管理机关，应当是维护市场经济秩序，确保企业公平竞争的主导力量。经营城市可以说是加强了城市政府的宏观调控能力。

5.8 经营城市的范围是否包括企业？

经营城市是对城市资源的整体经营，但它的范围应限于城市中可经营的资源，对于不宜市场化经营的资源，如消防设施、福利设施、重要的城市标识等由政府直接经营。我们知道，企业是城市经济的载体，是城市收入和就业机会的创造者，那么，经营城市的范围是否包括企业呢？

对于这个问题，不宜做简单地回答。假如笼统地回答，应该是不包括企业。但是这很不严密，因为一部分涉及公共物品生产的国有企业或资产还是包括在经营城市的范围内的，一些城市在经营中，或是出租、委托、转让这类企业或资产，或是利用这些企业或资产进行合资、合作。由此，除了涉及公共物品生产的国有企业之外的一般企业，则不应包括在经营城市的范围内，这类企业可以按照市场经济原则进出经营城市领域。之所以这样理解，是因为如果城市政府直接干预一般企业的融资、投资、经营等活动，会导致新的政企职责不分，是与市场经济体制下的政府职能转换相违背。另外，这种政府对企业行为的干预极易导致新的地方保护，对企业的发展和要素的跨地区流动都是十分不利的。因此，经营城市的范围应是一部分涉及公共物品生产的国有企业或资产，以及城市的软硬环境，一般企业应被排除在经营城市的范围之外。

5.9　经营城市究竟是市场行为还是政府行为？

前面已经谈到，经营城市的主体是城市政府，这就自然而然地会使人们产生疑问，经营城市究竟是市场行为还是政府行为呢？

其一，要做出准确地回答，应当界定清楚市场行为和政府行为的概念，在此基础上，才容易形成共识。这里我们把市场行为理解为由价值规律、经济规律引发和调节的纯粹经济行为；把政府行为理解为作为社会管理者做出的行政行为、经济行为、法律行为。经营城市实际上是城市政府利用经济手段和市场机制刺激公共物品更快、更多、更好地生产或产出，按照上述理解，应该说，经营城市既有市场行为的成分，也有政府行为的影子。

其二，政府行为与市场行为时常交织在一起，难以区分。如果把城市看成一个企业，客观上政府早就在经营城市了。只不过，在计划经济时代，城市实际上是一个超级国有企业，政府是它的所有者、经营者和管理者。改革开放后，政府塑造了许多新的市场主体。此外，伴随着近年来的行政区划制度和地方财政制度的改革，以及区域竞争的加剧，地方保护主义也日渐抬头。这样，在地区之间激烈的竞争中，政府通过行政权力来经营城市，常常会显现多重角色，原因在于政府具有多重的利益特征，既是国有资产的代表，又是社会事务的管理者。

正因为如此，在经营城市的理论和实践中，学术界和城市政府一直在强调经营城市的市场化导向。显然，经营城市模式，既能够通过市场化运作促使城市资产实现其价值的最大化，也能够加强政府的社会管理地位。因此，对城市资源进行市场化经营，以谋求城市建设资金投入与产出的良性循环已成为当前我国许多城市发展的基本思路。

毋庸置疑，经营城市需要引入市场机制，利用市场力，也就是通过市场运作，使城市资源实现其应有的价值，并转变成了现实的现金流入。尽管市场在这里起了至关重要的作用，然而，市场都不是万能的。

从主流经济学的角度来看，市场是有缺陷的：首先它无法从根本上解决整个社会供求的平衡，一旦社会供求出现严重失衡，如经济危机，仅仅依靠市场的自发调节，或者是难以奏效，或者需要经历一个漫长的周期；其次，公共物品具有消费的非竞争性、非排他性和外部性，市场不能提供社会所需要的公共物品。对某些公共物品的供给，由于投资与回报的不均等，私人部门无法通过公共物品的供给获得收益，因此，私人不愿意投入，市场的自发调节就难以奏效；这导致了像污染、交通拥挤等一系列典型的城市不经济现象。这样，也使得服务城市功能的一些公共设施，如绿地、城市桥梁、图书馆等就只能由政府来提供。第三，市场竞争是不完全的。市场上的自由竞争往往还会不可避免地产生垄断，一旦这种垄断出现，不仅依靠自身的力量无法将其拆除，而且还会对市场的内在机制产生破坏作用；垄断的存在将严重影响市场的效率，因此，必须要由政府在某些行业维持竞争的有效性，比如城市的供水、供电、电信以及公共交通等。事实上，我国一些城市公交运营权和运营线路的拍卖使城市公交的服务水平大为提高，给老百姓带来了极大的实惠。最后，市场还带来了财富分配的不公平。即使从一个长过程来看市场经济可以实现社会公平，但在短期内它又是无法解决社会公平的，这就势必会引起一些社会弱势群体的不满。公平问题不仅是一个社会问题，它还直接影响到城市的功能发挥和城市形象。正是由于这样一些原因，政府不可能将一切都交由市场来自发调节，而必须保持对市场的调控。可以说经营城市仅仅是政府保持对市场调控的一个侧面而已。

由我国城市化进程所依赖环境背景的复杂性来分析，城市发展也不能完全依赖于市场。从城市形成与发展的自然过程来看，城市实际上是市场发展的产物，尤其是伴随着工业化进程的市场发展的产物。西方发展成熟的城市在比较发达的市场经济中经过了完整的工业化阶段，现在又在信息化的平台上获得了更充分的发展。然而，我国的城市化却是在生产力还比较落后的情况下，与经济发展中的市场化、工业化、国际化、信息化同时进行的。在市场主体发育不完全、力量单薄，市场机制尚未完全建立起来，工业化过程远未成熟，国际化的大门才刚刚打开的背景下，单纯依靠市场来推进城市化、发展和提升城市的产业、提高城市的竞争力显然是不够的。同样，单纯依靠市场也无法形成一些我们所期望的城市功能。比如，要形成上海的国际金融中心功能，显然，在目前我国的金融管制条件和上海目前的金融经济发展条件，以及当前的国际金融产业结构条件下，单单依靠市场可能是遥遥无期的。

从经营城市的经营主体和经营过程来看，经营城市主要是城市政府对城市资源的市场化运作。因此，经营城市实际上天然具有市场行为和政府行为的两面性。而基于功能导向的经营城市模式，特别需要强调政府在经营城市中的重要作用，这是以功能导向经营城市对政府和市场的基本要求。着眼于功能导向的经营城市必须走市场行为和政府行为有机结合的道路。这要求对政府职能进行合理的界定。同时，要积极推进政府控制或引导下的经营城市制度创新和技术创新。另外，还要大力推进新的市场环境和制度、技术创新环境下，相应的政府职能的积极创新。

其实，辨别和区分什么行为并不关键，重要的是政府作用的结果，是否满足"三个有利于"的标准，即是否有利于生产力的发展，是否有利于人民生活水平的提高，是否有利于综合国力的提高，是否符合"三个代表"的核心思想。

注释：

［１］洪银兴、周诚君：论城市经营内涵，2003-2-9

［２］邹建锋、顾文选：经营城市出现四大误区，《中国经济时报》，2002-11-26

［３］城市经营浅谈，《城市问题》，2002（1）

第6章 经营城市需要处理的几个关系

城市是一个复杂、综合的大系统，具有多重的矛盾。经营城市与经营一个企业不同，经营企业主要是搞好生产，提高产品质量，扩大市场，创造利润；经营城市的要求则是多方面的，涉及政治、经济、社会、环境和更多的人、财、物等一系列问题。因此，经营城市要处理好这样几个关系：经营城市与企业经营、经营城市与政府管理、经营城市与城市规划、经营城市与可持续发展、经营城市与城市竞争力等。

6.1 经营城市与企业经营

从某种意义上可以说，经营城市与企业经营有一定的相似性。其一，经营城市与企业经营，都需要运营资产。当把城市作为资产时，那么，经营城市与企业经营一样也要追求资产增值，利益最大化。其二，经营城市与企业经营，同样受到经济规律、价值规律的制约。就城市基础设施来说，从资金的筹措，到投资建设，再到运营管理和回收资金，每一个环节都不可能脱离经济规律、价值规律的制约。其三，经营城市与企业经营，在许多经营的理念、方法、手段、程序上，基本没有差别，经营城市并不排斥在企业经营中卓有成效的方法。与企业经营一样，经营城市也要有自己的发展战略、经营思路、操作手段。同样的城市空间和环境，由于发展理念、产业布局和规划功能的不同，其内涵和结果会大不相同。

但是，城市与企业毕竟概念不同，如企业的边界不同于城市的边界，对企业来说是"外部性"的问题，对城市而言，就成了"内部性"的问题。为了更好地理解经营城市与企业经营异同，我们从以下几个方面对经营城市与企业经营进行一下比较分析[1]。

1. 城市与企业组织属性的比较

在管理学中，把组织区分为：营利组织和非营利组织。营利组织是以营利为目的，以提供产品与服务为手段，以提供税收享受社会公共物品，组织盈余分配给内部成员，具有独立法人的组织。社会经济生活中的各种企业、公司属于这种组织。非营利组织是以公共服务为使命，享有免税优惠，不以营利为目的，组织盈余不分配给内部成员，并具有民间独立性质的组织。诸如教育、保健、福利、环保、文化、艺术领域都有非营利组织的色彩。尽管非营利组织不以组织运行的盈利为目标，但同样涉及资源的应用问题，同样要讲求效率。

作为一个组织，企业与城市在组成成员的形成上不同。企业的形成过程是一个投资的过程，既然是投资就必须有相应的投资主体，即所有者，在股份制企业中就是股东，因而企业的资产是具有个别性的，即企业资产归属于某个或某几个特定的终极所有者。企业的建立是要经过一系列的审批程序形成具有法人资格的经济实体，需要承担法律的责任。对城市来说，城市的资产是不具有个别性的，只有整体性，因此作为经济载体的城市不是一个经济实体，不具有自负盈亏的责任与义务，从这个意义上讲，城市不是一个盈利机构。但我们又不能简单地把城市当作是象其他社会团体一样的非营利机构来运作。当然现在营利与非营利组织的描述都不适合城市这个特殊的组织，因此城市不具有法人资格，但城市本身与非营利组织有相同的地方："组织"盈余不分配给内部成员。其次，城市与企业的收益形成的区别。企业的收益主要来源于产品的销售，同时企业所属于具有个别性的终极所有者——股东，因而，利润最大化是企业追求的目标。城市是否追求利润的最大化？从宏观的角度来看，城市的财政收入与财政支出的余额可以简单地看作城市的利润；但从微观的角度来看，城市的收入来源不直接是因为公共物品的销售，而是城市的税收，是企业或个人在使用公共物品过程中创造了利润而获得的收益。这样，经营城市不能看作是销售公共物品来获得收益，而只能是追求服务获得的效益，这种服务效益是经济效益、社会效益、生态效益的最佳整合。

与企业相比，城市追求的目标更为多样和复杂。经营城市的核心是追求城市社会效益和经济效益的统一。经营城市不仅要讲经济效益，还要讲社会效益、环境效益，这就和单纯的企业经营不一样了。经营城市比企业经营要复杂得多。比如企业经营讲人、财、物，产、供、销，这些环节要抓住。经营城市与这六个字也相关，但是内容丰富得多。人，企业讲职工就可以了；城市不仅要讲职工，还有家属，还有待业人员，还要讲城市人口结构（年龄、文化、生活水平差异等），现在还有一个老龄化的问题。财，城市不仅仅要研究用货币可以衡量的财富，还要研究用货币无法衡量的财富的增长和损失。如果城市经济效益出现负值，特别是持续负值，将直接影响城市的持续稳定发展。与企业不同的是，经营城市通常没有退出机制，目前还没有城市"破产""倒闭""兼并"的例子。物，尤其是涉及水资源、能源的供应与保障（可持续性），城市的研究内容比企业又要广阔、复杂得多。不用说，城市的产供销，与企业的产供销其复杂性不可同日而语。

2. 城市资产与企业资产的比较

城市形成与企业形成的原因有许多不同，如自然的客观因素是城市形成的主要原因，而企业的形成主要是人为的主观因素。城市与企业一样都有资产，可把资产分成两个部分：有形资产和无形资产。企业的有形资产包括厂房、设备、原材料、在制品、产品等有形部分；无形资产包括企业的信誉、品牌、企业员工的价值观等无形部分。城市的有形资产包括土地、海洋、河流、森林、城市道路、公共设施等城市公共投入属城市公共所有的和不属城市公共所有的一些建筑物等有形部分；无形资产包括城市的历史文化、城市居民的生活方式、工作方式、学习方式、思维方式以及交往方式等。城市的无形资产更体现城市的价值、城市的韵律、城市的生命力。城市与企业有很多共性，但从资产形成的特点来看两者还有一些不同之处。首先是资产与产品是否可分离方面的不同，经营城市提供的公共物品都不成为特定个体所占有，并且这种公共物品是可以多人多次重复地使用。而企业资产中的产品在其售出时就与企业资产产生分离，这样的特性使得企业要不断地生产才能满足某一特定个体需要，能最终归属某一特定个体的产品。其次是资产的投资量及其回报率、回收期不同，城市本身的特殊性决定了经营城市过程中对有形资产的投入很大，特别是基础设施项目投资更是巨大，其使用的时间也很长，因此，其回收期就较长，回报率相应也较低。这使得许多私人部门不愿意在城市基础设施项目上投资。其三是资产与产品的形成过程不同，企业所经营的产品主要受价值规律的制约，而城市公共物品的生产，如果完全靠市场调节，如前所述，就会受到投资者的冷落；因此，它还更多地受到社会规则、公共管理方面的约束。

此外，企业与城市在运用资产内容范围上也不同。两者从事于不同的经营领域，企业经营的是实物资本、货币、信息、人力资源，而政府经营的是整个城市的资源。

3. 经营城市与企业经营的环境比较

城市与企业是两个尺度大小不同的客观事物，因此，他们所面对的环境在空间尺度和要素内涵上就表现出了不同。企业经营环境可从两个方面来看：一个是宏观环境，实际上是企业的外部环境，它包括有人口、经济、政治、法律、社会文化、技术、自然环境等，企业通过自身的努力去改变这个环境的能力是有限的；另一个是微观环境，它包括企业的内部环境、企业与供应商的关系、产业资本与商业资本的结合方式、企业与竞争对手的关系等。而城市的经营环境也可以从宏观及微观的角度来考察，微观环境包括城市所处的经济区域、区域间城市的分工与合作的程度、地理位置、自然资源、市民素质等；宏观环境则包括区域或全国性的法律法规、政策、技术、经济环境、社会环境、文化环境等。城市的宏观与微观环境综合构成了企业的宏观环境。

4. 经营城市与企业经营的经营者的职能比较

经营城市与企业经营对经营者的要求不同。企业的经营者要通过对其资产的直接运营来实现企业利润最大化的目标，城市的经营者（政府）不可能靠运营其资产来获得利润的收入，而是通过提供服务使企业获得良好的运作环境，吸引更多的企业来这里投资，从而创造更多的就业机会并取得税收收入。因此城市的财政收入最根本的就是取决于企业这个最基本的经济单位的利润状况。企业利润最大化目标使得企业有强烈的利润追逐行为。城市的公共服务性要求城市的经营者们以经营"环境"为主，如各种政策、法律法规的制定，信息情报的收集，城市间的交流与合作，城市的社会公用事业与基础设施的建设，城市的生态环境保护等。因此，企业经营者的职能主要是经济职能，而经营城市者的职能主要是政治职能、社会职能、生态职能及经济指导职能。为此，城市的经营者们要根据城市资产可经营的程度，先把资产分成强经营性资产（获利明显的资产，如城市土地、道路桥梁的命名权及经营权等），弱经营性资产（获利的除受企业经营水平高低外还受一些政策的影响，如城市公共交通，城市的供水、城市垃圾的收集与处理等），非经营性的资产，然后再对不同性质的资产施以不同的管理方法。对强经营性资产就要以利润最大化为标准，放入市场调节；弱经营性资产就要从城市投资和企业投资的双重角度来考虑，以少量的城市投入带动企业大量资金的投入，节省城市财政开支及降低城市政府对经济活动的直接参与程度，以企业的参与，推动市政设施的开发、利用、建设，从而提高经营城市的有效性。

5. 城市与企业收益再投入的比较

企业的收益可以用来扩大生产规模，也可用于投资开设其他的企业或参股其他公司，这样就形成了除本企业以外的全资企业或参股企业。企业生存发展的基础是利润。企业要生存，要发展，就必须不断拓宽收入渠道，增加收入来源，同时不断改进管理，严格控制开支，最终形成持久利润。企业不断追求利润的动力和压力除了来自于市场竞争以外，还来自于投资者的激励约束机制。市场竞争越激烈，激励约束机制越科学，企业经营管理者的企业经营积极性越高，企业能量的发挥也越充分。众所周知，一个企业运作实现的收入大于开支，实现正效益或正利润，才能保证企业的稳定和长久发展。而一旦企业利润出现负值，尤其是出现持续亏损，企业只能退出市场舞台。

财政收入是城市收益的主要形式，主要用于该城市的发展，如公共交通、城市基础设施、城市生态、城市社会保障体系、城市居民受教育的条件的改善、城市规模的扩大和城市综合质量的提高等。城市财政收支余额不可能投资去建设另一个新的城市，或与其他城市合股投资设立新的城市。但从社会管理职能的角度来看，一个城市政府有上下级的行政管理关系，对一个城市市区而言，市的下面有区，区的下面是街道，街道的下面是居委（小区），这些市、区、街、居之间的关系，可以看作是一个企业内的厂与车间、公司与分公司的关系，依照一定的职责界定和相应的财政收支管理制度，各司其职，共同为城市的健康发展做出贡献。

6. 城市与企业处理问题的原则和方法的比较

经营城市的性质、处理问题的原则和方法与一般企业也不一样。企业经营常常属于竞争性行业，经营城市绝大部分是公共物品，是自然垄断行业，没法竞争。企业出售产品的价格只有一个原则：成本加利润，亏了不卖。城市不行，经营城市的公共物品一般具有公益性质，价格要灵活。例如收费问题[2]，公园收不收费？有不同意见。有的原来不收，现在收了；现在也有城市改回去的。收费的，也有收多少、什么时间收的问题。有的城市公园原来整天收费，市民有意见，后来市政府决定下午 7 点以后不收费。向谁收费，也不一样，有的城市规定对市民的收费和对旅游者收费不一样，现在还有对老年人的优待。这些和一般商品推销大不一样了。还有收费的方式、收费的场合都很有学问。

当前，城市化不断提速，经营城市、提高城市品位越来越受到人们的重视，经营城市的范围也在日益扩大，区别经营城市与一般的企业经营，有利于人们更好地把握两者的异同，更准确地把一些企业经营的方法和思想借鉴到经营城市过程中，也有助于人们更准确地把握经营城市的理念及运作，并达到有的放矢。

6.2　经营城市与政府管理

经营城市是市场经济条件下的必然产物，那么，对于这一产物，作为一个城市的管理者——城市政府如何对待，政府到底在经营城市中担当什么角色，发挥什么作用，政府能不能参与经营城市活动？城市政府如何有效地进行经营？是我们不得不回答的问题。

6.2.1　政府能不能参与经营城市活动问题

在城市管理中运用市场机制是必要的。在依法行政的前提下，运用经济手段管理城市，可以有效开发和利用城市公共资源，实现城市管理的良性循环。但是，人们仍然担心会出现城市公共管理与经营城市混淆不清的问题，这样就会否定城市公共管理固有的基本属性，由此产生许多风险，诸如：政府管理职能"越位"风险、城市建设规模失控风险、土地资本和耕地资源枯竭风险、"诸侯经济"盛行风险、企业税费负担加重风险；会影响城市经济和社会健康、持续发展[3]。

首先，要明确在经营城市中，政府不能直接参与经营活动。政府的角色是"管家"和"裁判员"，不是"操作工"或"运动员"。实施经营城市，离不开政府的调控和引导，但政府只是规则制定者和监督者，只是运用经营城市的理念，推动经营城市，政府只能依照法律法规，进行政策引导、行政执法、规范监督、改善环境，而不能具体操办一个经营项目，否则就走回到了"政企不分"的老路上去了，这也不符合我国经济体制的改革方向。例如，北京污水处理国家不再投资[4]，全部投资由企业融资建设。2003 年 8 月 2 日由北京排水集团有限责任公司与北京首创股份有限公司共同出资、注册资本 40.2 亿元国内最大的水务公司——京城水务公司挂牌成立。9 月，北京还有 5 个污水处理项目向全球招标。这些措施标志着北京公用行业已经引入竞争机制，进入市场化运作的实施阶段。据了解，未来直接服务于奥运污水处理的 2 个项目，都由水务公司出资建设。目前，北京市已有 6 座污水处理厂投入运营，污水处理率达到 50%，按规划到 2008 年北京还将建设 9 座污水处理厂，实现污水处理率 90% 以上的奥运承诺。

其次，要明确在经营城市中，政府"不参与"不等于政府"不干预"，或者"间接经营"。在我国现行体制下，政府对经济工作仍然起着十分重要的推动作用。同样，在经营城市中，政府起着不可替代的主导作用，但这并不是说，政府就可以包揽一切，自己直接经营；也并不说一提"主导"就排斥发挥民间组织、民营企业、私人经济在经营城市中的作用。其实，在体制转型的今天，政府退出市场经营更有效率的领域就是一种经营城市行为。

这里也产生一个问题，就是市场经济下，政府到底该不该干预经济活动？其实，市场经济并不否定政府对经济活动的干预，实际上往往由于市场自身的缺陷，反而离不开政府的干预。所以，我国在建立社会主义市场经济体制过程中，一个重要的方面就是建立政府的宏观调控管理体制。

再次，要明确直接经营城市资产的主体是城市政府授权或者委托的资产管理运营机构，这类机构是国有（公共）资产的"监护人"，承担着资产的保值增值责任，开展着资产经营活动。围绕着这类机构的资产经营活动，各种企业可以加入进来，进行投标竞标，具体实施某个项目，从而完成城市公共产品的提供，实现城市形象的提升，城市资产的转换升值，最终提高城市的竞争能力。

6.2.2　城市政府到底在经营城市中担当什么角色问题

按照西方经济学的有限政府学说，市场经济下的政府是一种有限的政府，政府的职能或行为都是被限制在一定的范围内，即市场在社会经济运行中起着基础性作用，只有在市场调节失败的方面才由政府来做补充性的调控。政府只组织和执行公共物品的供给，而不必去管也不该去管私人物品的供给。因为私人物品的消费具有排他性，一般不会出现"搭便车"，资源能够合理配置，实现供求平衡，政府如果过多干预反而会造成资源浪费。在这里作为公共物品的概念不仅指有形的物品，如社会基础设施、公共服务等；它同时也包括许多无形的物品，如对产权的保护、对宏观经济景气的调节等。

我国政府职能的转换有一个历史发展的过程。计划经济体制下的政府职能与市场经济体制下的政府职能有很大的不同，整个社会经济活动不是被置于市场这只无形的手，而是被置于一只有形的计划的手的调控之下。这只有形的手，通过僵化的计划或行政命令，来调控经济活动，其范围从宏观到微观、从市场到企业、从公共物品到私人物品，无所不包，这显然不是市场经济所要求的有限政府，这种僵化的计划管理方式也难以适应瞬息万变的市场需求，难以满足千千万万个性消费者的需要。而市场经济下的政府是通过法规和政策实现的，政府只提供这些公共物品，而不提供私人物品，这就有别于计划经济体制条件下的政府。

经过 20 多年的改革，社会主义市场经济体制在我国已经初步建立起来，但是总体上看城市政府的职能转换与整个经济体制改革的进程仍然不相称。这主要表现在：(1) 在观念上仍然还是大政府，而不是大市场小政府；(2) 政府对社会经济的干预不是减少了而是有增无减；(3) 各级政府的层层承包制，把经济指标政治化而不是市场化；(4) 政府行为的非规范性表明，仍然是人治大于法制；(5) 政府行为的灰色化，导致了与市场经济相悖的寻租现象的泛滥，如此等等。这些现象表明，我国城市政府仍然还停留在权力型的政府而不是服务型的政府[5]。

政府的权力过大，对社会经济干预过多，所导致的直接后果就是效率的低下。即使拿市场化进程走在全国前面的深圳来说，需要政府审批的项目也曾达723 项（已经减为 305 项）。而市场经济国家则普遍实行的是登记制、核准制或注册制，而不是审批制。在世界银行对不到 200 个国家或地区政府的效率排名中，我国政府竟被排在了 100 多位。导致我国政府效率低下的根本原因，就在于政府职能的错位，政府管了许多它本不该管的事情，而政府应该管的事情又没有管好。例如，许多地方政府这些年来都热衷于招商引资。其实在市场经济条件下，招商引资并不是政府的主要职能，政府的主要职能是制定规范管好市场，制定政策吸引人才，让这些人才按一定的市场规范去招商引资。政府越俎代庖去招商引资，市场秩序却没有精力去管好。再如，众多的国有企业仍集中于竞争性行业，表明我们的城市政府仍是提供私人物品，这势必影响政府提供公共物品的能力。政府与民争利不说，还会滋生腐败，这又从另一个方面降低了它的效率。

经营城市的内容是由城市化、市场化的进程所赋予的，城市政府职能转换的内容及方式也应该由市场、公共物品的属性决定。有所不为才能有所为，政府必须转换职能，必须重新找准自己在市场经济中的位置。在经营城市中，要体现政府对城市整体发展的战略意图，体现市民的根本利益，体现城市发展的长远利益。城市政府在经营城市中到底如何作为，市场经济体制的确立为城市政府的职能转换指出了方向。城市政府的主要职能应当是提供公共物品，用一个形象的比喻这种公共物品就好比是灯塔，而渔船则好比是私人物品，政府应当提供的是灯塔而不是渔船。灯塔的使用由于不具有排他性，谁都可以借光，个人不愿意出资修造，只能由政府来提供；渔船的使用由于具有排他性，且能够带来直接的利益，可以让人们自己去购置。

综上所述，我国政府的角色定位应当是：（1）宏观经济的调控者，通过各种经济杠杆，调节宏观经济的景气指数，主要是经济增长速度、物价水平、社会就业和国际收支的平衡；（2）社会的公益者，提供服务于整个社会的公共物品，包括有形的和无形的公共物品；（3）经济活动的仲裁者，尤其是防止垄断的出现，一旦出现就要通过政府行为及时拆除，以维护市场竞争的公平性；（4）国家和社会的守夜人，维护国家利益和国家安全，保护个人合法取得的财产不受侵犯。市场经济条件下，城市已成为政府可资经营的最大的活化国有资产。经营城市实际上是经济转型过程中的政府行为方式变革。

国外经营城市，主要强调的是管理，也就是借鉴企业管理办法和制度来管理政府。经营城市应当强调经营政府，借鉴企业管理的先进经验，有效地管理政府。

6.2.3 城市政府如何有效地进行经营问题

在我国市场化改革日益深入、城市化快速发展的条件下，地区竞争日益激烈，城市政府经营城市如何由单纯的资金导向转向综合的功能导向，达到改善城市环境、提升城市功能、增强城市竞争力目的，这是摆在每一个开展"经营城市"活动的城市面前的不可回避的问题。

在经营城市过程中，政府需要发挥"行政第一推动力"的作用，促成市场行为和政府行为的有机结合，积极推进功能导向的经营城市制度创新，从而实现经营城市模式的战略转变。

一些城市在经营城市上仅以筹集城市建设资金为目的，这种资金导向的理解不仅对经营城市理论的传播产生了误导，也对经营城市的实践指导中产生了一系列的不良后果。仅为了筹集城市建设资金而经营城市，是一种短视行为，追求的是眼前的经济利益，忽视了对城市资源的战略性经营，从而直接影响城市功能的发挥和优化。例如，一些地方为了获得土地批租收益，对城市土地的不合理经营，哄抬地价，使这些城市的房地产价格畸高，而且，导致了房地产商高强度的开发，使其建筑容积率超出规划要求，影响了城市功能的正常发挥，也破坏了城市景观。另外，一些历史文化名城更多的是把眼光放在其得天独厚的历史文化资源和风景旅游资源的商业开发上，而没有发掘这些资源对城市功能的战略性意义，结果是制约了这些资源禀赋丰厚的城市在经营城市中提升与优化城市的功能。再有，对于那些在市场条件下，或者在近期条件下难以产出直接的经济效益的城市资源，在城市建设与发展中，没有得到应有的重视，而忽视了其对城市发展的功能价值。国内一些知名文化风景旅游城市较差的服务功能直接导致了城市高昂的交易成本，并部分导致了城市较高的要素成本。这对提高城市竞争力产生了根本性的不利影响，这可以看作是忽视软性资源的直接后果，即忽视了没有直接经济效益的制度文化的经营。

从根本上说，经营城市的有效经营，在于切实处理好城市短期建设与长期规划发展的关系。既要重视城市建设资金筹集，不被短期利益所诱惑，又要保持城市在土地、空间、文化等城市资源的长期可持续发展。既要运用经营城市满足城市居民、城市功能、城市环境的发展要求，也要运用经营城市优化和提升城市功能和竞争力。城市政府有效地进行经营城市应当从以下三方面入手。

第一，明确城市发展的目标。一般地说，经营城市的目的有多个方面：有根本性的，也有具体的；有长期的，也有短期的；有物质的，也有精神的。经营城市较为本质的应是为发挥城市功能和城市化服务的，是为提升城市价值和城市竞争力服务的。明确了总的目标，经营城市就有了奋斗的方向，详细的具体的目标就容易确定和安排。

第二，创新经营城市的模式。原有的以筹资导向的经营城市模式已经不能适应社会进步的要求，必须加以改善和提高，新的目标就是以完善功能导向的经营城市模式，或者说是，基于全面提升城市功能和竞争力的经营城市。这种方式，政府不仅是着眼于短期效益，而且根据城市未来发展战略的要求，运用市场经济手段，对构成城市空间、城市功能和城市审美载体的各种城市资源进行市场集聚、重组和营运，以实现这些资源资本在容量、结构、秩序和功能上的最大化与最优化，从而实现城市建设投入和产出的良性循环和城市的可持续发展。

第三，选准经营城市的突破口。从经营城市的过程来看，城市资源的资本化经营涵盖了城市资源从产生到转让以及增值的全过程。每一个环节、每一种城市资源都是经营城市的内容，只是各城市需要因地制宜，不可盲目照搬，大连的种花植草的绿化方式，上海的土地置换方式，不一定都适合于其他城市，关键是各城市应当经营出自己的特色出来。从逻辑上分析，城市价值和城市竞争力直接决定于城市功能，一定的城市功能要求有相应的城市环境，包括硬件环境和软件环境，而这些城市环境是由经营城市来创造的。因此，经营城市首要的是经营城市环境，经营城市功能。

6.2.4　经营城市对政府职能改革提出了新的要求

经营城市，是对城市政府职能和城市发展建设运作方式的改革。经营城市的成功与否，效益高低，与政府的行为极为密切。因此，经营城市对政府职能改革提出了新的更高的要求。为搞好经营城市，城市政府应实现"六个转变"[6]：

一是在观念上，要解放思想，要从传统的城市建设理念转变到经营城市理念上来，彻底改变过去重建设、轻经营，抱着城市资产这个"金饭碗"而去要饭的城市发展建设思路，把经营城市意识贯穿到城市规划、建设、管理的全过程之中。

二是在职能上，要创新思维、变革机制，要从以建设为主转变到建、经、管的结合上来，改变过去重建设、轻管理、不适应、不习惯市场化运作的局面。政府公共投资必须立足于回归政府职能，以提高公共物品和公共服务的供给水平。实行权力下放，减少层级，以减少了层级过多所导致的委托代理成本过高的弊病，增强城市政府的经营能力。城市建设，既要讲投入，也要讲产出，城市建设同样出生产力，出经济效益和社会效益，实现城市建设、经营和依法管理相结合，城市建设才能发挥更大的作用。

三是投融资体制上，要广开思路，利用经营城市手段，招商引资，把更多的国内外资金吸引到城市建设上来，实现城市发展建设投融资主体的多元化。

四是在机制上，要从过去小打小闹的建设步伐转变到规模建设上来，充分利用城市资产经营手段，努力激活城市资产，实现城市资产的保值、增值、形成规模建设，使城市面貌能有一个更大的变化。

五是对政府进行信息化改造。政府原来是以资金流、人头编制来管理的，现在要改为知识流、信息流来管理，从封闭型转向公开化。电子化的政府，实际上是通过因特网与服务对象（市民）建立对话的窗口，使政府的运作围绕市民的要求来进行调整适应，并通过因特网这一信息载体进行实时反馈，来改进自己的缺陷。

六是提高主要资源的集中度。市场经济时代，企业经营决策应该下放和分散，以降低风险，但是主要的城市资源应该集中经营，才能提高配置效率。所以，要通过"四统一"（即收费统一管理、财务统一核算、会计统一派遣、分配统一标准）的办法，再加上规范的政府采购，使政府能够把城市资源，以最高效率调控经营起来。

经营城市，也同样对城市的管理者和决策者提出了挑战。经营城市的成功与否，效益高低，不仅与城市政府的行为密切相关，更与城市的管理者和决策者息息相关。青岛市市长杜世成的一席话值得我们深思：社会主义市场经济条件下的城市发展不再单纯由政府来推动，而更多改由市场推动。这种状况决定了城市的领导者在城市发展过程中，不但要继续承担传统管理者的角色，更要充当经营者的角色，要逐渐实现由管理城市向经营城市的转变，使经营城市这一全新理念成为社会主义市场经济条件下领导者最佳的行为准绳。

6.3　经营城市与公共财政

与企业经营一样，经营城市也是一个不断满足市场需求和社会发展的过程。在不断满足市场需求中获得经营收入，即构成财政收入的一部分。实现良好经营城市收入的前提是"卖得出"，即生产的公共物品和城市服务能够被市场接受，消费者愿意"购买"公共物品和城市服务，这些消费者是由本地居民、外来流动人口以及众多企事业单位组成的，他们不断增长的共同需求，促进了城市政府不断地改进公共物品、改善城市服务。

与企业不一样，城市政府的收入来源除了经营地租、服务性收费等渠道外，最主要的来源来自于税收，主要包括个人所得税、消费税、营业税、企业所得税、增值税等。城市政府的开支项目，也比企业广泛，既有提供公共物品和城市服务中的各种开支，包括基础设施建设开支、市政设施建设、社会事业投入，也有城市政府及其部门和机构包括经营城市机构的管理费用，他们共同构成了城市政府的开支，即财政支出。

经营城市无疑增加了一条城市财政收入的渠道，大大加强了城市政府的宏观调控能力和提供公共物品的能力。城市政府的重要职能之一是为社会提供公共物品。改革之前，政府既提供公共物品，也承担提供非公共物品的职能；所提供的公共物品主要为对内提供法律与秩序、公共设施；对外提供安全保障等。改革开放后，随着经济与社会生活的复杂化，政府开始弱化和逐步退出非公共物品（竞争性）的生产领域，着眼宏观经济调控，提供某些经济基础设施和某些公共服务与监督。

目前，政府在公共财政方面的改革对经营城市产生了较大的影响，它不仅影响政府投资和管理职能，还影响投融资体制中的各投资主体，以及宏观调控体系和运作的效率。

建立公共财政反映了政府职能的转变，反映了政府从计划体制下集政权组织者、全民生产资料所有者、生产经营的指挥者和组织者三位一体到市场体制下作为社会管理者的转变。

目前，在向市场经济转型过程中，一些城市政府一方面遇到了"城市财政收入缓慢、税收流失严重，财政支出增长过快"的难题；另一方面遇到的突出问题就是，公共权力分散化，政府投资职能和投资管理职能不分，公共权力与私人利益的界限模糊，这很容易导致公共权力丧失公共性，政府行为表现为既有"越位"也有"缺位"的现象。因此，城市政府职能的转变就变得十分关键，其核心就是建立专门提供公共物品的政府，把提供非公共物品的职能从各级政府中剥离出去，形成统一、有限、有效的公共权力体系。从严格意义上说，政府机构自身不应该从事经营，也不得以一时一事的服务收取费用，而应该以税收的方式来维持公共财政。公共财政的建立势在必行。

公共财政依据市场经济下的政府职能进行重新定位，严格界定了政府公共财政支出的范围，明确了政府的财政责任，即以市场为基础，弥补市场失灵，提供公共物品。具体说政府职能是：提供公共物品或服务，包括纯公共物品、准公共物品和服务；调节收入分配；促进经济稳定增长；支持各项创新活动；对市场运行提供保障、服务和监督，即维护市场运行的正常秩序，如法律、法规的制定和行政管理；对市场进行宏观调控，弥补和纠正市场机制的缺陷，促进市场平稳运行。

公共财政将政府与市场配置资源的范围及其分工作了合理的划分，对市场机制能有效发挥作用的领域，如竞争性行业，政府逐渐退出或不直接干预和介入，实行企业投资、民间投资、外国资本投资等多种投资主体和多种投资方式错综复杂交织的方式，以实现效率和公平的最佳偶合。对于非竞争行业，因为这些行业是公共财政的职能范围，所以公共财政可以直接介入，但是投资方式可以多样化，对于如国防等公共物品公共财政必须直接拨款，对于准公共物品公共财政介入的方式可以多样化：可以是政府负债、政府有限负债、政府非负债，可以推行高效低耗财政投资机制、以项目为主体的投资机制、经营特许权融资机制、项目资产证券化机制、项目组合投资机制，项目民营化机制。采用诸如项目采购、包干制、代建制等投资方式。

公共财政中，尤其是经营城市的收益应取之于城，用之于城。经营城市的基点是把城市资产当作国有资产来对待，通过经营城市使其保值增值，增加政府的收益，起到"以城建成、以城兴城"的作用。如果把经营城市的收益用于其他方面，则失去了经营城市的初衷。经营城市应当按照取之于城，用之于城的原则，实行专款专用，主要用于城市发展建设。任何部门和单位不能通过任何手段挤占、挪用、克扣、侵吞经营城市的收益，以杜绝城市资产的流失和腐败行为的发生，确保经营城市活动的健康、有序发展。经营城市是城市政府的一项重要职责，掌握并用好经营城市的收益，才能真正发挥出"以城建城、以城兴城"的巨大作用。

公共财政体制改革对经营城市的环境将产生诸多影响[7]。第一，公共财政将为其他的投资主体创造了新的发展机遇。这表现在，一方面由于城市政府从竞争性和营利性领域退出，这就为其投资主体如企业、民间投资主体、外国投资主体提供了介入这些领域的机遇；另一方面，公共财政通过为其他投资主体提供税收优惠、财政补贴、信贷担保等条件，保障了其他投资主体的利益。第二，公共财政将确保经济主体的市场独立地位。建立和完善公共财政及政府预算制度，由于政府行为的规范化、制度化及法制化，投资主体将免受政府无端的干扰，而且其他投资主体将拥有政府收入的根本决定权，这就避免了政府在取得收入的过程中对其他投资主体独立地位的随意侵犯，大大提高了自身的市场独立程度，从而根本解决了乱收费和乱收税这一顽症。第三，从整个社会范围来讲，公共财政将刺激投资规模增长。一是公共财政将提高财政收入占GDP 的比重，无疑增加了用于公共物品投资的资金额度，这是"增源"的部分；二是公共财政支出范围合理明确界定，支出预算法制化、操作程序规范化，提高了资金运用效率，节约了操作成本，相当于间接增加资金来源，这是"节源"的部分；三是从原来竞争性领域退出的投资，可以作为非竞争性领域的投入。拿具体投资项目来说，对于公益性项目，社会投资一般不会介入，由政府承担投资责任，公共财政对公共物品是全额投入，公共财政只需考虑如何用最小的支出满足项目对资金的需要；对于准公益性项目，公共财政投入不应该是全额投入而是部分的投入，政府应考虑如何运用公共财政支出这一杠杆，来引导和吸引社会资金投入。不管怎样，政府可以按项目进行分类指导，完善市场准入制度，建立完善的投融资运作机制，理顺招投标制度，制定优惠政策，激励全社会资本参与竞争，弥补城市建设资金供给的缺口，减轻政府财政负担，提高财政资金的使用效率，提高了社会资金的使用效率，促进经济的大发展。第四，促进投资主体向多元化方向发展，引导资金流向。公共财政改革影响行业投资比重，对非竞争性行业的投资将会增加，并且由于公共财政支出的规范性运作而提高了投资效率，弥补了市场失灵的缺陷，改善了长期以来基础设施等公共物品投入严重不足的状况；公共财政条件下政府将不对竞争性行业或营利性行业进行资金投入，必将减少该领域的投资，同时也净化了该领域的投资环境，有利于形成良好的竞争机制，发挥竞争机制的作用。这两方面都有利于形成合理的投资资金使用结构，为整个国民经济持续、稳定、均衡发展创造条件。

6.4　经营城市与城市规划

经营城市是一项系统工程，必须尊重城市规划，依法办事。一个城市的总体规划，规定了该城市的发展目标、性质和规模、总体布局、功能分区，以及重点建筑、主要基础设施的明确定位。经营城市只有在城市规划的指导下，才能保证整体利益的实现，避免经营城市走入误区。

城市规划的目标和任务是要解决和确定城市发展中的重大问题和控制方案。更为具体地说，它包括：①城市的定位、性质、职能、规模和发展方向；②城市功能、产业、设施的空间布局；③城市安全环境、经济环境、人居环境以及生态环境的统一；④城市风格与形象设计，即城市的美学、建筑学特征，如城市建筑空间关系中，轴线、对比、协调、韵律等手法的运用；⑤城市文化或城市精神象征，即城市的社会学特征。

经营城市与城市规划的关系，我们可以从下述几个方面来理解。

第一，经营城市拓展了城市规划的内容。目前，我国正处于经济高速发展时期，城市设计需要以更多的实践来完成自己的使命，在此过程中，一方面是城市的管理者们费尽心机地寻找城市形象的闪光点，另一方面则是专业人员常常囿于固有的法则中，难以形成良好地配合。经营城市思想的产生，即为专业人员拓展了思路，也为二者的结合提供了纽带，这一纽带的基础是通过"培育环境""培育城市竞争力"，使城市走上可持续发展轨道。同时，经营城市拓展了城市设计学与经营城市学两个学科研究发展的领域。城市发展需要空间，学科发展需要更大领域，城市设计学科与经营城市学科可以在不同的层面上，进行结合探索。一方面从学术上，以目标为共性，学科体系和内容上以互补性为重点，通过互补完善理论体系；另一方面从实践上进行交流和互动，扩展成果深度，更好地服务于城市发展。

第二，经营城市为城市设计融入更多的经济意识[8]。索斯沃斯在对美国1974 年以后近 200 个城市设计案例的总结中，曾发现现代城市设计越来越表现出对经济问题的关注。城市规划的相关讨论中也有"经营城市"的提法，围绕"经济运营"来思考和反馈城市设计成果，是城市设计需要引入的因子之一。

第三，经营城市的实践搭起了"俗"与"雅"结合的平台。在城市设计理论的形成和实践中，始终存在着处理"俗"与"雅"的矛盾问题。比如在对城市历史环境的保护上，从点式保护到今天对整体环境或全城的保护，人们的认识已提升到足够的高度，但在某些局部地段，涉及经济与社会效益的冲突时，对环境的标志性、开发方式、公共空间处理、形象设计等方面，专业工作者与非专业人员（领导、群众或业主等）的争议时有发生。经营城市思想的提出，为我们在城市设计分析中，对相关要素在经营性与非经营性、阶段性与终极性、主体性与非主体性等的分类提供了依据，为相关讨论建立了平台。

要处理好经营城市与城市规划的关系，需要把握以下几个问题。

其一，制定科学的城市规划。城市规划应当体现城市发展的战略意图，根据人居环境科学理论，城市是由自然、人文、社会、居住、支撑等五个系统构成的。规划城市，要从兼顾这五个系统原则出发，遵循生态观、经济观、科技观、社会观、文化艺术观、整体发展观的统一。城市土地开发的数量、空间、时间序列都要遵从规划。良好的城市规划本身构成了经营城市的战略性资源。因此，经营城市的首要内容是规划好城市，合理界定城市的空间、功能和审美形态，使城市地理意义上的空间和功能意义上的空间和谐统一。

其二，贯彻城市经济社会发展规划。城市经济社会发展规划是城市发展的目标，经营城市必须围绕实施城市发展规划来进行，千万不要急功近利，不能搞所谓的"德政"工程。急于求成，超越客观规律和可能，必适得其反。当然，制定一个科学的城市经济社会发展规划是搞好经营城市的先决条件。

城市经营要处理好城市规划与城市策划的关系。前者侧重于务实，后者侧重于务虚，在城市规划之前，必须先务虚，也就是要充分研究城市的定位和发展战略，只有在大的方向确定之后，城市规划才能做到有的放矢，持之有据。在现实中，很多城市片面地强调城市规划，市长俨然城市的总工程师，相反，经营城市的务虚做得越好，城市规划的空间和层次也就越高。

城市经营还要处理好城市局部资源与整体资源利用的关系。城市资源要作为整体概念来对待，要有计划、有步骤地开发经营，不能只顾局部而不顾整体。经营城市，既要重视局部的城市资源的开发和利用，也要重视城市资源的整体、组合式运作，发挥城市资源的集约和综合效应。

其三，严格执行法律。对城市建设来说，维护城市规划的法律严肃性是至关重要的，法律有其严肃性、强制性，它一经制定、批准，任何人就只有通过法定程序才能使之变更。城市规划如果只是"纸上画画，墙上挂挂，不如领导一句话"的话，这个城市的建设就失去了龙头，没有了章法。用业内人士一句经典的说法是"规划失误是最大的浪费"，它道明了规划的作用和价值，一旦违背规律操作，造成的后果常常是无法衡量的、也是无法挽回的。这并不是危言耸听，我国的许多城市建设都有这样的教训，如桂林山水优美的景观被漓江岸边的新建建筑所干扰；巍然屹立在福州市古田路上的电视大楼破坏了"三山两塔"的景观；首钢、燕山石化的建设虽使北京一跃成为生产性城市，摆脱了消费性城市的行列，但至今仍然承受着其带来的巨大环境压力，不得不长年为其支付相应成本，且大量消耗的能源和水资源限制了首都其他功能的发挥，结果是不得不回过头来想办法进行调整。

其四，相互借鉴，相互促进。城市规划与经营城市应为互动互补的关系，城市政府通过城市规划来实行经营城市，经营城市的新问题新实践，也会带来城市规划自身变革。例如，土地资源经营的市场化，使得原有规划模式很难与之相适应。规划部门编制的"详细规划"，实际上是设计人员对城市局部地区进行"摆房子"，但这反而常常会忽视土地使用控制的要点，无法适应土地经营的市场化和项目的不确定性。现在，城市规划已经在进行部分修正工作，如在分区规划以下的层次，引入"控制性详细规划"和"法定图则"[9]，为进一步的修建性详细规划提供整体控制依据。包括主要道路定位，确定用地的性质、建筑密度、高度、容积率、停车场、公共绿地等规划指令性指标，以及建筑尺度、色彩、屋顶形式等环境协调要素引导性指标，充分地增加其弹性度和规则性。基础设施建设的规划、政府公共品生产规划，都要考虑到供需之间的要求等。

6.5　经营城市与可持续发展

城市不仅是经济系统，还是社会系统和生态系统，这三个系统之间存在着一种相互促进、相互制约的辩证关系。城市首先是充斥着各种经济职能的经济空间，是生产、消费、分配、革新等活动发生的场所。因此，经营城市首先应该体现城市经济的可持续增长，这是取得社会效益和环境效益的基础。其次，城市地域还是由社区、邻里组织和工会组成的社会空间。城市资产在这一社会空间中的合理和公平分配，体现了不同阶层的居民对自然资源和社会经济"产品"同等的分享权利，这也是城市经济发展的动力。再次，城市又是由绿色通道、水域和生态链所组成的生态空间。环境发展既是经济和社会发展的保证，又是社会和经济发展的条件。空气清新、环境宜人的城市更能够提高城市投资环境的质量，吸引大量的国内外资金，从而促进城市经济、社会环境效益的提高。

自 1992 年 6 月在巴西里约热内卢召开的联合国环境与发展大会上通过了具有重要意义的《21 世纪议程》以来，可持续发展的战略思想深入我们经济建设的各个领域，经营城市也不例外，它是我们走向未来的指导纲领。城市可持续发展是在充分认识城市发展历史和了解各种城市病症及原因的基础上，以人与自然和谐的价值观为导向，寻求一种新的城市发展模式[10]。也就是说，在强调城市社会进步和经济增长的重要性和必要性的同时，要正确处理城市经济的增长速度、城市产出的分配、城市生态环境资源的利用规模等三个方面的比例关系，最终实现城市社会、经济、生态环境的协调发展。

城市可持续发展的支撑点是城市资源。从可持续发展战略思想出发，在城市资源承载力和容量有限的基础上，对城市资源的分配和利用必须突破传统经济学的局限，这表现在时间上，就是既要考虑眼前利益，更要考虑长远利益；在空间上，既要兼顾局部利益和全局利益，更要追求经济效益、社会效益和生态效益的最佳结构，以使城市综合效益最大化。因此，与企业追求利润最大化经营目标不同的是，经营城市的目标是提高城市经济社会生活质量，增强城市竞争力，实现城市的可持续发展。过分追求经济效益的短期行为，会导致对城市资源的浪费、破坏，继而使城市功能退化。

由于我国空前加快的城市化进程，使得城市的人居环境受到了严重的威胁。大多数城市已为交通拥堵、住宅缺乏、空间拥挤、绿地率低、环境污染等严重问题所困扰，城市发展正面临着严峻的生态环境危机。目前已有数个大城市被列为世界上污染最为严重的城市。我国70%以上的城市是沿江河湖海分布的，流经城市的河段中78%不能作为饮用水源，50%以上的城市地下水受到污染。每年产生的城市垃圾量为1亿吨，这个数字还在以每年10%的速度递增。工业噪声、建筑噪声越来越强，大气环境剧烈恶化，空中无形杀手——城市电磁辐射也越来越严重……[11]

在经营城市思想的理论框架中，强调城市现有资源、产品、吸引力等要素，要统一在以提高城市竞争力为目标的运作过程中，并与城市生态经营、旅游经营、文化经营等诸多方面协调发展，提倡"人—社会—环境"交互作用的模式。

经营城市将使城市可持续发展落到实处。随着社会主义市场经济体制的建立和完善，城市作为市场经济的重要载体，城市的土地、公共建设等资源，开始从非经营性资产逐步转化为可经营性资产，市场配置城市资源的范围不断扩大，程度不断提高。按照市场经济规律，政企分开，引进竞争，对大部分的城市资源实行市场化经营，这是市场经济发展的客观要求，也是城市现代化发展的必然趋势。市场在对城市资源进行配置时必须走"可持续发展"之路，即建立在使城市环境条件得以继续持续和发展的基础上，既满足当代人的需要，又不对后代人满足其需要的能力构成危害。当然，要做到这一点单靠市场的力量是远远不够的，必须通过对城市的整体规划，制定城市经济、社会、环境协调发展的纲要，即通过经营城市来实现。

经营城市，也必须按照可持续发展要求，既要重视经济效益，又要注重经营城市的社会效益和生态效益，实现经济效益、社会效益、生态效益的和谐统一。经营城市是推进城市建设和发展的重要手段，但不是它的全部目标和内容，不能以经营代替所有的政府行为。要正确区分经营与非经营的界限，要区别对待可经营性资源和公益性非经营性资源。在不断拓展经营城市资源广度和深度的同时，政府对一些公用事业要做出无偿投入；对一些不宜市场化的城市资产仍应由政府管理，如保证市民学习、日常休闲活动的公共场所，图书馆、群众文化馆、青少年宫、公园等不宜搞承包经营，政府应当拨款，应当无条件地为纳税人服务。至于一些自然、历史文化遗产和著名的风景旅游区更不能轻易出让经营权，应当加强控制管理，合理开发利用。

　　我们知道，城市范围内多数可利用资源是有限的，比如耕地资源，水面资源、矿产资源等，尤其是针对矿业城市而言，更需强调资源的可持续利用。因此，既要充分地开发利用资源，又要严格做好城市资源的保护，也要做好新型资源的开发和传统资源的挖掘，培育接替产业，实现资源利用的可持续发展。经营城市，不能只顾眼前，搞短期行为，尤其是对不能再生的资源要有长远的开发利用规划。任何一个城市要走出一条经营合理、良性发展的道路，必须要有科学定位，有长远发展战略与规划，重视节约、保护资源，不能光注重经营城市资源的短期效益，要着力于提升城市功能的战略性经营意识，使城市有限的资源得到有效利用，真正做到为无限的可持续发展服务。

　　其实，不仅自然资源是有限的，社会资源同样也是有限的。这种资源的有限性从根本上导致了城市之间的竞争，必将会引发对人流、物流、资金流和信息流等资源进行激烈的争夺。那么，如何把先进的技术、管理和资金吸引进来，这完全取决于经营城市水平的高低和竞争力的强弱，如果经营城市水平高，那么自然会对外部的人流、物流、资金流和信息流有一定的吸引力，于是吸引大量的发展资金、技术、人才流向城市，为经营城市提供更好的条件和环境。因此，可以看到，提高经营城市的效率和水平，对于实现城市可持续发展和吸引外部优良资源的良性互动发展，有着不可忽视的作用，经营城市也是全面提升城市竞争力的必然选择。在今天，区域之间的竞争主要表现为区域城市之间的竞争，而城市之间的竞争已经由单纯的规模竞争转向综合竞争力的竞争，这就要求，城市发展和竞争中，必须对经营城市有战略高度的认识。在城市的规划、建设、管理和城市的竞争力发展中，以经营的理念规划城市，以经营的手段建设城市，以经营的方式管理城市，以经营的谋略推销城市，从而改善和提升城市功能，实现城市发展投入产出的良性循环以及城市的可持续发展。

　　在此要强调，经营城市一定要吃文化饭、历史饭、祖宗饭，但不能贻害子孙。城市的文化内涵也是城市产业链的有机组成部分，城市越有历史的品位，就越有吸引力，个性越强，就越有包容性。一个没有传统文化积淀的城市是缺乏魅力的，欧洲的很多城市都十分尊重自己的历史和文化，巴黎现在的格局就是当年的路易十四国王所奠定的。前些年，我们的很多城市大搞旧城改造，否定传统建筑，结果得不偿失，最后才痛定思痛，终于明白旧城改造要"修旧如旧"，而不是所谓的拆旧破旧。

　　总之，经营城市的探索在今天的中国不过才刚刚开始破题，蕴藏其中的规律和方法还有待于不断地摸索。但愿我们的城市管理者建设者们能像罗马帝国的创始者奥古斯都那样，自豪地宣称："我最大的贡献是留下了一个大理石的永恒之城。"[12]

6.6　经营城市与城市竞争力

城市之间的竞争取决于城市的竞争能力，而城市竞争力的大小，是由多方面因素造成的。有经济的、历史的、政治的因素；还有自然的、技术的、社会的因素。一些因素起着较为关键的作用，如城市经济，而一些则起着辅助的作用。不管如何，城市竞争力的概念一出现，就引起了人们的广泛关注。城市竞争力是我们评判和改进一个城市重要依据。

城市的竞争力与其城市功能有着密切的关系，按照系统论的观点，功能是由组成要素的素质和结构决定的。那么，城市的功能在根本上也体现为城市对要素的集聚和扩散作用，体现为城市对生产、生活的综合服务能力。城市功能直接决定了城市生产和生活的质量和成本，从而直接决定了城市的综合竞争力。因此，城市之间的竞争与其说是综合竞争力的竞争，不如说是一定的城市功能的竞争。从某种程度上说，强大的城市综合服务功能，良好的城市软硬件环境，本身就构成了城市最重要的财富和资源，正是从这个意义上说，经营城市就是经营城市功能，经营城市环境。

20 世纪 90 年代，美国学者彼得发表了论文《城市竞争力：美国》《竞争力和城市：24 个美国大城市区域》，进行了开创性研究。引起了人们的关注，由此，有关城市竞争力的研究与探索不断涌现。

城市竞争力的理论基础的一个重要来源，是国家竞争力的理论模型，即世界经济论坛（World Economic Forum，WEF）和国际管理开发学院（International Institute for Management Development，IMD）共同提出了国际竞争力理论及其评价模型。该理论根据一个国家的财富生产能力或增值能力，来衡量开放条件下的国家竞争力。划分了 8 个方面具体评价，他们是经济实力、国际化、金融发展、企业管理、政府管理、科技发展、基础设施、国民素质。这一模型构架为城市竞争力的判别提供了有利的工具。

由于国内外这方面研究正在兴起，在我国，一些学者或机构也提出了各自的观点。比如上海、深圳、宁波、南开大学依照各自的理论与评价模型，对城市的竞争力进行了评价。这些成果对推动城市竞争力理论的进一步研究与应用起到了示范作用。例如：宁波市提出的城市竞争力评价指标体系（见附录 1）、上海市提出的城市竞争力评价指标体系（见附录 2）、中国城市竞争力排行榜（见附录 3）。

提升城市的竞争力，包含着加强城市形象力、吸引力和辐射力的建设。打造城市竞争力通常有三个方面的主要要求：一是它的整体性、系统性和协调性，城市不同于企业，企业仅仅是一个经济实体，追求的是利润最大化。而城市不仅是一个经济系统，而且是一个社会文化系统和一个生态系统。打造城市竞争力就是要使城市各个方面的综合表现和累积效应要到达最大化，换一个角度它就是外界对本城市的总体印象、直观印象及主观感受良好，其实就是城市的魅力，或者称为美誉度、知名度较高；这就要求各个部门要长久不懈的出色工作和协调配合，才能保证良好的正向累积效果。二是它的战略性，要求城市的管理者、以及规划设计者必须站在全球城市发展的高度，审时度势，高瞻远瞩，把握未来城市发展大势，确定所在城市的特色定位与形象设计，整合社会各种资源与条件，统筹城市各项事业发展，树立起全市为之奋斗的近远期目标。战略性强调了时序演替、由小到大、由弱变强、由强变更强的发展方向。经营城市，必须明确城市的功能定位。城市功能在根本上体现为城市对要素的集聚和扩散作用，体现为城市对生产、生活的综合服务能力。城市功能直接决定了城市生产和生活的质量和成本，从而直接决定了城市的竞争力。三是它的特色性，在完善城市结构和功能布局的基础上，追求城市经济特色、文化品位等，通过科学的策划去实现城市定位的创新和竞争力的跨越式提升。城市个性、知名度和美誉度是城市竞争力的重要内涵，其本身也是城市的重要资源。因此，城市品牌、城市个性完全是经营城市的内容和结果。经营城市，也需要像企业包装、宣传和营销商品那样，对城市包装、宣传和推销，以确立城市形象，打造城市品牌，提高城市的知名度和美誉度。当前提升城市竞争力需要抓好以下几点：一是进一步加强和深化城市发展战略的研究，着力增强对城市竞争力建设重要性的认识，特别是要认清成功的形象塑造对城市增值的倍增效应，更加科学合理地确定城市未来发展定位。二是重新审视和科学修订城市总体规划，随着知识时代、信息时代、汽车时代的来临，谋划新老产业的和谐发展，创造城市形态框架特别是主要干道和功能布局上的合理、高效。同时高度重视学习型城市、数字城市和人才高地建设，使城市的成长和扩张走上可持续发展轨道。三是把城市环境革命作为形象力建设的基础环节，高度重视建设园林化城市和生态城市的重要型，努力做到城市环境硬化愚昧化的有机统一。四是高度重视城市特色的培养，坚持把城市历史风貌、自然景观方面的特色和优势融入信息化社会的时代特征之中，不断创新特色，塑造有竞争力、有吸引力、有潜在价值的城市个性。五是围绕打造城市竞争力中的重大薄弱环节，诸如完善基础设施欠缺、加强产业后劲建设、提升党政机关形象等。通过创建学习型城市、文化名城、中国优秀旅游城市和环保模范城市等各项活动，精心策划组织好具有带动作用的热点和亮点建设。城市文化和城市制度是城市功能的软环境，也是城市发展的灵魂。因此，经营城市的核心是适应城市功能的文化和制度建设。

附录1 宁波市提出的城市竞争力评价指标体系

城市功能	指　标	说　明
生　产	1. GDP 总量	反映经济实力
	2. 人均 GDP	
	3. 工业用电量	反映实际生产情况
	4. 全社会固定资产投资	反映经济增长潜力
	5. 更新改造投资	
	6. 工业企业利润总额	
	7. 工业企业成本费用利润率	反映加工制造业经济效率
	8. 工业企业增加值	
	9. 自营进出口总额	反映产业的国际化程度
	10. 协议利用外资	
	11. 三资企业总产值	
集　散	12. 货物运输总量（发送）	反映货物集散程度
	13. 民用航空货运总量	
	14. 客运量（发送）	反映旅客运输能力
	15. 民用航空客运量	
	16. 年末金融机构各项贷款余额	反映资金中转能力
	17. 批发、零售贸易业商品销售总额	反映商品集散能力
	18. 邮电业务总量	反映信息中转能力
	19. 年末移动电话户数	

续　表

城市功能	指　标	说　明
服　务	20. 市区人口	反映生活服务能力
	21. 在岗职工平均工资（万元）	
	22. 每千人拥有医生数	
	23. 市区年末实有住宅使用面积	
	24. 承保额	
	25. 第三产业从业人员	反映综合服务能力
	26. 第三产业增加值（当年价）	
	27. 市区建成区绿化覆盖率	
创　新	28. 高等学校在校学生数	
	29. 专业技术人员数	
管　理	30. 地方财政收入（预算内）	
	31. 地方财政支出（预算内）	

注：选择 33 个城市作为研究分析对象，包括直辖市、副省级城市、经济特区、沿海开放城市等类型。运用上述 31 个指标对 33 个城市的 1997、2000 年的城市综合竞争力进行排序。

经过主因子分析法处理数据后，排名如下：

33 个城市综合竞争力排名

排　名	1997 年	2000 年	位次变化
1	上　海	上　海	0
2	北　京	北　京	0
3	广　州	广　州	0
4	深　圳	深　圳	0
5	天　津	天　津	0
6	南　京	重　庆	5
7	武　汉	苏　州	1
8	苏　州	杭　州	2
9	厦　门	大　连	4
10	杭　州	南　京	−4
11	重　庆	宁　波	3
12	无　锡	宁　波	−5
13	大　连	成　都	4
14	宁　波	青　岛	4
15	济　南	无　锡	−3
16	沈　阳	厦　门	−7
17	成　都	沈　阳	−1

排　名	1997 年	2000 年	位次变化
18	青　岛	福　州	2
19	汕　头	珠　海	2
20	福　州	长　春	8
21	珠　海	温　州	6
22	威　海	济　南	−7
23	哈尔滨	湛　江	7
24	烟　台	西　安	2
25	海　口	威　海	−3
26	西　安	烟　台	−2
27	温　州	哈尔滨	−4
28	长　春	南　通	1
29	南　通	汕　头	−10
30	湛　江	海　口	−5
31	秦皇岛	连云港	1
32	连云港	秦皇岛	−1
33	北　海	北　海	0

资料来源：余钟夫主编：《宁波发展研究报告（2001）》，经济出版社，2002 年版。

附录 2　上海市提出的城市竞争力评价指标体系

A1	总量		
	B1	经济实力	
		C1	GDP
		C2	GDP 占本国比重
		C3	人均 GDP
		C4	固定资产投资总额
		C5	国内投资率
		C6	个人消费占 GDP 比重
		C7	社会商品零售总额
	B2	金融实力	
		C8	年末居民储蓄存款余额
		C9	年末银行贷款余额
		C10	保险保费总额
		C11	外资金融机构入驻数
		C12	本市上市公司市值总额
	B3	科技实力	
		C13	研究与发展投入总额

续　表

		C14	每 10 万人专利申请数
		C15	每万人拥有科技人员数
		C16	技术市场成交合同金额
		C17	人均教育事业费支出
		C18	每万人在校大学生数
	B4	政府实力	
		C19	财政收入总额
		C20	财政支出总额
A2	质量		
	B5	经济水平	
		C21	当年 GDP 增长率
		C22	GDP10 年平均增长率
		C23	人均 GDP10 年平均增长率
		C24	固定资产投资总额 10 年平均增长率
		C25	研究与发展投入总额占 GDP 比重
		C26	科技成果数量
		C27	从业人员平均年收入
		C28	单位 GDP 劳动者报酬
	B6	产业结构	
		C29	第三产业增加值占 GDP 比重
		C30	第三产业对 GDP 贡献率
		31	第二产业对 GDP 贡献率
		C32	社会服务业增加值占 GDP 比重
		C33	金融业增加值占 GDP 比重
		C34	高新技术产业产值占工业总产值比重
		C35	交通仓储邮电通信业占 GDP 比重
		C36	批零贸易餐饮占 GDP 比重
	B7	经济效益	
		C37	综合生产率
		C38	综合生产率变化率
		C39	投资效果系数
		C40	每万元 GDP 能耗
		C41	每百元从业人员报酬创造的 GDP
	B8	城市服务设施	
		C42	公路网密度
		C43	人均道路面积（平方米）
		C44	供电总量
		C45	供水能力

		C46	通信光纤长度
		C47	每千人口医护人员数
		C48	每万人拥有医院床位数
	B9	社会环境	
		C49	平均预期寿命
		C50	失业率
		C51	人均居住面积
		C52	人均公共绿地面积
		C53	每平方千米二氧化硫排放量
		C54	工业废水排放达标率
		C55	城市环境噪音达标率
A3		流量	
	B10	GDP 流量	
		C56	GDP 流量规模
		C57	GDP 流量规模与 GDP 总量之比
	B11	人口流量	
		C58	外省市旅游者人数
		C59	国际旅游收入
		C60	境外旅游者人数
	B12	资金流量	
		C61	股票市场交易额
		C62	国外对本地直接投资总额
		C63	国外对本地直接投资增长率
	B13	实物流量	
		C64	年货物运输量
		C65	年客运量
		C66	年集装箱运输量
		C67	仓储容量
		C68	进出口总额
		C69	进出口总额占 GDP 比重
		C70	转口贸易额占进出口贸易额比重
	B14	信息流量	
		C71	每万人互联网户主数
		C72	每百人拥有计算机数
		C73	住宅电话普及率
		C74	移动电话普及率
		C75	图书出版量（万册）
		C76	杂志出版量（万册）
		C77	报纸发行量（万份）
		C78	人均邮电业务总量（元）

国内若干大城市的比较结果

综合竞争力排序	1	2	3	4	5	6	7	8	9	10
城 市	上 海	深 圳	北 京	广 州	重 庆	苏 州	武 汉	天 津	西 安	哈尔滨
分 值	176.01	175.26	171.64	135.51	119.63	93.49	85.66	76.80	59.55	56.00

总量指标排序	1	2	3	4	5	6	7	8	9	10
城 市	北 京	上 海	深 圳	广 州	天 津	苏 州	武 汉	重 庆	西 安	哈尔滨
分 值	208.79	183.05	135.72	112.20	73.99	64.32	63.08	46.24	45.44	34.78

质量指标排序	1	2	3	4	5	6	7	8	9	10
城 市	深 圳	广 州	上 海	北 京	西 安	重 庆	天 津	苏 州	哈尔滨	武 汉
分 值	154.25	129.86	122.66	114.26	101.88	96.64	93.20	88.17	78.93	75.86

流量指标排序	1	2	3	4	5	6	7	8	9	10
城 市	深 圳	上 海	广 州	重 庆	北 京	苏 州	武 汉	天 津	哈尔滨	西 安
分 值	224.89	222.73	216.94	204.10	150.86	117.13	114.82	62.80	62.74	23.61

注：(1) 选择 10 个城市进行比较，他们是：北京、上海、广州、深圳（代表中国的特大型城市及社会发展水平和经济实力领先城市）；天津、武汉、苏州、哈尔滨（代表具有社会发展较高水平和具有较强经济实力的不同区域的城市）；重庆、西安（代表具有明显西部特色的大城市）。

(2) 一级指标的权重分配：总量指标占 30%，质量指标和流量指标各占 35%。

(3) 资料来源：尹继佐主编：《城市综合竞争力》，上海社会科学院出版社，2001年版。

附录 3　中国城市竞争力排行榜[13]

城市/项目指标	人才竞争力	资本竞争力	科技竞争力	结构竞争力	设施竞争力	区位竞争力	环境竞争力	文化竞争力	制度竞争力	政府管理竞争力	企业管理竞争力	开放竞争力	综合竞争力
上　海	2	1	2	14	1	1	4	2	4	1	7	7	1
深　圳	3	4	14	13	3	19	16	1	1	7	1	1	2
北　京	1	2	1	8	2	5	23	14	4	10	10		3
广　州	5	3	4	3	16	3	2	6	25	3	3	8	4
东　莞	24	30	31	5	38	35	44	26	15	14	41	3	5
苏　州	19	8	13	19	14	20	3	5	10	2	4	9	6
天　津	21	5	3	20	13	8	32	46	39	31	42	27	7
宁　波	14	12	16	1	10	23	14	9	3	5	5	13	8
杭　州	4	6	10	42	15	10	6	22	12	15	6	14	9
南　京	8	7	5	31	5	7	11	15	22	32	22	19	10
无　锡	35	27	22	18	7	18	13	3	19	6	11	18	11
青　岛	16	11	6	26	24	31	7	19	13	12	8	21	12
济　南	9	13	8	29	46	30	33	10	23	11	16	29	13
武　汉	10	26		34	33	4	31	24	40	23	44	25	14
温　州	28	15	24	4	32	45	29	7	2	21	2	17	15
重　庆	6	21	15	22	29	9	35	12	27	41	28	37	16
厦　门	36	9	33	25	6	24	9	33	11	13	12	5	17
中　山	34	20	30	15	47	47	8	4	8	16	9	4	18
大　连	25	10	19	23	4	29	1	37	34	33	37	22	19
成　都	7	24	26	24	35	6	19	16	28	20	32	31	20
绍　兴	37	23	35	2	28	37	12	8	7	9	18	23	21
佛　山	23	31	43	12	39	41	28	17	21	19	25	12	22
惠　州	41	29	34	10	44	42	43	20	24	24	20	2	23
珠　海	44	46	37	46	31	36	15	30	30	10	23	6	24

　　"第二届"（2003）是继经济日报和《经济》月刊杂志 2002 年公布"第一届中国城市竞争力排行榜"（2002）之后推出的。该排行榜是由中国社会科学院财贸经济研究所牵头组织的。

　　报告根据理论框架，综合竞争力计量采用综合市场占有率、城市经济增长率、地均 GDP，居民人均收入水平四个客观指标。对于分项竞争力，在对综合竞争力研究的基础上，在 260 多个初始指标的基础上，形成 162 个要素指标，54 个指数指标，12 个分项竞争力指标。

　　报告首先采用国家统计局和中国香港、中国澳门统计部门发布的 2001 年的相关数据对 200 个城市的综合竞争力进行计量评估。客观指标的数据直接取自 2000—2002 年的《中国城市统计年鉴》《中国统计年鉴》《中国城市建设统计年鉴》及国家有关部委的专业年鉴和有关城市的统计年鉴或年鉴，这些数据都属于国家的标准统计数据。主客观结合指标和主观指标的原始数据来自问卷调查。

注释:

［1］杨凯源：城市经营与企业经营的比较，《城市问题》2002（3）

［2］经营城市浅谈（温州规划局网站），资料来源：《城市问题》

［3］孙永正：城市经营的风险，《时代潮》，2003（2）

［4］北京污水处理国家不再投资，《北京晨报》，2003-8-3

［5］加入 WTO 对政府的冲击更为直接，105 网站 http://www.systi.net.cn/tmp/sec/105.htm

［6］任致远：关于城市经营的几个观点，《城市经济、区域经济》，2002（6）

［7］于洪辉：公共财政体制改革对上海城市投融资的影响

［8］吴松涛：经营城市思想——城市设计新的学科领域，《城市规划》

［9］经营城市需要政府自身变革，《中国改革报》，2001（11）

［10］江曼琦：对经营城市若干问题的认识，《南开学报》（哲学社会科学版），2002（5）：62—67

［11］庄林德、张京祥：《中国城市发展与建设史》，东南大学出版社，2002 年版

［12］王志刚：中国城市大洗牌，《南风窗》，2002（8）

［13］中国城市竞争力排行榜，［汉阳造］于 2003-7-12

第7章 我国经营城市的实践

近几年来，经营城市的观点越来越得到人们的认同，经营城市已经超出了本身的概念，它激发了人们大胆的创新和实践。我国许多城市，如上海、深圳、昆明、长沙、厦门、青岛、杭州、广州、济南、天津、重庆、南宁、老河口、十堰、大连、常州等城市都进行了这方面的探索，一时间，经营城市、城市资产经营、城市资本运营、经营城市资源、经营城市以及"三分建设、七分管理、十分经营"的提法频频出现在报纸杂志上。从全国来看，为了达成共识、交流沟通，全国市长研究班、中国城市科学研究会、中国城市规划学会等举办了关于经营城市的研讨会或论坛。从地区来看，一些地方或城市积极创造经营城市的有利环境，他们勇于探索，敢于实践。比如，2001年11月山东省人民政府颁发了《关于搞好城市资产经营的意见》，济南市则提出，要以经营的眼光规划城市，以经营的手段建设城市，以经营的方式管理城市，探索"以城建城、以城兴城"的新路子。杭州市提出经营城市的基本思路是：把城市资源经营作为推进城市经济社会发展的重大战略举措，充分认识城市的资源现状和特色优势，把握未来城市发展趋势，明确城市资源经营的重点领域和重要方面，运用市场经济、可持续发展和新经济的思路和手段，通过夯实基础、强化特色、大胆创新、搞好整合，发挥城市资源经营在城市发展中的主导和基础作用，提升城市的品位和形象，增强城市的综合实力，使杭州在21世纪成为全国乃至世界体系中，具有较强竞争力的强市名城。还有一些城市和地方根据自身的情况出台了政策措施，下面举一些城市或地方的有益做法，供读者参考。

7.1 直辖市、省会城市、计划单列城市的经营城市活动

这是一类人口规模庞大、经济实力雄厚、设施功能强大、资产积淀深厚的综合性大城市或特大型城市，这类城市在经营城市方面的特点是资产多、办法多、水平高、档次高、规模大、影响大，往往是我国城市发展的"领头羊"。

7.1.1 上海：经营城市每天两亿元城市建设资金

上海市在我国众多的大城市中，不论其经济实力还是科技实力，都处于领先地位。但是，在过去的计划经济体制下，日积月累的"大都市病"：交通拥挤、住房紧张、环境污染等已经成为制约上海社会经济发展的社会问题。改革开放后，尤其是浦东开发以来，上海的发展明显加快。近十多年，是上海城市建设力度最大、变化最显著的时期，"大都市病"得到了明显的缓解，为今后的现代化建设奠定了良好基础。

根据有关资料显示[1]，20 世纪 90 年代以来，上海累计完成基础设施投资 3650 亿元，住宅建设投资 3500 亿元，分别占前 50 年投资额的 90％和 60％以上，相当于平均每天投入 2 亿元。据了解，近年上海市财政计划内项目投资每年只有 20 亿元左右，中央财政在上海的直接投资更是寥寥无几，近几年使用国债资金也不过 70 亿元。那么，如此巨额的建设资金从哪里来呢？从上海的实践可以看出，就是经营城市。上海市市长陈良宇给出的答案是：积极推进投融资体制改革，改革的核心是将社会资金引入城市建设领域，并将市场机制运用到建设、运营、管理的各个环节。

上海的投融资道路，大致走过了三个阶段：

第一阶段：20 世纪 80 年代中期到 90 年代初，以建立举债机制为重点，扩大政府投资规模。上海通过向世界银行、亚洲开发银行等金融机构借债来搞建设，当时共计融资 32 亿美元。如著名的杨浦大桥、南浦大桥就是亚行的贷款项目。同时，上海市成立了十多个各类政府性投资公司，作为融资主体。为弥补政府城市建设资金的严重不足，1989 年 11 月，上海市建委通过调查研究，提出了拓宽城建资金筹措渠道的三种思路：一是实施"以地建城"战略，推行土地批租，开辟稳定的筹资渠道；二是积极利用外资搞城市建设，更多地争取国际金融机构、国外政府的各种贷款；三是实行"以城养城"，征收必要的城建税费，推行市政公用设施的有偿使用。这是上海投融资体制改革的第一步。尽管此期还不称之为经营城市，但已有经营城市的理念了。

第二阶段：20 世纪 90 年代中期，以土地批租为重点，大规模挖掘资源性资金。仅靠上海财政和贷款，依然无法满足上海大规模基础设施改造天文数字般的资金需求，难以尽快偿还拖延了几十年的历史欠账。上海开始探索土地批租的投融资方式，盘活存量资源，以此来解城市大发展起步时的燃眉之急。到

2000 年，土地批租为上海带来了 1000 多亿元的基础设施投资。仅用 7 年时间，上海就实现了市区人均居住面积达到 10 平方米的目标。从 1991 年到 1998 年 9 月底，上海中心城区共有 40 万户家庭、150 万人口以及 12000 家单位搬迁出中心城区。城市建设大规模推进，使上海城市面貌和环境发生显著变化。按照陈良宇市长说法，如果没有土地批租，仅靠政府财力，过去十年完成的旧区改造任务估计需要一百年。

我们可以看到，在城市建设的起步阶段，政府收购土地需要大量资金，所以在财力不充裕的城市可以用土地出让、出租抵押、向银行申请贷款等办法进行融资，上海走出了一条通过土地批租加快旧区改造的新路。杭州等城市也这样操作过，同样取得了很好的效果。

进入"九五"，常规性融资难度明显加大，上海转而借鉴国际通行的 BOT（即建设、经营、转让）方法，推出了出让城市基础设施部分特许经营权的举措，将已经建成的道路、桥梁、隧道等出让，迅速收回投资，接着又将这笔回收的投资投入到新的一轮建设项目中，进入了一种循环滚动、良性运转的过程。

第三阶段：20 世纪 90 年代后期，以资产运作为重点，扩大社会融资。1997 年亚洲金融危机以后，土地批租大量减少，但国内证券市场规模迅速扩大，居民储蓄存款不断增长，社会富余资金增多。上海不失时机地将有盈利的基础设施项目推向市场，实行社会融资。如已建成的项目以公司方式上市，筹资超过 100 亿元。高速公路等可以收费的项目，实行社会化招商，吸引社会资金 100 多亿元。1998 年，市建委在组织延安高架中段工程建设中就尝试用 5 亿元的企业资金，为上海基础设施建设利用社会（民间）资金开了先河。为了降低投资风险，更多地吸引民间资本参与建设，市政府在土地出让、拆迁、税收、贷款贴息等方面实行了政策优惠。2003 年 3 月 26 日，负责上海市政府建设资金筹集和管理的上海城市建设投资发展总公司与民营企业——福禧投资控股有限公司签订协议，把它在沪杭高速公路上海段运营商上海路桥发展股份有限公司 99.35％的股权以 32.07 亿元人民币全部转让给福禧公司。通过此次转让，福禧公司享有沪杭高速公路上海段 30 年的运营权，包括加油站、服务区、广告和通行费及边际延伸收益的经营权，并负责 4 车道改 6 车道的扩建工程。开创了民间资本首次进入大型基础设施存量领域的先例。

1998 年，根据事权和财权的一致、权责相结合的原则，市政府批准成立上海城市建设基金会（简称"基金会"），负责城市维护和建设资金的管理。为改变资金源渠道单一的问题，1992 年年初，当时的市长黄菊提出，"开拓思路，多方筹措资金，以委办为口子，一个基金会、一个投资公司，实行自借、自用、自还"。同年 7 月，市政府批准成立上海市城市建设投资开发总公司。该公司是政府授权的、对城建资金进行筹措、使用、管理的专业投资开发控股公司。同时，基金会更名为上海市城市建设基金管理办公室，与上海市城投总公司合署办公。此后，上海市城投总公司通过依靠政策、内外举债等措施，对城建资金实行"自筹、自用、自还"。但仅靠上海市城投公司一家筹资难以满足当时城市建设的需要，并且易形成过重的包袱，很快城建投融资转向"多元投资、多元还贷"，吸引大的企业团参与城市基础设施建设。此后，上海市有关实力雄厚的投资公司开始投资部分重大基础设施项目建设；同时，根据"两级政府、两级管理"的体制，各区县也承担了重大基础设施项目的前期动迁安置的投资和区域性基础设施项目的投资。

　　同时，上海在城建管理体制、运营模式等方面也进行了全方位的改革。一是改变城市建设方面的财政拨付体制，变一级预算单位的统收统支为归口使用包干，因改革方案的实施而积余的资金全额用于城市建设和维护、管理。二是改革垄断行业。近几年来，上海打破了自来水、煤气等自然垄断行业的垄断，同时引进外资进行竞争，降低了成本，提高了服务水平和效益，大幅度减少了政府补贴，节余的钱被转用到绿化建设方面。三是改变政府资金投入方式。所有的建设项目，都以项目公司的方式，实行市场化运作。同时，在建设过程中，严格推行招投标制度。四是改变建设运营一体的传统模式。如对轨道交通实行了投资、建设、运营、监管"四分开"，将竞争机制引入各个环节。这一举措极大地加快了轨道交通的建设步伐。20 世纪 90 年代初，上海建第一条地铁花了 5 年时间，而目前上海有 4 条在同时建设，并正准备新开工 3 条线，到 2004 年上海将有 200 千米、100 多个车站同时建设，这样大规模、高强度的建设在世界城市建设史上也是不多见的。

　　通过十年的投融资体制改革，上海的经营城市的道路越来越宽了。上海不仅从经营的空间上突破了过去主攻"600 平方千米"（指上海中心城区）的发展格局，转而做全市 6300 平方千米整体协调发展"这篇大文章"，还从经营的实质内容上实现了城建投资主体由单一到多元，资金渠道由封闭到开放，投资管理由直接到间接的转变，初步形成了"政府引导、社会参与、市场运作"的经营城市模式。这种模式，已经而且还将继续对上海的城市建设产生了重大的深远的影响，成为上海持续快速发展的巨大动力。

7.1.2 营销昆明，独树一帜

经营城市，经营什么？怎么操作？昆明市政府以自己的营销行为给予了一个极具说服力的回答。

经营城市是将城市的各种资源按市场机制进行整合配置的城市管理方式，作为具有丰富自然和文化资源的昆明市，首先应当整合配置那些资源呢？如何组织才能把城市的知名度、历史文化遗产、自然人文景观等无形资产转化为有形资产，使昆明深厚的文化底蕴得以更好体现，最终实现城市资产的升值呢？经过一段时间的酝酿、讨论，精心的研究、设计，"营销昆明"的概念终于在2001年11月28日诞生，它标志着昆明市实现了城市管理上的重大突破，即发展模式由过去零散的随机的开发项目阶段到系统的整体的挖掘社会文化阶段的跨越，发展战略也比过去显得更有层次更有品位。城市的发展只有实现了这种跨越，才能将经营城市空间呈几何级数放大，才能实现区域经济持续和跨越式的发展。

昆明市政府把昆明作为一个整体、一个系统工程，进行营销。这个系统工程不仅包括具体的企业产品、工艺、技术和品牌，还有人文、历史、自然资源、地理气候、民族风俗、产业与投资环境等代表城市整体形象的有形或无形的资源。

以人文价值创新来经营和打造产业，是昆明市经营城市的亮点和主题。人文价值的创新是经营城市的基础，为配置符合昆明文化内涵的当地资源，昆明市政府开展了以"营销昆明"为主题的"昆明优新产品、工艺、技术推介活动"，历时5个月，经过8轮筛选，挑选出了与这座城市文化相融的8类产业340余个优新产品。

昆明市筛选的8类产业中，旅游业最初被列为带动其他产业和企业产品展示形象的主要载体，因为昆明一直是作为一个优秀的旅游城市被世界认知。昆明市有星级饭店100家，2001年旅游总收入超过140亿元，全年接待海内外游客2000万人次。在旅游业已经提高了昆明市的区域文化知名度的情况下，"营销昆明"的操作重心主要转向八大产业的整合营销上。

"营销昆明"的运作为企业搭起的一个平台，整合了昆明市的已有的优新产品和技术以及潜在的资源，2002年3月，"营销昆明"中心成立[2]，组成了一支强有力的营销"联合舰队"，"营销昆明"完全步入市场化运作轨道。4

月，"营销昆明"走进"2002 越南国际贸易博览会"、走进加拿大蒙特利尔市
"中加经贸周"；5 月，"营销昆明"馆常年入驻北京国际贸易中心，150 家企业
在这里实现全方位常年营销；6 月，在第十届"昆交会"上，在"营销昆明"
馆寻找合作伙伴的国内外客商络绎不绝。通过对 2275 户工业企业调查发现，
昆明不缺在全国技术领先的优新产品和工艺、技术，缺少的是名牌产品和
商标。

　　"营销昆明"是一种直白坦诚地要把昆明打"包""卖"出去的经营城市主
题，在每个规划、设计和实施当中都强调围绕主题的可操作性。除了希望塑造
一个区域品牌外，从另一种意义上，这种整体形象的推出更能说明城市管理者
职能的有效转变。

7.1.3　树立经营城市理念，建设"中国绿城"

　　南宁市地处我国华南沿海和西南腹地两大经济区的结合部，是大西南出海
通道，也是华南、港澳地区西进的枢纽城市，区位独特，风光宜人。

　　进入 21 世纪，国际国内许多条件都发生了深刻的变化。随着经济全球化
的不断推进，以城市为中心的经济竞争将日趋激烈。可以说，所谓经济的全球
化竞争，许多是在城市与城市之间展开的，因此，城市的发展和竞争将是国际
竞争的主题。我国加入世贸组织，开通了进入国际市场的便捷通道，将促使各
种资源和生产要素以及人才加速向城市聚集和流动，许多城市面临新的发展机
遇。在这种态势下，要赢得经济竞争主动权，必须把城市发展提升到重要的战
略高度，强化经营城市理念，激发城市活力，加强基础设施，进一步完善城市
功能，改善城市环境。

　　作为广西壮族自治区首府，改革开放以来，特别是"八五"以来，南宁市
围绕"绿色"和环保做文章，立足于资源优势、区位优势和中心城市的辐射功
能，以建设大西南出海通道枢纽城市和"中国绿城"为目标，以提高城市整体
功能为内容，以加快基础设施建设为重点，以整治市容环境为突破口，城市面
貌取得了骄人的成绩。特别是通过争创卫生城市、文明城市和园林城市活动，
城市文明程度和市民的文明素质有了新的提高。近几年，南宁市先后荣获得
"全国卫生城市""全国城市环境综合整治优秀城市""全国双拥模范城市""国
家园林城市""中国优秀旅游城市""全国创建文明城市工作先进城市""联合
国人居环境改善良好范例奖"等称号[3]。2002 年 1 月荣获首届"中国人居环

境奖"，这标志着南宁市的城市建设跨上了一个新台阶。这仅仅是新世纪城市建设和发展新的开端，南宁并没有停下脚步。

21世纪是城市发展的世纪，城市的竞争与发展已经拉开了序幕。为了加快发展和迅速提高城市竞争力，实现自治区党委政府关于把南宁建设成广西特大型城市以带动周边地区发展的要求，南宁市以国家实施西部大开发战略为契机，提出了建设"中国绿城"的奋斗目标。

南宁市的具体做法如下。

第一，科学规划，市场运作。加大城市规划的管理力度，发挥规划在城市建设中的调控作用，提高规划管理水平，全面开放规划设计市场，引入竞争机制，从源头上确保建设的高水平、高质量，并加快"中国绿城"建设的规划研究，提出创建"中国绿城"的政府行动纲领。

第二，依法建设，依法管理。通过地方立法，把每年3月定为"全民植树月"，推动全市植树绿化工作。另外，市政府把2002年定为"城市建设管理年"，提出城市建设"一年小变化、三年中变化、六年大变化"的"136"目标。

第三，运用政策，借力发展。充分运用国家关于加速西部地区基础设施建设、加强生态环境保护和建设的优惠政策，完善大西南出海通道枢纽城市和区域综合性核心城市功能，改善城乡基础设施、生态环境和居民生活条件，营造良好的生态环境和投资环境，塑造少数民族地区首府城市新形象，促进城市建设与经济社会协调发展，实现可持续发展，努力建设具有民族特色和亚热带风格的现代园林城市，最终建成"中国绿城"，实现"联合国人居环境奖"目标。

第四，树立新理念，经营城市。树立经营城市理念，用市场经济的手段建设和管理城市。清除过去把城市建设管理看成是单纯消费、只花钱、少产出的误区，把城市建设管理作为重要的经济增长点来抓。在继续完善土地储备制度、控制好土地一级市场、对经营性用地实行拍卖的基础上，建立政府城市建设投资公司，把城市建设纳入市场化运作的轨道，建立起多元化的投资机制，逐步改变城市基础设施建设由政府包揽的做法，从改革中找出路，到市场中找资金，从而在经营城市中扩张资本，在扩张城市资本中增强城市实力，真正实现投资主体多元化，经营管理市场化，盘活现有存量，为城市建设管理筹集大量资金。

第五，重点突破，推出亮点。新区开发和旧城改造均是经营城市的主战场，南宁市抓住既涉及城市形象由于经济增长密切相关的基础设施这一重点，规划先行，运营紧跟；拉开城市框架，拓展城市空间，打通城市干道，完善配套设施，推进旧城改造，加快新区开发。实际操作中，突出解决一个难点，抓好四个亮点。

所谓"一个难点"就是按照"打通断头路、形成快环道、建设主轴路、形成放射线"的思路，着力解决城市交通拥堵问题；抓好"四个亮点"，一是 4 条城市主干道的绿化美化亮化工程；二是南湖及其周边环境的整治；三是邕江两岸的堤路园建设；四是青秀山风景名胜旅游区的开发建设。要围绕"四个亮点"拓展城市开发建设空间，加大"拆违建绿、拆墙透绿"工作力度，带动城市建设的整体推进，塑造城市形象，实现城市整体升值。特别要加快邕江两岸的堤路园建设，把它建成坚不可摧的防洪线、畅通无阻的交通线、商贸繁荣的经济线和环境优美的风景线。按照"大、精、深"的要求，加快城市的绿化美化亮化步伐，"大"就是要做到大气魄、大规模、大手笔、大覆盖面；"精"就是要上档次、出精品、树形象；"深"就是要富有民族特色，丰富文化内涵，提高科技含量，做到完成一个工程，造就一个精品，每个作品都要体现创意，别具一格，使南宁成为绿化系统完善、生态系统良好、地方特色鲜明的现代生态园林城市。把南宁建设成中国西部最富魅力、北部湾畔最宜居住的名副其实的"中国绿城"。

7.1.4 经营啤酒节 经营青岛

2001 年 9 月 2 日，新世纪来临后举办的第一次青岛国际啤酒节在历经了16 天的激情与欢乐之后落下了帷幕。16 天中，啤酒的金黄让人陶醉，更让人期待，因为无论从哪个方面来看，本届啤酒节都应该算是最成功的一届。

本届啤酒节参节人数超过了 100 万人，创下了历年参节人数的最高纪录。众多的知名国际啤酒品牌参节，赋予了啤酒节浓厚的国际色彩。啤酒节还展示了东方民族独特的风俗人情。尽管青岛啤酒节还无法与有着近 200 年的历史、人数达到了 700 多万的慕尼黑啤酒节相比，但是，青岛却在短暂的 11 年里，做出了风头，使人耳目一新。照此下去青岛啤酒节超过慕尼黑啤酒节并不是遥不可期。专程来参加啤酒节的澳大利亚前总理霍克就赞赏道，青岛有世界一流的啤酒，青岛也应该有世界一流的啤酒节。远道而来的德国碧特博格啤酒中国代理商马军所说，青岛啤酒节已经成长为国内乃至亚洲最知名的啤酒节，这是进入中国啤酒市场最好的一个跳板。经过 11 年的累积，青岛啤酒节已经开始为人们所接受，在海内外树起了品牌。

11 年的运作，11 年的积累，青岛啤酒节终于形成大气候。为什么青岛啤酒节具有如此强大的吸引力呢？青岛啤酒节的运作与成功对城市发展作用如何呢？

从 11 年走过的路程来看，实际上每一届青岛啤酒节的组织者都梦想着有所创新。第一届青岛啤酒节是由"青啤"主办的。后来由旅游局主办，啤酒节成为政府行为。政府为此投入了大量的财力、人力和物力。到了第五届，在经历了挫折后，其性质改变为"民办公助"，开始尝试啤酒节与市场经济对接，从政府行为过渡到市场行为。此后，"以节养节"成为明确的思路。啤酒节进行市场化运作，政府财政不再拿钱，靠啤酒节本身的吸引力获取资金和动力[4]。从第一届到第十一届，啤酒节经营模式的不断超越，实际上是经营城市的不断深化，不断突破。对于一座城市和居住在城市里的人民来说，啤酒节的意义已经远远超过了啤酒本身。

100 万人制造的商机足以带动一方的繁荣。除了参节的厂家没有空手而还外，啤酒节还直接刺激了城市服务业的发展。据报道，啤酒节期间，全市各星级及旅游饭店的开房率高达 95％。市内各风景区游客的接待量同比大幅度攀升。各大商场的营业额也比平时增长 20％。连平日里牢骚满腹的出租车司机也说，真希望天天都过啤酒节。

啤酒节更是世界了解青岛的一扇窗口。透过这扇窗口，青岛向世界展示了自己日新月异的新形象，世界越来越多地看到了青岛的发展。这本身就是一种国际化，交流的结果是提高了青岛的国际知名度，提升了青岛的国际城市地位，创造了更加广泛的投资机会。而且随着中国加入 WTO，青岛对外交往日益频繁，啤酒节在这方面发挥的影响力将日益增大。

经营啤酒节，就是在经营城市，就是在经营青岛。我们有理由相信，随着青岛啤酒节走出狭小的胶州湾迈向世界，青岛必将成为新兴的国际化大城市。

7.2 一般城市的经营城市活动

与上面所提到的一类大城市不同，一般城市不论人口规模和经济实力，还是设施功能、资产积淀都相对较低，这类城市数量较多，由于各自的特色较为明显，在经营城市方面创造了许多适合自身发展的办法，对于推动我国的经营城市起到了中坚力量。

7.2.1　经营城市：常熟升值

今日的常熟，已被绿化、美化、净化为一座让世人为之赞叹的花园城市，并被授予国家卫生城市、国家园林城市、国家环保模范城市、中国优秀旅游城市等称号。从一个江南县城迅速转变为一个全国知名的花园城市，常熟正在发生"一年一个样、三年大变样"的历史巨变。谈及城市的巨变，"经营城市"功不可没。近年来，常熟市把城市作为最大的国有资产来经营，通过市场运作，最大限度地盘活存量、扩大增量，实现城市资源效益和资本效益的最大化、最优化，走出了"以城养城、以城建城、以城兴城"的城市建设之路。

经营城市的第一步，是要有观念上的飞跃，常熟市较早地完成了从"无底洞"到"聚宝盆"认识上的跨越。长期以来，常熟市城市建设都由政府大包大揽，成为投资的无底洞。2000 年，常熟市建设系统实际完成投资规模达到 5.1 亿元，但其中财政的直接投入不足 3000 万元。可见，依靠财政搞城市建设的传统模式已越来越不适应城市快速发展的要求。如何走出困境，摆在了常熟人的面前。常熟市的决策者在客观分析城市建设形势后，认为如果按照传统的思路继续下去，城市建设只能是个"无底洞"，再多的钱投进去也不够；如果按照创新的思维来发展，城市建设则是只"聚宝盆"，它会"生财""下仔"，是一个前景看好的产业，是城市经济发展的增长极。

认识问题解决后，接下来的便是如何经营。建立经营城市的运营主体必不可少，2001 年 4 月，常熟市经营城市投资有限公司正式挂牌，开始经营城市业务。当年，先后三次国有土地使用权拍卖，即为城市建设筹措资金 4000 万元；城市建设基金办累计征收各类规划基金 3503 万元；市房屋拆迁办投入拆迁资金 8421 万元，拆迁居民房 810 户、单位房 16 户，拆迁面积 49420 平方米，为重点工程建设和老城改造的顺利推进提供了必要的保障。2002 年 1 至 10 月完成投资 4.2 亿元，拆迁房屋 13 万平方米。其间，常熟市如期完成了石梅广场一期、虞山景区入口、元和路拓宽、新颜路综合改造、六号街坊改造、古城区水环境治理等为民办实事工程。[6]

常熟经营城市在短短两年多的时间里，已经尝到了甜头，城市建设跃上了一个新台阶。经营城市给常熟注入了活力，城市变美了，这座城市的一砖一瓦一草一木都赋予了新的价值和财富，原来冷清的房地产业一下子"火爆"起来，地价和房价不断升值。2002 年上半年，常熟市完成住宅施工面积 70 万平方米，竣工住宅 9.3 万平方米，销售商品住宅 9 万平方米，销售额 2 亿元；二手房交易面积 19.7 万平方米，交易额 2.82 亿元。据估算，房地产业每投入资金 1000 元，可带来建材等相关产业 1500 至 2000 元的产品销售额；每销售 1000 元的商品房，可带动 1300 至 1500 元的消费。常熟城市的发展带动了地产业的不断升温，又极大地拉动了消费。

常熟市的经验在于做好"四篇文章"。

第一篇是做好了"土地生财"文章。"以地招商，以地生财，以财建城，依城发展经济"是一条成功的发展道路。经营城市就是要最大限度地盘活土地生财主渠道，把自然资源变成政府滚滚财源。为实现土地收益最大化，国土部门坚持"五统一"，即统一规划、统一收购、统一储备、统一调控、统一供应。2002 年，市土地储备中心在短短 8 个月时间内，组织 12 次土地拍卖、招标，土地收益达 8.68 亿元，成效明显。2003 年 1 至 10 月，组织 10 次土地拍卖、招标，出让面积 2140 亩，成交出让金额 14.18 亿元，为常熟市城市建设提供了有力保障。

第二篇是做好"资本经营"文章。一是努力盘活存量。市政府坚持从现有市政公用基础设施项目经营中退出，将国有资产的所有权和经营权剥离，组建新的市场主体，代表政府行使管理、使用、经营的权力，并承担市场竞争风险。凡是可以投入市场营运的公用基础设施，通过产权转让、使用权转让、经营权转让、入股、拍卖等方式，吸纳社会资金，进行资产动作，努力让"死钱"变成"活钱"，实现城市建设资金的增量。二是注重激活无形资产。对路桥冠名权、户外广告发布权等进行招标拍卖，拓宽城建筹资渠道。2001 年，城投公司对环城东路两侧户外广告进行拍租，出让金额 16.2 万元。隆力奇集团斥资 60 万元，获得 2002 年"隆力奇杯"中美滑水明星对抗赛的冠名权，实现了"财政不出一分钞票，成功举办一场比赛"。三是从"单项投资"到"多元投资"。按照"六个一点"的"钱路"：政府财政安排一点、土地转让收入一点、对上努力争取一点、相关部门出资一点、银行借贷筹集一点，社会资产投入一点，改变长期以来城市建设单一的投资渠道，从社会、市场上找资金，实现城建投资"筹、用、还"的良性循环。2002 年城建部门实施了 20 多项重点工程，总投资 8 亿元，为历史之最。常熟交通建设年内续建和新开工工程投资 80870 万元，计划完成投资 52670 万元，分别是 2001 年投入的 2.5 倍、3 倍。常熟市建材市场规划面积 8 万平方米，在市场一期工程筹建中，市商业部门大胆采用资本运作方式，由商业系统 5 家企业采取股份制形式组成有限责任公司，注册资金为 1000 万元，先期向银行贷款进行基础设施建设。他们边建设边展开大规模的宣传，使建材市场一时声名大振。在市场开工建设的第 40 天，那边还在填土搭建，这边就已经开始预售店铺，短短两天时间，一期工程 3 万平方米底楼销售一空，收到 4000 万元房款。这一举措变独家投资为千家万房投资，共同托起大市场，化解了经营风险。

第三篇是做好"市场开放"文章。常熟放开房地产市场，积极实施"以路带房，以房补路"的开发建设战略。企业根据城市统一规划，在道路两侧建商居结合用房，用出售商业用房的资金，弥补拆迁安置费用。地处古城最繁华地段的方塔街建设，总投资达 3.5 亿元，用于补偿 538 户民房和单位房拆迁，拆迁面积总共 4.6 万平方米，新建商业用房 79480 平方米，将建成 660 米的现代化商业步行街。

第四篇是做好"城市产业"文章。为把"事业部门"变成"产业部门"，常熟积极推进事业单位企业化改革，对于营利性的社会事业，如电影院、歌舞厅、书店、部分景点等，实行完全的企业化管理、产业化发展、市场化动作。

7.2.2 广西柳州：做好"经营城市"的文章

位于广西中部的柳州市，拥有人口百万，具有铁路、公路和水运的综合交通优势，新中国成立后一直位居广西工业重镇之列。2002 年，首次引进世界 500 强企业美国通用公司，实现柳州五菱与上汽集团和美国通用公司的合作；大型招商项目——引进 3000 万美元的温州商贸城项目，使这柳州市一跃成为广西最亮丽的经商创业热土。进入 21 世纪，柳州市委市政府确立了"工业立柳""强市富民"的发展思路，力争在未来 5 年内，使这座城市跨入全国大城市的行列，把柳州建成能够辐射和带动周边发展，联结东西流通，推动西部大开发，具有积极意义的西部重要"二传手"城市。

目标既定，关键在于实施。在全国大力推进城镇化的形势下，有"广西工业重镇"美称的柳州市，开始抓住机遇，解放思想，精心运作"经营城市"这支大手笔。

建设大城市，柳州不仅注意到要做好"量"的延伸，而且更要注意"质"的提高，他们以"四高"来力保城市发展的高素质、高品位。"四高"是指高起点规划、高强度投入、高标准建设、高效能管理。

高起点规划，就是以工业为主综合发展的区域中心城市和交通枢纽、山水景观独具特色的历史文化名城作为定位，来编制城市总体规划。

高强度投入，就是超常规地加大对城市基础设施的投入，同时，树立经营城市的理念，加快投融资体制的改革步伐，建立投资主体多元化、招商开发多样化、项目动作市场化和政府监督规范化的科学机制，实现城建投入产出的良性循环。

高标准建设，就是努力多出精品，集中力量建设一批与城市特色相协调、与城市定位相一致的重大项目，塑造柳州城市的个性特色。

高效能管理，就是改革城市管理体制，加强城市环境综合治理，加大综合执法力度，实现管理的法制化、规范化。并在统一规划的前提下，赋予城区更多的责权利，充分发挥城区在城市建设与管理中的积极性。

具体筹划上，柳州市制定了"三大"构想：建设大市场、发展大商贸、搞活大流通。建设大市场，就是要构建商机无限的桂中新商埠、新的区域中心，按照"完善规划，整合资源，重点培育，促进发展"的思路，市里重新调整商贸布局，以专业化、集约化、规模化为方向，培育一批规模较大、档次较高、吸纳力强、辐射面广的大型专业批发市场。发展大商贸，就是按照"抓大放小，扶优扶强"的思路，大力推动柳州商贸公司改革改制，加快了推进大型商贸企业实施战略性重组，组建和引进了一批跨区域、跨所有制的大型商贸集团，加快建设温州商贸城、新时代商业港、谷埠街国际商城等大型商贸项目。搞活大流通，就是要充分利用工业城市、交通枢纽和信息化试点城市的优势，按照信息化、网络化的要求，积极运用连锁经营、物流配送、电子商务等多种现代经营模式和服务方式，逐步把柳州市建设成为广西乃至大西南的现代物流中心。

为了实现上述目标和规划，柳州市已经拉开大规模的城市建设序幕，开始经营城市。首先，他们扩大城市用地范围，将城市原有的"单中心"变为"双中心"结构，即提升土地价值，又拓展了城市政府的资源配置能力。随着大规模的城市建设，柳州市目前城中半岛的"单中心"局面将被改变，城市的东部，将成为21世纪新柳州的行政中心、商贸中心、科教中心、体育中心和新兴的居住区，从而形成"双中心"格局。其次，想方设法大力开发建设，全市列入"光亮工程"的54条道路已经顺利竣工，广西最大的高架桥潭中高架桥也已经建成通车，新的一批城市建设重大项目正陆续破土动工。2003年，柳州市将多方运作筹集的40多亿元投入到内环路、行政中心、污水治理项目和立冲沟垃圾填埋场的建设；同时，重点建设的新项目有：友谊桥、西江路东段

扩建工程、人民广场改造工程、柳石路拓宽工程和阳和（工业）开发区的建设
启动等。未来的柳州市将以规划合理、功能完善、交通便捷、环境优美、宜于
人居、管理有效的工业新柳州，展现出一个中国南方新型大城市的风姿[7]。

7.2.3　乐山经营城市添动力

乐山市，地处四川省中南部，面积 12826 平方千米，总人口 343.45 万人，
市区人口 40 余万人。乐山是一座有近 3000 年历史的历史文化名城，古称嘉
州，是文化巨匠郭沫若的故乡，以拥有世界文化和自然遗产峨眉山——乐山大
佛而享誉中外。岷江，大渡河，青衣江在中心城区交汇，是四川省重要的水能
基地。乐山是全国首批对外开放重点风景旅游城市。乐山市的经济发展也是最
有潜力的地区之一。乐山是四川省的综合型工业和科研基地之一，医药化工、
电子元器件、林制品、旅游业已经成为该市的四大经济支柱。

2003 年以来，乐山市积极盘活城市有形资产，培育城市无形资产，对城
市进行"多种经营"，激活了近 10 亿元的民间资金，掀起了城市建设的新一轮
高潮[8]。

土地，乐山经营城市的重点。2002 年，全市出让土地面积 358.2 公顷，
出让总金额 4.53 亿元。今年，通过清理、规范土地市场，土地资源进一步增
值。老城区一块 3 亩多的"黄金土地"，拍卖了 800 万元。在新城区，地价也
从一年前的每亩 18 万～25 万元飙升至每亩 30 万～50 万元。1～5 月，全市已
实现土地经营收益 2.3 亿元。

在充分盘活土地资源的同时，乐山在城市公用事业市场化管理方面进行了
一系列有益探索。乐山市公开招标城区部分地带的绿化管护权、清扫保洁作业
面；公开拍卖 12 路公交车经营权；公开招标 100 多个公交站台经营权……，
新建的"假日广场""阳光广场"和"文化宫广场"，总面积 5.3 万平方米，耗
资 1200 万元，而政府却未投入一分钱，全靠市场运作，吸纳民间资本建成。
近日，乐山招标拍卖城区两条新建道路以及在建的"岷江三桥"的永久冠名
权。这标志着该市在积极盘活城市有形资产的同时，加强了对城市无形资产的
培育和经营。

中心城区"多种经营"有声有色，各区县经营城市也亮点纷呈：五通桥区
引进四川海诺尔环保公司投资 1045 万元建设垃圾处理厂，日处理能力 100 吨，
政府每年仅支付 267 万元作为运行费用。这是乐山第一个成功采用 BOT 方式

经营的项目。沙湾区引入四川中阳集团 1150 万元组建了中阳水务有限公司，在全省率先打破了城市供排水垄断。犍为、沐川、马边等一些县吸引数亿元外部资金，实施旧城改造，城区面貌焕然一新。

7.2.4　经营城市：成都市沙河整治再出大手笔

成都市在十年前开工建设的府南河综合整治工程中已经初步尝试了经营城市做法，积累了宝贵的经验。2001 年年底开工的沙河整治工程则是目前依照经营城市思路正在进行的最大的城市建设项目。治河工程耗资大、工期长、直接经济回报不明显，那么，沙河工程如何运用经营城市思路解决巨大的资金缺口呢？

据了解，沙河工程总投资约 20 多个亿，政府仅投入 1 个多亿的启动资金，其余资金将靠市场运作的方式来筹集。办法主要是一靠政府配置的土地，二靠旧城改造、低洼棚户置换出来的土地拍卖。到 2003 年 3 月为止，沙河各项目管理公司通过市场运作的方式已筹集资金 7 个多亿。市里领导很有信心："和十年前的府南河相比，我们目前有很大的优势，在资金的控制上有很大的余地，更有理由将沙河建的比府南河更好。"目前置换土地的工作正在紧张地推进之中，预计 2003 年 10 月份，首批土地将公开拍卖，拍卖资金将全部投入沙河工程。（信息来源：2003 年 3 月 4 日成都市每日报道）

7.2.5　江西：南康市经营城市出奇迹[9]

据南康市城建部门统计，2000 年以来，南康城区建设投资 3.4 亿元，大多是在政府少投入或没有投入的情况下进行的。该市用"经营城市"理念建设城市的做法给人以启示。

把城市当作企业来经营：

南康市的决策者在寻找城市建设出路时，大胆解放思想，因地制宜挖"财源"，造"支点"，把思路放在"经营城市"上，走出一条政府主导、社会主体、市场导向相结合的规划、建设、管理城市之路。

第一，经营土地。土地是城市赖以存在的载体，也是城市最大的财富。在经营者眼里，土地更是城市最稀缺的资源。南康市充分发挥政府的调控作用，由政府彻底垄断土地一级市场，然后规划经营好土地二级市场，放开搞活土地三级市场，利用土地级差，赚取大量的城市建设资内内地价由原来的每亩 4 万元节节攀升至现在的每亩 30 万元。现在小区内设施齐全、功能配套，成了办公、休闲、居住的花园式小区。

第二，规划谋划。政府从城市建设开发项目中退出来，只搞规划、管理、监督，把精力放在谋划项目、规划项目上。今年年初，该市开始规划建设芙蓉大桥，用于连接南水新区与东门花园小区。规划一公布，便吸引了众多客商纷至沓来。目前，南水新区的第一宗土地已被一位荷兰客商锁定，签约地价每亩 11 万元，其他土地价格也行情看涨。在项目策划上，该市还依据整体规划，在金鸡工业小区规划建设面积达 3000 多亩的两个工业园区和四个大型专业市场，将原来分散的企业引导到工业小区，形成工业群落，培育壮大支柱产业，以产业的聚集带动人口的聚集，不断扩大城市规模。此外，还有市政广场、中英文私立学校、高标准示范性幼儿园、农贸市场等经营项目，有效带动了城区的繁荣与发展。

第三，经营资产。该市按照提高资产使用效率原则，先后拍卖了黄金地段的办公楼和临街店面，实行资产重组，筹集新的建设资金。投资近 2000 万元的 16 层市行政大楼，就是将处在黄金地段的四套班子办公楼临街店面拍卖后筹资兴建的；市行政广场的建设款项，也是从经营东门坝小区的土地中赚取的；还有市经贸大厦、宝林大厦、卫生大厦、广电大厦、供销大厦等一幢幢高楼都是采取这种方式兴建的。

用"经营城市"理念管理城市：

依靠社会力量管理城市，走社会化、产业化、市场化的城市管理新路，已成为南康市领导"经营城市"的共识。

路、桥是城市的公共财产，是城市资本的一部分。南康城区现有 20 多家广告公司，过去，各家广告公司各霸一方，"圈地为藩"，不仅政府没有得到一点收入，还给城市管理带来难度。今年，该市规范了广告业的管理，实行定点、定位有偿使用，并把拍卖道路、桥梁、路灯杆、广场、公园的广告发布权筹集的管理资金用于完善基础设施上。南康大桥历来为广告客商看好之地，仅拍卖这座大桥的广告牌位一项，收入就在 5 万元以上。

广告如此，街道卫生也是如此。收卫生费难，曾让环卫部门头疼不已。南康市把长街道、主街道划分几段，把每段的卫生责任权进行拍卖，由责任人负责卫生、收费及管理街道树木、花圃，既减少了财政支出，街道卫生和管理也上了一个档次。

南康市还把住宅小区、工业小区和农贸、家具、服装等市场小区，也实行物业管理。是单位兴建的，由建设单位落实管理人员；是开发商经营开发的，由开发商落实管理人员。

打造全新的城市品牌应从以下方面着手。

城市建设，不是简单的"一加一"，而是一座城市的"品牌"和"名片"。南康市以本地1700多年的历史和文化为底蕴，以悠久的加工、经商传统为背景，从塑造独特、鲜明的城市风格出发，把南康定位为"京九线上新兴的工贸城市"，请来省规划设计院的专家对城市整体规划进行修编，确定了"一江两岸、一城三区"的城市布局。他们以城市装修的观念绿化、美化、亮化城市，让每一幢高楼、每一条街道，都成为城市的一个品牌，一段佳作、一件艺术品，塑造崭新的城市形象。经过"穿衣戴帽"改造的南康城区泰康路面貌一新，城区"中心花园"和"沿江花园"，也成为人们交流、娱乐的休闲地，别有一番风景。2002年，该市正在新建市政、文化和西门小区3个广场，占地面积均在30亩以上，其中市政广场占地60亩。

为优化城市软环境，该市着手筹建"企业担保公司"以及行政审批中心，把全市30家有行政审批权的单位集中在一起，实行审批、办证、收费"一站式"服务，力促全市上下营造一种引商、亲商、安商、富商的浓厚氛围，以增强城市的吸引力、凝聚力，打造全新的城市"名片"和城市"品牌"。优良的城市软硬环境，正逐步转化为南康市的"经济优势"。

7.2.6 经营城市，重庆永川尝到甜头

城市是人类文明进步的产物。城市内不仅高度聚集着物质设施与财富，也高度凝聚着才智、创新等精神财富。城市即是一片经济区域，也是一种文化空间，一种群体人格。城市发展的水平与城市所处的政治、经济、文化的地位密切相关，它很大程度上取决于城市政府的决策能力、管理能力、协调能力，其中包括城市政府对城市环境、资源、各种要素条件（组合）的开发利用水平或处置能力。因此，城市政府在迈向社会主义市场经济和现代化建设的进程中起着十分重要的作用。

如何切实跳出传统的计划经济框框，按照市场规律，开发和重组城市资源、实践经营城市的理念，实现城市功能和效益的最大化，永川作为西部内陆的一个发展和建设中的中等城市，近几年来在经营城市方面作了一定探索，摸

索出一些经验，值得我们思考和借鉴[10]。

第一，解放思想，转变观念，发挥政府主导作用。近几年，永川市政府充分利用全国综合改革试点市的优势，根据城市建设发展的新形势，以经营城市为理念，对构成城市空间和城市功能载体的自然生成资本和人力作用资本及相关的延伸资本进行集聚、重组和营运，把城市建设由事业向产业过渡，改革城市建设过分依赖政府，忽视市场作用的做法，从而加快了城市建设，优化了投资环境，探索出了一条以城养城，以城建城的新路子。

第二，以地招商，滚动造城。以城市土地拍卖换取建设资金，以五通一平包装道路两侧土地。近年来，永川区采取拍卖土地、收取综合价金的方式，筹集城市建设资金，加速城市建设，形成了滚动造城的良性循环。几年下来，永川改造建设城市基础设施的投资达到了 14.4 亿元。通过对肖家冲、西外老街、骑龙街、环城南路、永青路（桥）、海通大道、望城北路、望城南路、石油路、三圣路等道路改造，对城市的南北东西等几大入口进行了规范改建，形成了包括 9 平方千米新城在内的全市"三纵、两环、一中心"城市空间格局。

第三，实施城市建设资产运营。盘活存量，优化数量，激活潜在蓄积点；盘活城市无形资产，有效剥离公用事业的所有权、使用权、经营权，以及冠名权、经营管理权。如出让石油路、海通大道的冠名；公交线路、车辆、站亭的投资、建设、使用年限经营管理权的公开拍卖竞标；人行天桥、商贸黄金路段、口岸的广告经营管理权的出让等企业化运作，切实调动了各类投资主体，激活了城市资产。

第四，建立城市建设的多元化投资机制。遵循市场原则，充分发挥市场配置资源的优势，把城市建设项目推向市场，最大限度地挖掘城市建设资产的效益。通过对城市建设项目的股份、投资开发、经营管理权的出让，强化招商引资，广泛吸引外部资金参与城市建设。渝西中央商贸区、永青片区、渝西光华世纪广场、泸州街片区、半边街等旧城改造，就是以开发商投资的收益并带动道路、广场、人行天桥、高架桥的建设，从而有效地建立了城市建设的多元化投资机制，切实减轻了政府的财政压力，推动了城市建设的蓬勃展开。

第五，加强组织、协调和领导。充分发挥政府的宏观调控作用，推动城市建设事业的健康发展。加快住房制度改革，取消福利分房，加大公房出售，进一步提高房屋租金，鼓励机关干部职工购房和集资建房，面积标准适当放开。1998 年，市政府出台了《加快住宅业发展的决定》，对房屋开发建设规费进行大幅度调减，由原来的 120 元/平方米左右调至 40 元/平方米～60 元/平方米。

对调减的规费统一征收，统一办件办证，一站式办公，以刺激住宅业发展。该文件实施以来，住宅建设突破 100 万平方米大关，1998 年全市住宅建设达127.9 万平方米，1999 年为 119 万平方米，预计 2000 年也将达 100 万平方米以上。住宅业的快速发展带动了建筑业及相关产业的发展。去年全市房地产开发企业完成产值 6.1 亿元，增加值 1.268 亿元，建筑企业完成总产值 15.96 亿元，增加 4.86 亿元。

尽管永川在经营城市中已经尝到了甜头，但是他们并没有停止脚步，而是将进一步深化城市建设投资体制改革，继续探索经营城市之路。一是改政府直接投资为间接投资，由原来的建设项目经营者转变为整个城市建设的总体设计者和项目投资与项目实施的监管者，运用政府财政建设资金、城市总体规划、土地利用规划、税收等手段有效调控，引导资源配置。二是政府通过投入少量的资金或通过控股组成控股公司的直接形式，吸引、引导大量的社会资金投入到城市建设中，推动市政基础设施建设，并引导投资结构的调整，弥补多元化投资不足。三是政府投资要有重点，优先安排关键行业或领域、项目，发挥带动其他行业发展的主渠道作用。政府甚至可以不直接投入，而是通过宏观调控，通过加强组织、协调和领导，在城市建设内部各行业及城市建设与其他行业间形成协调发展的关系，推动城市建设快速健康发展。这一点是政府在社会主义市场经济建设中职能转换的终极目标。

7.3　以省区为单位的经营城市活动

在经营城市的发展过程中，一些省区认真研究新问题，积极出台政策，推动经营城市的开展，把经营城市当作加快城市化、现代化的一项重要工作来抓，使得经营城市突破了"点"的格局，向着"面"的格局演变，这无疑是在更广泛的层次上的全面推进。

7.3.1　江苏省经营城市成功破题[11]

经营城市，正在江苏省探索出令人欣喜的实践新路子。在城市化加速发展的进程中，江苏省各地通过有效的经营城市，不仅突破了城市发展的资金瓶颈，而且使其城市功能得以迅速提升，城市形象也得到明显改善。截至 2002

年年底，全省各地已组建了近三十家城市建设投资公司；二十六个市县实行出租汽车经营权有偿转让，至今已筹集资金十七亿元。

开放市场，逐步建立起多元化的城市建设投融资机制。江苏省相继出台政策，打破市场准入限制，鼓励多方资金参与城市建设。其中，加快城市建设项目招商引资，积极利用外资方面为人瞩目。近年来，江苏省不少地方先后利用世界银行、亚洲开发银行、日本海外协力基金等国际金融组织和德国、丹麦、挪威、加拿大等国政府贷款投入城市建设。2001 年江苏省城市建设累计利用外资 12 亿元，2002 年，在中国香港成功举办了城市建设招商活动，签订 198 个合作项目，协议利用外资 24 亿美元，大大缓解了项目资金紧缺的矛盾，缩短了项目建设周期。

随着城市市政公用品和服务价格的逐步调整，城市建设项目逐渐有了较为稳定的投资回报渠道，各地金融机构贷款开始向城市建设基础上倾斜。2001 年，江苏省城市建设累计利用银行贷款 35 亿元。据介绍，银行贷款正成为城市建设资金的主要来源渠道。

积极组建城市建设投资公司，建立融资平台。目前，江苏省南京、苏州、南通、镇江等地已组建了近 30 家城市建设投资公司，实行企业化运作，使其成为政府经营城市的投融资主体和企业法人实体，并努力培植成为有竞争力的上市公司。城市建设投资公司一方面根据政府授权，对城市建设存量资产进行统一的经营管理，另一方面以城市建设存量资产为依托，代表政府作为城市建设的债务主体，以多种灵活的方式进行项目融资，解决了项目资金不足的矛盾。

经营城市土地，提高土地利用效益。江苏省在土地的经营方面取得了较为明显的成效。政府高度垄断土地一级市场，制定动态的"土地出让规划"。目前各地都已组建了土地收购储备中心，具体实施土地使用权收回、收购储备工作，并通过合理的运作，充分实现了土地资产价值，提高土地资源利用效率。与此同时，各地放开搞活并规划土地二级市场，挖掘土地资产的最大效益。其中，加强对出让土地的先期开发，完善基础设施，变"生地"为"熟地"，从而提高土地出让价格。土地收益的征缴和管理，确保了城市建设资金的重要来源。2001 年江苏省土地收益用于城市建设的资金已达 23 亿元，占城市建设资金总收入的 12%。盘活发掘城市的无形资产，营造增量资产。各地尝试通过有偿竞买的方式，出让出租汽车经营权、公交线路专营权以及道路、广场、路灯、桥梁、停车场等市政公用设施的冠名权、广告权和收费权，由此将这些潜在的资源转变为现实的可用资金。据统计，江苏省 26 个市县仅以实行出租汽车经营权有偿转让，至今已筹集资金 17 亿元。

7.3.2 宁夏经营城市走新路

在我国，经营城市已经不仅仅是各个城市政府的事情，许多省、市、自治区政府也在积极支持和鼓励探索这一新型的城市发展模式。以省级单位从整体上推动经营城市，宁夏可谓西部地区首屈一指。

2000 年 9 月 5 日至 6 日召开的宁夏回族自治区党委九届二次全体会议上明确提出了实施经营城市的战略[12]。经营城市就是把城市作为最大的国有资产，用市场经济的思路去经营，从中获取收益，并把收益重新投入到城市建设中，走以城养城、以城建城、以城兴城的城建市场化之路，实现城市的自我积累、自我增值、自我发展的新模式。这一重大决策，对于宁夏加快基础设施建设，推进城市化进程，实现社会经济可持续发展都有着十分重要的意义。

1. 宁夏经营城市的实践

宁夏在实施经营城市方面起步较晚，在四个地级市（银川、石嘴山、吴忠、固原）中，银川市率先走出了探索经营城市的道路。首先是成立银川城市建设投资控股有限公司。重点是开发基础设施资源，盘活公用设施的资产存量，将市政公用设施投入市场，按照统一管理，加强养护，保持完好的原则，采取 BOT 投资方式，通过市场竞争，有偿地转让部分市政公用设施经营权。如户外广告经营权、公共汽车候车厅建设经营权、公交线路经营权、停车场经营权及城市道路命名权等。2002 年，已有两个停车场拍卖；新市区南部给水工程已安排城市建设投资控股公司采用 BOT 方式引资建设，目前正在编制招标文件；城区西部集污与污水处理工程已布置城市投资控股有限公司编制世行或亚行贷款项目建议书，准备采取向世行或亚行贷款建设；北塔公园和民运村工程已委托城市建设投资控股公司公开招标承建单位，采取市场运作，筹措资金建设。

2. 经营城市中存在的问题

银川在经营城市的实践中取得了一些成效，但与国内先进城市相比，经营城市的思路创新、规模、效果等方面并不十分理想，没有取得大的突破，与先进城市相比还有很大的差距。总结银川市经营城市的经验，考察全区经营城市的现状，普遍存在的问题主要有以下几个方向：

（1）经营城市的观念滞后

在传统习惯思维中，城市只是给人们提供生产、生活条件的无偿服务型、共享型的公共物品，政府对它只投入、不收益，只建设、不经营。没有用经营城市的理念和用市场的眼光来认识和审视城市。没有将城市建设作为一项重要的"产业"来经营，充分运用政府的权力，通过发挥城建、国土、规划、城管、交通、水电等职能部门的作用，有效地调节和积聚社会收益，更多地用于城市建设。从目前情况看，宁夏城市建设机制仍然难以适应 21 世纪经济发展的需要，存在着"重建设、轻经营"的现象，没有形成投入—产出—再投入的良性循环机制，造成城市资产闲置浪费或变相流失，这与我们缺乏理论研究和正确的思想指导是分不开的。

（2）城市基础设施建设投资没有摆脱传统城市建设困境

由于城市建设事关国计民生，投入大、周期长、公益性强，因此，城市建设长期以来都是政府包揽包办，单一投资，形成了许多弊端。政府投资终究是杯水车薪，一些工程虽然得以上马，但工程建设资金到位不及时，导致"工程马拉松，投资无底洞"，使城市建设陷入了一方面建设资金严重短缺，一方面工程投资不断增加的恶性循环。而且，随着经济社会的发展，人们对拓展城市骨架，提升城市品位，完善城市功能的要求越来越高，城市建设所需资金越来越巨大，依靠财政搞建设的路子已越来越艰难。这既导致了对城市基础设施的浪费性甚至破坏性使用，也使得城市基础设施改善缺乏资金来源，无法进行正常的建设和维护管理。

（3）城市管理不尽科学、合理，重建设轻管理的旧思想依然存在

目前，从城市建设的体系上看，市场化程度很高，形成了一些机制，但还需要完善和深化。目前城市的管理还深受计划经济模式的影响，市场的管理办法还不多，传统的城市管理办法急需破除，需要研究按市场规律管理城市，引进企业竞争机制、市场机制去管理公共事业，彻底解决重建轻管的问题。不然会造成重复建设严重，损失浪费严重，群众的意见越来越大。

（4）缺乏以市场运营城市土地资产的理念

土地是城市最大的国有资产，是调节城市经济社会有序发展的决定因素，也是财政收入的一大来源。加快城市化进程，首当其冲的是资金保障，这一点沿海经济发达省、市给我们提供了有益的经验，就是不能只等政府拨款，要经营好城市土地资产，走"以城建城，以城兴城"的市场建设之路，实现城市的

自我滚动式发展。过去，政府长期把国有土地当作资源来管理，忽视了其资产价值，经常是抱着金碗要饭吃。对开发土地也只是片面追求眼前利益，错误理解"以地生财、以地建城"的应有含义，大量批租，零星开发，造成了城市资源的浪费，也给城市建设带来一系列问题。另外，在国有土地管理中还存在土地出让交易透明度低，国有土地通过市场配置的比例不高，土地资产价值难以充分实现，划拨土地随意经营，隐性交易仍未根绝，国有土地收益流失的现象尚未根本遏制等。

（5）城市无形资产的潜在经济效益尚未广泛挖掘

应当看到，城市是国家长期巨额资金投入的结果，是资本的实物形态，实际上就是政府最大的一笔有形国有资产，而城市无形资产也是城市资产的重要组成部分。我们过去研究资源配置有很大的局限性。比如在盘活资产存量问题上，往往盯着某个企业、某个局部，而不是着眼于整个城市资产。在搞活资产的办法上也是局限于行政手段。既没有充分显示延伸资本的市场价值，运用市场经济手段，对构成城市空间和城市功能载体的自然生成资本（如土地）与人力作用资本（如路、桥、花坛）及其相关延伸资本（如路、桥、街、站、校、场、花坛冠名权）等进行聚集、重组和运营，逐步走出一条以城建城、以城兴城的城建市场化之路。也没有通过发挥市场机制的作用，把市场经济中的经营意识、经营机制、经营主体、经营方式等多种要素引入城市发展之中，从而使有限的城市资源没有尽可能地发挥最大的效益，来实现城市建设资金投入产出的良性循环机制。

3. 经营城市的发展思路

宁夏发展城市化的任务十分艰巨，资金短缺的问题尤为突出。决定这一问题的根本出路在于深化改革、大力创新。经营城市是市场经济条件下发展城市的一种新手段，它把城市作为最大的国有资产来规划、建设、管理和经营，通过营造城市好的投资环境和居住环境，创造城市品牌，增强城市的辐射力和带动作用。在此，提出强化宁夏经营城市的发展思路。

第一，解放思想，全方位经营城市，把城市资源经营作为推进城市经济社会发展的重大战略决策。政府是经营城市的主角，特别是在目前没有法律统一规范的情况下，政府的行政管理职能已成为经营城市的主要推动力。要充分认识到宁夏城市的资源现状和特色优势，把握城市（如银川）未来发展趋势，明确经营城市的重点领域和重要方向，运用市场经济、可持续发展的思路和手段，夯实基础，强化特色，大胆创新，整合协调，发挥城市资源经营在城市发展中的主导作用和基础作用，提升宁夏城市的品位和形象，增强宁夏城市（尤其是银川）的综合实力。

第二，制定城市市场化的经营城市的整体规划。城市规划是城市发展的蓝图，规定了城市的发展目标、性质和规模、总体布局、功能区分以及重点建筑、主要基础设施的明确位置，展示了城市各个区域的发展前景，客观上对相关土地的近期价格和远期开发价值进行了评估。正确运用规划的这一特殊功能，政府不仅可以从出卖土地使用权中收回大笔的出让金，而且还创造了许多商机。规划城市的目的就是为了城市这一最大的国有资产实现最大增值，提高城市的品位，完善城市的功能，保留城市的风格和功能。经营城市只有在城市规划的指导下，才能保证其整体利益的实现。因此，政府一定要注意规划先行，在经营城市的过程中必须围绕实施城市规划来进行，从城市整体利益出发，遵循城市规划的各项要求。当然，要以规划为先导，首先要制定兼有科学性、经济性、艺术性、前瞻性及体现城市个性的高水平的城市规划。在经营城市中扩张资源，在扩张城市资源中增强城市实力。真正实现投资主体多元化，经营管理市场化。

第三，建立多元化的投融资渠道，不断扩充城市建设的资金来源。在资金运作上，要敢于打破传统的思路和做法，积极探索运用民间资本完成政府目标的新途径。把有投资回报有收益的项目更多地让给社会资本去完成，降低经营成本，节约政府投资。推动联合开发、冠名权、BOT、TOT 等符合市场原则的手段，到市场上去找钱。对营利性的基础设施可部分或全部出售转让。政府投资应该讲求效益，但这种效益应站在宏观的角度，站在全社会公共利益的角度来考虑，而不能单纯地一味谋求经济效益，一味与民争利。应将土地、基础设施、公用服务设施等城市资本推向市场，滚动经营，把依靠政府进行城市建设改为投资主体多元化，逐步形成以政府财政投入、银行信贷投入、企业投入、社会投入、经营收益二次投入的多渠道融资的城市建设投资新格局，最大限度地盘活城市资产存量，扩大城市资产增量，从而推进城市建设加速发展。

第四，创新城市建设管理方式，推进无形资产的"有形化"运作。大胆探索，更新观念，用市场经济的手段经营和管理城市。一是盘活有形资产，把凡是可以投入市场运营的城市基础设施、生态环境，如公园、绿地、景点、雕塑、桥梁、道路、公厕、垃圾场、停车亭、供水厂、公交站点、人行天桥、环卫设施等使用权和经营权大胆推向市场，能卖则卖，能租则租，能抵押则抵押，把实物形态转化成价值形态，把死钱变成活钱。同时，将冷饮摊点、书报厅、治安厅、网点厅、售票厅等零售服务设施的经营权全面推向市场，公开拍卖，收益用于弥补城区建设管理经济不足。二是经营无形资产。要把从有形资产中衍生出来的大量无形资产，包括户外广告标牌经营权、公路汽车线路经营权以及公路、桥梁、雕塑冠名权等。对这些无形资产，要进行深入控制和深度开发，进行有形化运作，可通过转让、拍卖、租赁等形式使其进入运营状态，达到盘活资产、优化资源潜在价值、筹集城市建设资金的目的。三是城市管理事业的企业化经营。将城市公共事业管理权与经营权、具体作业权进行有效剥离，对占道权、垃圾清运权、街道场地保洁经营权等投入市场化运营，也是充分发挥城建资金效益的重要途径。

第五，最大限度地利用好土地及地域空间，使之升值，以地生财，推进建设。在社会主义市场经济条件下，土地是城市最大的存量资产，是政府最大的财富。最基本的出发点就是，要改变单纯行政划拨土地或协议出让的做法，通过建立土地收购储备制度，由政府垄断土地一级市场，放开搞活二级市场。对规划用地现行投资，完善基础设施，优化投资环境，将生地养熟，再以拍卖方式出让地块使用权，收益归政府财政。这一运作方式目前已得到广泛认可。但是，更重要、更难以操作的就是通过调整土地存量使政府获得更大土地收益。这就需要解决好两个问题，一是如何在旧城改造中通过经营土地，凝聚财力，加快改造步伐。比较理想的选择是：将土地出让和旧城改造相结合，两类项目分别价值量化、拍卖招标、货币结算。政府通过土地出让拍卖获得了最大的土地收益，然后以此收益对旧城改造项目资金定额补贴进行招标，从而吸引开发商参加投标。二是如何在城市道路建设中运作好两侧土地，增加政府收益。目前对于城市道路，主要是由政府使用财政资金或贷款投入建设，建成后除高速公路可通过收费实现投资回收外，其他投入均属无偿，而对道路建成后两侧的土地及房地产大幅度增值产生的收益却考虑不多。从经营城市的角度看，这完全是政府收益的流失。因此，要对城市道路两侧土地进行规划控制，纳入政府土地储备。对易于开发、短期内升值预期较大的地块，由政府组织成为道路两侧土地升值最大受益者，使土地资产经营收益成为城市建设资金的重要来源。

第六，重视信息、网络、品牌、形象、文化、人才、社区等还未被充分利用的现代城市资源。实现从主要经营城市传统资源向大力开发现代城市资源的转变。组建全区统一的信息网络公司，解决目前信息分散、重复投资建设等不利格局，实施网络设施、信息资源的标准化、共享化市场经营；实行城市公共

服务领域的公开招标，提高城市维护保养水平，提高公共服务水平，改善市民
生活质量；加大城市品牌和城市形象的整体策划、宣传和操作力度，把城市品
牌和城市形象建设当作一项重要的工作去做；提高宁夏城市的文化品位，营造
一种更深层次吸引投资的人文环境。

注释：

［1］上海：每天两亿元城市建设资金哪里来，中城网，2003-5-27，资料来源：新华通讯社

［2］苏利川：营销昆明：城市经营实践的创新，《中华工商时报》，2002-9-29

［3］李纪恒、林国强：强化经营城市理念 努力建设"中国绿城"，《人民日报》，2002-3-5(11)

［4］啤酒节：经营城市 经营青岛，2001 年 9 月 3 日

［5］常熟：经营城市挥巨笔，《常熟日报》

［6］罗昌爱：广西柳州：做好"城市经营"的文章，《人民日报》，2003-3-17

［7］蓝维维：乐山经营城市添动力，《南方都市报》，2003-7-6

［8］经营出奇迹——南康城市建设和管理的启示，投资招商网，2002-11-4，信息来源：
　　《江西日报》（李立生　刘华斌）

［9］重庆市经营城市实践与思考

［10］李扬：我省城市经营成功破题，《新华日报》，2002-11-14

［11］宁夏回族自治区政府研究室：宁夏经营城市的发展思路，《宁夏经济》，2002（6）

第8章 经营城市的主要矛盾与问题

目前，经营城市正方兴未艾，许多城市在具体实践的过程中已经取得了显著的成绩，随着经济体制改革的深入，政府的职能与工作重心将从直接经营管理企业向经营城市转变；经营城市的目的不单纯是为了实现城市建设的良性滚动发展，而是为了增强城市的综合竞争力与可持续发展能力；经营城市的核心是加快城市环境建设，提高城市运行效率和提升城市形象品位，实现"城市增值"。

历经多年的探索和实践，我国在经营城市方面已积累了一定经验，部分领域已获得了明显进展，如在建立多元化城建筹融资渠道，实行土地招标拍卖，打破公用事业福利型价格机制，盘活城市存量资产，放开房地产、公交营运、规划设计市场，精心打造城市品牌等方面，深圳、广州、上海等先行城市都已取得了一些骄人业绩。但从总体上看，特别是与发达国家经营城市的成功模式相比较，我国经营城市的探索尚处在学习阶段，各级城市政府还没有从整体上建立起经营城市的机制，已经探索建立的单项机制或者不够成熟，或者还难以保证正常运作。经营城市在积极地向前推进的过程中，遇到了一些矛盾和问题。其主要矛盾有：

8.1 滞后性与加速性的矛盾

这方面指的是政府职能转变滞后、企业改制滞后同城市化加速发展之间的矛盾。许多城市包括大量的小城镇都在大力推进自身城市的现代化，不断提升城市的品位，不断完善城市的设施，由此经营城市的范围日渐扩大、手段也日见丰富；相对于此，城市政府职能的转变和企业改制的进程则表现的相对缓慢，还不能很好地适应发展的要求，制约了经营城市的发展。主要反映在城市建设管理领域的市场化改革总体上还相对滞后，城建投资体制改革尚未进展到建立资本运作机制的阶段，城建资金的筹措尚未摆脱对财政及借贷的过度依赖；城市管理和市政公用事业的改革还处在探索和起步阶段，独家垄断及由此带来的僵化的经营管理机制仍然制约着绿化、市政养护及水、电、气、公交等事业的发展。

一份来自陕西恒丰投资管理有限公司的调查报告（孔宪凯，恒丰论坛），指出了目前西安市经营城市中这一主要矛盾。一方面西安市公共物品供应短缺，建设资金严重不足，制约整个城市基础设施建设的发展，成为主管领导最为头疼的一件大事；同时影响城市其他事业的发展，削弱了西安市作为西部特大型中心城市理应带动全省乃至西北地区经济发展作用的充分发挥。另一方面，西安市又有太多的有形资产和无形资产被闲置、被无偿侵占，有太多的资源被浪费、沉淀，仍然还在做着把城市的资产变成城市负债的蠢事，令人十分遗憾和可惜。尽管西安市目前也有类似别的城市的城市建设投资公司，但并没有很好解决上述矛盾，原因是多方面的，主要是观念落后，基本还停留在计划经济时代的"等、靠、要"的层面上；机制不灵活，还保留着过去国有企业的很多弊病，办事效率不高；还没有做到按市场经济的法则和国际惯例要求选才、用才。按照这些企业现状，如果不进行变革，不高效、创新地开展工作，是难以完成"经营城市"的重任。

生产要素市场化配置程度还很低，要素市场体系不健全，使政府缺乏经营城市的基本手段和载体。如在土地供应的方式仍以协议出让为主，过多的协议出让不仅使土地价值得不到充分实现，而且阻碍国有土地资本运营机制的建立，并进而影响到整个城市建设投入回报机制的建立。

8.2　趋利性与可持续性的矛盾

在经营城市过程中，经营的"趋利性"和城市发展的"可持续性""公益性"有时会产生矛盾。有资料显示，就是经营城市比较成功的地方，也出现了一些"过火"的事情，甚至出现违反政策和法规的事件。有的城市为了解燃眉之急过多地出让、转让国有土地使用权，实际上就是"卖地"，即经营城市管理者通过运用规划等手段，炒热地皮，然后高价投放到市场，致使大量城市用地闲置而未有实质性开发，结果城市政府却失去了对这些土地的控制权；还有个别的城市管理者以"经营城市"为名，不顾实际情况，大搞"形象工程""标志工程""领导工程"，则完全扭曲了"经营城市"概念，并直接增加了财政支出，造成巨大浪费，导致"本届政府花钱，下届政府还债"现象的出现[1]；有的城市在经营城市中出现了急功近利的倾向和经营开发单位的趋利性现象，这种情况往往造成城市的历史文化和独特的自然景观的破坏，使得城市原有的风貌特色也消失殆尽。有的城市风景名胜游览区或公园被经营开发单位偷梁换柱搞房地产经营，导致风景名胜游览区和公园的公益性受到了很大的损害。以牺牲生态环境为代价，来搞一些眼前经济效益高的建设开发项目进行"经营城市"，必然造成当代人对后代人的生态环境的透支、掠夺和剥削，无疑将影响城市的可持续发展。

一些城市为了加快改变城市面貌和城市的投资环境，利用经营城市来作势，扩大城市建设规模，这本无可非议，但是，一旦操作不慎，容易产生债务危机，引发金融风险。我们知道，城市建设项目一经启动，许多企业将进入建设队伍的行列，不仅有专业的城市建设企业，还有银行等服务机构参与，大量的资金流动和财务运转就要发生，债务风险就隐没其中。有专家指出，一些城市中所谓的银行经营不善、不良资产增多，实质是政府主导信贷经营、盲目扩大城市建设规模造成的。据有关报道，"十五"期间江苏省市政公用基础设施投资计划达 1750 亿元，超过"八五"和"九五"两个五年计划投资总额 1100亿元的 59%，其中自然需要银行巨额贷款，如中国工商银行江苏省分行负责城市建设贷款 200 亿元。其实，实际承担城市建设债务风险的不仅有银行，还有参与城市建设的诸多企业，他们垫付资金承担建设项目，一是为了扩大市场占有率，增强企业竞争力；二是认为政府信用强于企业，不会发生赖账、逃债现象。如果城市建设规模失控，建设企业垫付资金就会被长期套牢。与此同时，上游的建筑材料供应商也难于收回款项，由此产生债务连锁反应，大批企业可能被拖垮。因此，在政府作用较强的条件下如果缺乏对经营城市的风险性认识，极易造成城市建设规模的盲目扩大，形成债务危机和金融风险，不仅损害广大企业和社会公共利益，还将对城市的可持续发展造成的危害。

这就要求城市政府一定要重视和加强经营城市理论和实践的深入研究，加强论证，分析利弊，而不要一哄而上，从而避免经营城市活动可能出现的负面效应。

8.3　扩张性与不确定性的矛盾

即指经营城市的扩展性与城市资产、管理的不确定性之间的矛盾。随着经营城市理念越来越受人关注，不断加大的市政建设为经营城市提供了用武之地；但城市资产的划分、分割及其价值不清，甚至权属不清，影响了经营城市手段的发挥。

在提供公共物品的组织机构方面，社会事业改革总体滞后，特别是事转企改革步子缓慢，在营利性和非纯公益性社会事业上的摇摆，且仍然存在着依赖政府投入和直接管理的状况，同样不利于经营城市的发展。此外，城市基础管理社区化机制还没有真正形成。社区建设在社会服务领域取得了一些进展，但社区管理体制改革在居委会层面上还没有实质性突破，城市管理的重心还难以向下转移，这使城市政府难以从吃喝拉撒、生老病死等琐碎事务中腾出手来经营城市。

8.4　收益性与认可度的矛盾

经营城市的收益性与城市消费者的承受力之间的矛盾。我们知道，许多城市的各类基础设施亟待完善和提高，需要加大投入。经营城市是一种能够利用现有资源、较快见效的方式，当然采用方式不可避免会引起部分市政设施由于提高服务水平和档次而提高收费标准，也就是不再会"无偿使用"，从而产生城市消费者的购买力与城市设施舒适度之间的矛盾，经营城市的这种收益性与城市公共物品生产理论上无偿性之间的矛盾。

经营城市存在的主要问题有：在经营思想上，政府是经营城市的主体，这一观念尚未确立起来；在经营体制上，城市中的"管养合一"体制尚未破除；在经营对象上，比较严重地存在着重视物质性资源利用，轻视社会性资源（文化、品牌等）经营的情况与现象；在资源经营上，存在资源开发利用过度与闲置浪费并有的现象。

经营城市不仅是城市的发展，也是经济的增长和社会的进步，不仅能给城市企业，而且还可以给城市居民带来收益和福利。如果基础设施重复建设，或对基础设施投资过度，不仅不能创造更多的价值，甚至可能破产。现在有些城市政府只管借钱，只顾眼前利益，负债额已经很多了，还款压力增大，就开始靠提高收费，进入恶性循环；这其中许多就是错误理解经营城市带来的问题。

除上面所述的经营城市存在的主要矛盾和问题外，一些学者也提出了经营城市容易产生几大风险[2]，比如：经营城市容易产生政府管理职能"越位"风险；城市建设规模失控风险；土地资本和耕地资源枯竭；"诸侯经济"盛行；

企业税费负担加重；一旦这些风险产生，将会影响城市经济和社会健康、持续的发展，这就告诫我们，在经营城市中，需要头脑清醒，既要敢于创新，又要谨慎行事，力避风险，克服困难。

注释：

［1］任国才：经营城市：目标锁定多赢，《中国经营报》，2002-9-28
［2］孙永正：城市经营的风险，《时代潮》，2003（2）

第 9 章　国外的经营城市

9.1　市场经济国家的经营城市

9.1.1　西方的城市资产经营管理

在市场经济国家中，虽然找不到"经营城市"对应词汇，但是，他们在基础设施和公共产品生产和运营方面，已经形成了比较成熟的经验。不同的国家做法也不同。英国、法国等发达市场经济国家在城市资产经营管理方面，主要是通过资本运营的方式来经营城市资产。他们按照市场经济要求，建立现代企业制度，实行完全意义上的政企分开，政府不直接参与运营操作，而是通过政府设立城市资产经营公司运用市场手段具体的运作，这样就在政府与企业、政府与市场、政府与消费者之间架起了桥梁。比如，英国的泰晤士公司，法国的通用水务集团公司[1]。

从世界范围内来看，各国的国有资产管理体制各不相同，主要有三种形式：一种是所有权与经营权合一且高度集权的管理体制，如日本、印度、突尼斯；第二种是所有权与经营权合一但是适度放权的管理体制，如法国、意大利、英国；第三种是所有权与经营权分离的管理体制，如瑞典。主要管理方式有：股份制管理、美国的出租管理、法国的委托管理、意大利的参与管理等。

发达国家对于城市资产的经营管理经历了一个长期的演变过程。以城市化最早的英国为例，在城市化初期，1850 年就颁布了法律，明确地方政府必须承担基础设施建设的责任。在城市建设开发中，他们采用了两种模式，一是由公共部门开发，二是公共部门与私营单位合作进行开发。英国在 1970 年开始推行私有化运动，改革国有资产的运营方式，取得了较大的成功。主要内容有：①整体出售国有企业资产；②在国有企业难以整体出售的情况下，将其能盈利的一部分资产卖掉；③把国有企业资产有偿或无偿转让给本企业职工；④对城市基础设施项目采用 BOT 方式建设；⑤采用政府出资，由私人承包提供城市基础设施产品或服务的方式；⑥特许经营的方式；⑦把私人经营原则或市场竞争精神引入国营部门；⑧用自愿团体或准政府机构代替政府的某些管理部门。英国的私有化改革极大地缓解了政府财政赤字的压力，提高了城市基础设施经营的效率。英国的实践表明，仅仅是政府部门或私营机构都难以单独完成城市建设、公共物品提供的任务，所以他们逐步形成了一个政府部门、公众机构、私人机构合作的机制，当然，这种机制顺利的运行需要一定的社会制度背景。

9.1.2 西方的城市建设融资制度

城市建设要做到安全、规范、有效，建立一套完善的法规和监督机制，都是十分必要的。西方发达国家经过长期的发展演变，形成了较成体系的城建融资法律制度，一些方面值得我们借鉴。

美国模式，在城市基础设施建设中，主要以融资手段为主，尤其是擅长利用债券。我们知道，美国拥有一个比较完善的资本市场，法制健全，信用相对较高[2]。市政债券就成为美国城市基础设施建设最主要的融资渠道，它也是美国证券市场最主要的组成部分之一。近年来，美国每年发行市政债券 2000 到 3000 亿美元，占全国债券市场的 13%，其中长期债券在 1997 年、1998 年分别占市政债券发行总额的 83% 和 89%。这种市政债券融资有 5 个作用：①可为城市建设提供资金；②同时也能给投资者特别是中小投资者以回报；③政府工作业绩，可反映到证券价格，会影响到政府进一步融资，甚至会影响到市长的任期和政治命运，市民可以监督政府工作；④可以把市民和城市紧密联系在一起，使之关心城市建设，关心城市发展；⑤有利于分散基础设施投资建设风险。为加强市政债券的风险管理，美国实施了信用评级、信用升级和市政债券保险等一系列措施。美国城市基础设施服务许多是由民间提供的，如美国硅谷建设基础设施，是由企业商议、联合会出面分摊出钱的。

法国和德国城市基础设施投融资体制的运行很有效率，很重要的一条是法制化管理，在城市基础设施的规划设计、项目筹资、投资建设、企业及城市基础设施使用等全过程中，有关政府部门、相关企业和城市居民的责任、义务、权利，都用法律的形式确定下来，杜绝了责权不清的现象。法、德过去政府投资比较多，现在顺应全球趋势，民间融资也越来越多。

法国模式，是在城市基础设施领域推行"委托管理"，即依靠法定程序，通过竞争，选定一家企业，可以是国有企业，也可以是私营企业，承担对城市基础设施的建设和管理，其经营管理过程受政府部门监督，政府与企业之间是一种委托合作关系。委托管理方式有直接管理、租赁管理、托管管理、特许经营权管理等，委托管理的项目已经发展到包括铁路、供水、污水处理、供暖、照明、高速公路、交通设施、停车场、有线电视甚至监狱的建设和管理。委托管理有利于政企分开，有效发挥各自的作用；有利于扩大资金来源，缓解资金紧张的矛盾；有利于改革行政管理体制和投资管理体制，共同承担风险；有利于保证工程质量，提高管理水平。

日本模式，实行城市基础设施建设多元投资，多个市场主体共同参与。这些主体主要是中央政府、地方政府、官方代理机构、私营企业。一般地，中央政府负责基本的、核心的、跨区域的基础设施项目；地方政府负责与居民日常生活直接设施项目；官方代理机构和私营企业运作那些收取使用费和能够自给自足的建设项目。日本模式的融资具有中央政府承担责权较多的特点，资金来源更多地依靠财政。其实在实际执行中，债券市场也发挥着不可替代的作用。

据说，美国城市可以破产，城市破产了，市长要下台，联邦政府再委托一帮人来接管这个城市，并借钱给他们运作，限期扭亏。中国也应建立城市建设融资的专门法规。若中国的市长"圈"了钱，不能按期归还也应就地免职。建立了这样的法律制度，可为城市融资多样化提供良好的法律保障和监督制度。

9.2　意大利的城市建设与管理

意大利城市管理的组织模式如下。[3]

意大利中央政府负责城市建设和管理的部门主要有：公共工程部、运输和海运部、环境部等。据公共工程部的官员介绍，目前，意大利正进行政府机构改革，拟将公共工程部与运输和海运部合并。公共工程部作为负责城市建设和管理的主要部门，其主要职责是：进行城市管理立法，管理海洋工程（主要是港口）、国家房屋（主要是国家机关办公楼）、民用住宅和国家级公路等基础设施建设，进行土地保护和土地利用协调等。

意大利在地方设 20 个大区（其中自治区 5 个）、98 个省、8099 个市镇。大区政府在城市建设和管理方面的主要职责是：进行城市管理立法；制定大区发展规划；协调并审查批准市镇政府提出的市镇建设规划。意大利的省是大区的派出机构，可以编制省级发展规划，协调各市镇之间的规划，还可以就省级道路和环境、消防、地震等做出规定。市镇政府在城市建设和管理方面的主要职责：一是，制定市镇建设规划；二是，实施市政设施建设许可，如建设住宅，必须事先得到市政府的许可；三是，进行市政服务收费；四是，具体实施城市管理的处罚权。

意大利城市建设和管理有以下特点。

立法权和城市管理权逐步下放。意大利的城市建设和管理主要是依照 1942 年制定的《市政法》进行的。20 世纪 70 年代以前，立法权集中于中央，城市管理权由中央和市镇政府行使。中央政府掌管着市政建设的审批权、经费的控制权和规划的批准权。1972—1975 年批准建立大区后，城市建设和管理的部分权力逐步下放给大区政府，包括立法权、城市规划审批权和城市管理权。目前，中央和大区政府都享有立法权，中央政府负责制定总体框架方面的法律，大区政府制定实施方面的法律，市镇具体落实法律的规定。在经费方面，由中央分块切给大区政府，大区政府再分配给市镇政府。

应当说明的是，在意大利，虽然中央逐步下放城市管理权已经成为一种趋势，但并非中央政府无所作为，中央政府对城市建设和管理仍有干预权。根据 1977 年总统令规定，对涉及国家公共利益的工程和大区、市镇规划，中央政府有权依照法律规定进行干预。

以建设项目为主的规划体系。意大利规划的一个显著特点，就是以具体的建设项目为主要内容进行规划，这从意大利三个层次的规划体系中可以看出。

大区发展规划。这是一个由大区制定的战略原则性规划，主要就重大基础设施做出规划，如铁路、公路、港口、保护区等。

省级发展规划。过去没有省级发展规划，根据 1990 年中央政府 142 号令规定，省里可以就市镇与市镇的连接部位制定规划；同时，受大区的委托，省里也可以编制省级发展规划。省级发展规划主要包括总则、介绍、需要开展的项目和技术规则四部分。

市镇建设规划。由市镇政府根据《市政法》、大区和省级发展规划，就土地利用进行具体规划，详细规定土地的用途，如居民区、工业区、商业区、服务设施、绿地在哪里建等事宜。市镇建设规划须报大区批准。

意大利各级政府在制定规划时，坚持以下原则：①注重保护历史古迹和文化遗产；②综合考虑大区、省、市镇规划相协调；③注重动态规划；④注重环境保护，如留有足够的空间发展绿地等；⑤考虑人口因素，如随着意大利人口老龄化，如何为老年人提供市政设施服务问题。

以城市改造为主的城市建设。在意大利现行城市建设和管理方面的法律中，有 70％的法律对城市改造问题做出规定。以威尼斯为例，意大利政府于1971 年制定、1984 年修改的威尼斯特别法，明确规定了威尼斯的城市改造问题。在城市改造的资金来源方面，主要有 3 个渠道：一是，中央政府给威尼斯拨专项资金，直接用于改造的项目；二是，威尼斯市政府自筹一部分资金；三是，利用私人的资金投资改造。威尼斯市政府在城市改造中，十分注意保护城市原有的风貌，保持威尼斯固有的特点。

城市公用事业逐步私营化。意大利的城市公用事业原来都是由政府统一管理和经营的。近几年来，很多城市公用事业都逐步转给私人经营。如城市供水，由市政府水电公司负责经营，这是一个由市政府控股的私人公司；城市排水和污水处理，由市政环境局负责，原来是市政府的机构，目前已经私营化，但由市政府控股。此外，在城市规划、建设和管理中，一些私人机构也积极参与。制定规划时，私人机构可以提出修改意见；一些由政府控股的私人公司，利用政府闲置、废弃土地进行开发建设，出售、出租后为政府赚取大量资金，用于城市建设和管理。

思考与借鉴：

第一，中央立法，具体管理权下放给地方政府。意大利中央政府主要负责制定城市建设和管理方面的法律，规定基本原则，地方政府负责具体落实。如城市绿地的建设，中央政府规定必须达到的最低绿地面积，大区政府规定必须达到的标准，市镇政府根据这些要求具体组织实施；再如，对于违法行为的处罚，中央政府规定哪些属于违法行为，大区政府规定处罚的最高、最低限额，市镇政府在这个范围内规定具体处罚数额。

第二，将一些公众服务的机构推向社会。充分发挥私人机构或者其他机构在城市建设和管理中的作用，特别是一些为公众服务的领域，如供水、供电、供热、垃圾处理等，由社会化的公司按照国家的规定进行经营，政府加强监督，对不按照规定或者未达到标准的，限期改正，直至收回经营权。

第三，我国人多地少，从切实保护耕地、合理利用土地这一基本国策出发、进行城市建设必须坚持以旧城改造为主，合理利用城市中现有的空闲地，避免盲目扩大城市规模。在这方面，意大利的做法值得借鉴。

9.3 美国经营城市的策略与实践——纽约土地开发的一个实例 分析[4]

在国外，经营城市理念有一定的历史基础。美国的"市长经理制"和"城市增长管理（Growth Management）"、欧洲实行的"企业家城市管理（Entrepreneurial Local Management）"等都属不同程度地延续了这一理念的实践。进入全球化时代，"增长联盟"（Growth Coalitions）和多元主义（Puralism）理论也从不同侧面分析和解释了这一理念。纽约对于城市发展进行管理，采取的是一种所谓的 ULURP 项目全程控制管理程式。

ULURP 程式自 20 世纪 70 年代开始在大都市规划和建设中尝试运作，至 90 年代，已经相当成熟。ULURP 是城市土地利用审批程序（The Uniform Land Use Review Process）的英文缩写。一个完整的 ULURP 程式，就是由包括社区、区行政长官、顾问在内的各界人士就城市规划委员会、市政委和市长等提出的一系列规划草案进行表决的。这些规划草案包括：规划文本、分区规划修正方案、详细规划、城市更新改造规划、投资项目选址、地产购买或出租方案、社区规划、特殊项目规划和滨水区或环卫项目规划等。

1996 年，全美区域规划协会在其第三次综合区域规划（Third Regional Plan）中再次明确了纽约作为全球中心城市的支配地位。从某种程度上讲，只有实施一系列特殊和庞大的规划和建设，改善和加强国际大都市在商业、服务业、金融业等各业方面的物质基础和发展环境，才能维持纽约在全球的超级地位。

为了适应这些庞大的规划需求，参与纽约都市规划的人员包括来自 59 个不同的当地社区委员会的成员、13 个城市规划委员会的成员、在任官员及近千名城市、州、联邦机构的工作人员和城市各非营利团体在内的各界人士，总计达到 1700 人。

ULURP 由申请人申请开始。申请人既可以是官方，也可以是公共机构，如社区董事会、城市规划局或别的市政单位，个人团体（如开发商或城市其他团体）不限。ULURP 规定：一旦项目进行申请，城市规划局保证项目按时间表启动，整个程式时限 180—200 天。

1989 年后，政府详细规定了 ULURP 程式中各方的行政权力分配。社区董事会和区行政长官对项目的任何建议只能作为参考，而不具行政命令。假如城市规划委员会投票否决了项目，计划就不能实施。假如规划委员会认为项目的确可行，市政委还要进行 50 天的审阅。这期间，都要召开公众听证会进行投票。另外，市长还有 5 天的时间进行审阅。遇到市长否决，市政委可以在 10 天内进行再次投票，若以三分之二的多数通过，项目照样可以进行。

一旦 ULURP 启动，项目就要受到严格的时间、法律程式和涉及范围的限制。直至 ULURP 程式通过对项目形成的终审决议，市政委的任何建设和管理只能在其标准以内进行，而不能任意超越或扩大它。

这个程式的确降低了大规模项目的负面影响，有助于充分表达社区的立场，减少对邻里和居民利益的损害。纽约最初尝试实施的"城市设施选址标准"，旨在均衡布局城市利大和利少项目，减少"NIMBY（事不关己，高高挂起）综合征"的出现，在很大程度上增加了建设项目选址的公正和有效性。

南河岸项目案例：

南河岸（Riverside South）位于曼哈顿岛以西，方圆约 75 英亩，是岛上最后一块面积较大的空地。早在 1991 年，Donald Trump 就买下了这块叫作篷尼场的土地，并声称准备将其建设成为 1400 万平方英尺的电视城、150 层的办公楼、区域性的购物中心和几座 60 层的商住楼。由于社区和政府的强烈反对，这一项目没有通过 ULURP。于是 Trump 开始重新组织项目申请。经过与市长办公室的谈判，他出人意料地同意签署购买 800 万平方英尺土地开发权的协议。一些对他先前申请提出异议的团体和党派，如市政艺术社团、区域规划协会、公园委员会、西部先锋和自然资源维护委员会等，都对项目修订方案投了赞成票。因为 Trump 使他们相信他准备将 23 英亩的河岸公园整饰一新，对公众开放，以腾出河岸右边的土地用于原位于滨河区的西沿（West Side）高速公路的改线。除此之外，Trump 还请来大名鼎鼎的曼哈顿切斯银行为其做了 2.2 亿美元的担保。

紧接着，Trump 迅速成立了南河岸项目规划公司，以进一步对项目进行 ULURP 申请。这次的规划虽然得到了反对他前一次规划的城市市民团的支持，但持反对意见的仍然占当地居民的多数。实际上，在这片区域内约 21 万居民中，大多是相当富足、受过良好教育的白人，这些人是身经百战的老手，也是在十年中为了这片土地与对手经历过殊死战斗的老将。

尽管如此，南河岸项目规划公司还是开始行动了，公司既与来自 Skidmore、Owens 和 Merrill 的建筑师们一起工作，又不断地跟城市规划局进行沟通，在 14 个月之内第三次完成了新一轮 ULURP 的申请。这次规划将公园和高速公路项目组成一体，加上对河岸公路线从西第 72 街到西第 59 街延伸四分之三英里进行开发的工程、16 幢 5700 套公寓的住宅楼、180 万平方英尺的影视制作中心、为 1 万住户服务的商业区，共列举了总计 15 个捆绑项目在内的投资总计 30 亿美元的规划项目。这些建设项目不仅能为发展日益陷入困境的纽约建筑业和房地产业提供成千上万个就业机会，还能为娱乐业和城市"慢性房屋短缺症"提供足够的发展空间。

毫无疑问，这样庞大的项目的 ULURP 程式是非常复杂的，它不仅包括 5 大类城市地图集、5 个城市分区细分图、8 项城市地铁建设特批项目可行性分析、重新整治分散小块土地许可证，还包括道路交叉仲裁分析结果等。它还将建设时限从 2 年延长到 10 年。项目中仅为官方审阅方便而编写的简要手册就有文件 60 页、附图和规划图 12 张之多。

项目按照新申请而进行的 ULURP 程式，首先遇到了来自社区董事会的强大阻力。社区董事会专门雇佣自己的规划公司 Buckhurst Fish Hutton Katz Jacquemart 公司对项目进行分析审核。经过三天的公众听证会，董事会以 61 条理由否决了上述规划。这些理由主要集中在规划区人口密度、相关排水处理方式、交通和学校问题，以及对奢华住宅区环境的影响及公园的使用维护和运作方式上。

经过 2 天的公众听证会和自己的深思熟虑，曼哈顿行政长官 Ruth Messinger 也提出申请者须签署理解备忘录的要求。备忘录包括几个对 Trump 的约束条款：10％住宅必须是居民可以承受的价格；500 万美元用于地铁的修缮；为公园承担一半的修建费用；西沿（West Side）高速公路从原滨河区改线前须修建临时公共广场。在一份附注报告中，Ruth 认为规划还要进行适当的调整，如调整 180 万平方英尺的影视制作中心到城市整体设计所需的规模；建设一个规模适当的污水处理厂；成立项目建设监督委员会等。另外，其他各界的 84 位代表也在一次相当长的公众听证会上发言并呈递了附有详细反对理由的报告。

规划委员会和申请者便在其后的 6 周中与 Trump 进行了艰难的谈判和磋商。为了进一步限制和修正项目对周边地区和居民利益的损害，综合考虑上述各方意见和建议，委员会附加了一些更为严格的发展约束条件，试图在经济萧条时期既考虑城市需要而对这个城市建设史上最大的私人建设项目进行鼓励，又能做到照顾当地居民的利益。

尽管各界对此意见不一，委员会还是批准了 Trump 对篷尼场的开发权。在最后拍板前，市政委员会召开了 4 次会议，与规划委员会达成最终的框架协议。为便于实施，协议再次细化了上次的决议内容，如：雇佣 20％的少数民族；将 50 万美元用于该区年长、年轻人员的职业培训项目；规范适当的建筑形式；由城市行政长官和立法部门相关人员共 5 人组成监督小组以确保协议生效。终审形成如下决议。

第一，降低项目建设的规模。降低居住用地 10 万平方英尺和商业用地 30 万平方英尺的规模，将开发地域控制在 790 万平方英尺之内。

第二，削减豪华住宅项目投资。至少 12％的居住面积要照顾低收入居民的经济能力，并对此作了进一步的细化规定。

第三，规定开阔空间的详细标准。对 23 英亩的公园，委员会要求：要按照公园的设计和实施标准进行规划建设；另外，在高速公路选址和分项目规划上也进行了艰难的磋商，让 Trump 和纽约公园局签订了协议；最后，特别强调几块公共土地的建设必须保证其公共性，强调社区所关心的特殊街道隔墙的最大基石高度和电视塔的高和宽等具体建筑设计要求，等等。

第四，妥善处理交通问题。委员会考虑该项目中仅房地产建设一项就要为本地增加约 1.5 万人口的通行问题，它敦促 Trump 拿出 1000 万美元给大都市区交通局用于西 72 街和西 66 街地铁站的修缮。还要将一个轻轨建设计划纳入其内。另外要拿出 700 万美元用于 Bronx Harlem River 货场的复原，因为 Trump 的工程会对货运船只进入曼哈顿港造成障碍。

第五，工程可以不承担排水问题的责任。委员会不顾社区董事会的反对，认为该项目每天 142 万加仑的废水排放不会对附近的污水处理厂造成负荷过重的压力，因为后者日处理废水能力可达 1.7 亿加仑、服务区可覆盖 5100 英亩约 50 万居民的住区。

第六，其他。包括建一处 600 人就学的学校；建立一个 12.5 万美元的租房补助基金，以减少租房者的压力，为动员搬迁做准备；完成项目建设社区可持续发展规划；承诺在建设实施中雇佣妇女和少数民族；成立建设顾问董事会，吸纳居民代表参加；针对居民关心的问题成立建设事务冲突处理联络委员会；将建设时间限制在 7 年半内。

项目终于可以启动了。整个 ULURP 过程使篷尼场这块土地由原先的 8500 万增值到 4 亿美元（仅基础设施就达 3.4 亿美元）。就这样，城市规划委员会在长达三个月之久的 ULURP 程式中，逐步协调了国际大都市的建设创新和松散复杂的邻里关系的现实矛盾，将一道市政服务公共菜做成了符合大众口味的美味佳肴。

评价：

通过对纽约大都市规划程式（城市土地利用审批程序 ULURP）进行的客观分析，揭示了纽约城市规划委员会、有关部门官员及城市各个社区在制定和详细论证一项特殊规划时，是如何针对城市强有力的经济驱动和松散的社会层面发展之间、城市的整体利益和社会小团体利益之间的矛盾，为减少城市内部各政治势力之间的竞争和摩擦，加强公共部门和私人团体之间的紧密合作而不懈努力的。

同时我们也看到，大都市的规划必须是社会各界参与的结果，既要保证居民的需要，又要与国际大都市的地位和目标相当，是一种民主的程式，而不是经济文化至上的发展观。纽约的城市规划委员会，正是通过这样一个合理和有影响的 ULURP 程式实现其对城市和城市居民做出的承诺的。

通过上面的案例分析，我们也可对纽约作为国际大都市在规划实施中面临的各种困难有了初步的了解。正是通过这个 ULURP 程式，在有着各种传统和法律、居民的多重需要、庞大的规划项目等复杂背景的都市里，社会各界和公众可以对公共事务的规划和建设行使自己的发言权。所以，ULURP 程式不仅影响着每一个规划的实践和项目本身，也有利于减少项目对城市带来的负面影响，使项目建设有利于都市社会和经济的发展。

案例告诉我们，在规划委员会的干预下，申请者与地方社区一步一步地谈判和妥协，经过三番五次的变化和修改才被通过 ULURP 审查的。当然，由此我们也可以看出，社区和民众才是规划行政的真正动力。

当然，不可否认的是，在实践中，由于 ULURP 的运作体制最大限度地鼓励公众和各界的参与而带来很多摩擦和磋商，甚至有可能中止项目规划，但无疑地，这个规划程式在很多方面对我们仍然有很多可资借鉴之处。

注释：

［1］陈岩松、王巍：关于城市经营的研究与思考，《城市规划》，2002（2）

［2］谁来为中国城市化买单？《中国经济导报》，2002-10-15

［3］意大利的城市建设与管理，《中国建设报》，2001-8-17

［4］黄丽：美国经营城市的策略与实践，《上海城市发展》，2003.2（1）

第 10 章　积极开展经营城市

经营城市是一项系统工程，往往需要对以上各种因素进行统筹规划和合理安排，只有经过系统、全面的分析研究，制定详细并具有较高可操作性的实施计划，并按计划循序渐进地贯彻执行，方能达到经营城市的目的。

10.1　解放思想、转变观念、转变职能

开展经营城市需要一定的氛围和环境，这不仅是经营上的需要，更是拓展城市建设方式的需要[1]。解放思想、转变观念是经营城市的本质特性和根本要求。一方面，经营城市是解放思想的结果；另一方面，思想是否解放，解放的程度大小，直接决定着经营城市的效果。所以，在经营城市中，要把解放思想、转变观念放在首位，并贯穿始终。观念可以使人增强信心、激发创造力。因此，解放思想、转变观念不可忽视。

对于经营城市来说，一是改变城市基础设施"无偿使用"的观念，形成"有偿使用"的观念，视市政基础设施为"特殊商品"；江西兴国县就抛弃了城市建设"从属地位""非产业化"的旧意识模式，确立了城市建设"产业化""商品化"的经营新观念，把城市建设推向市场，将路、桥、土地、绿化、供水等变成商品，鼓励外资、民资参与城市建设，并把城市管理权、保洁权推向市场，既减轻了财政压力，又安排了就业，取得了多赢的效果。山东省莱州市把城市资产视为宝贵的国有资产，改变了过去一提国有资产就习惯于把眼光盯在国有工商企业上，而忽视城市这一特殊资产观念，把城市发展的着眼点由单纯投入型向经营投入型转变，结果使城市的有形、无形资产得到升值，城市的品位得到提升，城市建设的路子越走越宽。二是改变城市资产由政府"独家管理"的观念，形成"多家管理、开发、发展"的观念；西方在 20 世纪 70 年代后，兴起了国有企业私有化浪潮，尤以英国的撒切尔夫人为代表，引起了政府提供公共产品的市场化改革。英国政府从 1984 年开始，以电信产业为开端，相继对煤气、自来水、铁路运输等主要基础设施产业进行了重大的政府管制体

制改革。虽然各基础设施产业的技术经济特点不同，但政府管制体制改革的中心内容就是重新调整政府与企业之间的关系，建立有效竞争的市场格局。把原来由政府直接干预企业经济活动的政企关系，调整为政府调控市场、市场引导企业的间接调控关系。改革的思路基本上是公共产品的生产尽量交由市场解决，政府尽量退出这一领域。这里的原则是，按照市场能否够提供、政府是否必须亲自直接运作来分3个层次，第一，先看市场能否够提供？市场能够提供的产品或服务，此时，政府就不应介入，这类产品多为竞争性产品；第二，再看政府是否必须亲自直接运作？可以委托或引导企业来提供的产品或服务，这部分产品或服务仍然可以通过市场手段来调控；第三，则是必须由政府直接经营来提供产品或服务。三是改变"等钱开发建设"的观念，形成"借力开发"的观念，开放某些收益前景好的市政设施项目，允许国内外投资者进行开发、建设；四是当前尤其要克服国有资产流动会造成流失的担心，用超前思维和创新意识作好经营城市工作。五是改变城市规划属于纯"技术规划"的观念，变成为"社会经济规划"的观念。长时期以来城市规划总是以工程技术、建筑艺术为出发点，对规划的社会化、经济化以及可持续发展缺乏足够的重视与体现。国内外实践证明，一个真正科学的总体规划本身就是一座"金矿"，就是财富，市场经济条件下，城市规划在继续重视工程技术规划、建筑艺术规划的同时，必须树立三个效益——经济效益、社会效益和环境生态效益的观念，充分发挥城市规划的掘富、致富功能。六是注重发挥市场的作用，正确把握政府与市场关系。为了便于经营城市，可以按照政府与市场作用的范围和深度划分为三大部分：①主要发挥市场作用的领域（包括竞争性行业、民营经济发展等）、②政府与市场协同作用的领域（包括国有企业发展与改革、土地经营、基础设施建设与经营、教育科技的发展以及文化产业发展）和③以政府为主体作用的领域（主要包括城市规划、公共政策、政府职能转换与电子政务）。由此，在不同领域中积极探讨政府的职能，或经营内容和经营手段，提出科学经营城市的对策措施。

城市政府职能的转变对于塑造良好的经营环境至关重要[2]。这方面主要表现在：一是实行"政企分开"，按照中央的要求，政府从企业经营的所有领域逐步退让出来，包括一些原来由政府直接经营的资源，也要通过市场化、企业化来运作。同时，还要区分自然垄断经营业务和非自然垄断经营业务。应将前一类业务分离出来，由一家或极少数几家企业进行垄断性经营，并由政府进行适度管制；而后一类业务则应由许多家企业竞争性经营，以充分发挥市场竞争机制的作用。二是要确立有限政府的观念，政府的职能和权限要限制在一定的范围内，而不应当无限扩大；三是要确立服务的观念，从过去权力型和管制型的政府过渡到服务型政府，服务于企业、服务于社会；四是要确立公平竞争的观念，引入竞争机制，以切实提高政府的管理运作能力，真正"精兵、减政"，实行组织领导机构的少层次和权力下放；"小政府，大服务"；从过去为国有企业提供特殊关照，过渡到为所有企业包括外资企业创立一个公平竞争的市场环境，增加市场透明度；五是要确立法制的观念，建立和健全法律法规体系，依法行政、依法管理，而不是按领导或长官的意志行使政府权力；六是改造和提高政府信息化能力；深化城市规划的变革，为经营城市提供依据。

开展经营城市需要强化经营城市理念，实现把城市资产视为公益财产到可经营化资产的转变，把城镇建设作为社会公益事业到资本经营的转变。这里需要注意的是对城市资产中的无形资产部分应格外关注和开发，如莱州市仅就拍卖一专项资金的"存款权"上获得 680 万元的收入。

中国加入 WTO 后，中国的"城市企业"之间的竞争进一步加剧，而且直接与"世界城市企业"同台竞争，共同争夺市场，特别是目标市场中的优质"客户"——高素质人才、跨国公司、大企业集团、大型机构等。纽约、新加坡、伦敦、巴黎、中国香港等国际性大都市，以经营城市的理念一直致力于提高公共物品和城市服务，吸引了世界人、财、物等资源的积聚，城市经济效益不断提高。我国的城市如何解放思想、统一认识，真正实现经营城市，更具有重要的时代意义。

10.2　深化改革、积极探索、改善环境

经营城市不是存在于真空里，而是实实在在地处在我们的现实社会中，经营城市的每一个行动，都会涉及现有的环境状况（如体制），每一次行动的成败，都与所处的条件优劣息息相关。因此，完善和提供一个相对宽松的市场运作环境，是经营城市的前提。

首先，积极推动政府机构改革。发展城市实际上是一个政府体制改革的问题，政府体制改革好了，才能使城市的供给更有效，包括财政、税收等，才能使我们的城市得到更快的发展。要科学构建经营城市的体制框架，按照"国家所有、分级管理、授权经营、分工监管"的原则和现代企业制度的要求，建立城市

资产管理机构、经营机构、企业三个层次的管理、运营和监督机制。

做好城市的经营，要求政府集中精力搞好公共物品的供给，政府提供公共物品也要专业化。以往的许多城市政府习惯于搞国有企业，随着市场经济的深入，起码在城市这一级不要再搞国有企业，城市政府应从管理企业的这种麻烦当中脱离出来，让企业按照市场规律来经营。城市政府的职能就是提供公共物品，它包括提供对私人市场的管理和规范，政府不去管市场中具体经营的事情。过去说我们的政府是大政府，其实就是政府管得过多，自己管了许多不该管、也管不好的事情。现在又说是"小政府"，指的是它该管的事情没有做好，该提供的公共物品它没有提供，包括规则、法制、修路建桥。据说，广东顺德区政府将容声集团卖掉以后，没有一个可归市长管的企业，那市长干什么呢？天天拿着大哥大，到处收税和监督，用收来的税建路、修桥、创造更好的投资环境，吸引更多的人来投资。

其次，改革城市建设的投资体制。开放市场，引入竞争机制，放开市政公用事业经营市场，打破行业和地区垄断，允许国内外投资者公平进入城市市政建设领域，变独家经营为多家经营，增强行业发展活力。着力健全城建投资市场化经营机制，组建城市建设投资开发有限公司，尽快确立其城建投资主体的法人地位，实行企业化运作，赋予其更加灵活优惠的政策，使其成为政府经营城市的投融资主体和企业法人实体，并努力培植成为有竞争力的上市公司。对建设系统的国有资产进行优化组合，全面归集和盘活现有土地和基础设施存量，促进城建资产滚动增值。将市政、园林、环卫等养护作业推向市场，可以通过公开拍卖、出让经营权和保洁权给企业或个人，新的所有者会从追求利润最大化和躲避风险的本能出发，千方百计地经营好、管理好，从而实现政府投资最小化、社会效益最大化的双重目标。加快公共产品与服务的市场化、产业化步伐，从而为进一步鼓励外商、私营个体企业以独资、合资或 BOT、TOT 等方式投资经营城建项目创造更好的条件。此外，逐步建立和强化城市建设的成本机制，在注重高起点规划、高标准建设的同时，着力实现低成本投入、高效率运行、高效能管理。

在经营城市中，广辟资金渠道，做好三个"向"[3]，一是"向上"申请财政拨款、国债补助、国债转贷、开发银行和商业银行贷款；二是"向外"吸引国外、境外各种贷款和企业、个人的投资，本市以外国内各省市公有和非公有企业或个人的投资；三是"向内"依靠本市自身的人力、财力、物力，充分发挥政府、企业和个人的积极性，按照市场经济的原则，通过合法的形式筹集资金。

引入国外较为成熟的融资方式，如建立市政建设债券发行制度[4]。市政建设债券作为城市政府发行的用于城市基础设施融资的主要工具，在西方国家已有上百年的历史，并已成为债券市场的重要组成部分，截止到 1998 年年底，美国流通中的市政债券的总量已达 1.5 亿美元，占流通中的各类债券总量的11.5％。而在我国市政债券的发行是不被允许的，我国《预算法》明确规定地方财政不许有赤字，也不许举债。但城市化的快速发展对城市基础设施的旺盛需求和城市政府的一定财权和事权的获得对市政债券的发行提出了要求。另外，巨额的居民储蓄所蕴藏的巨大的投资需求也给市政债券的发行提供了资金支持，这表明发行市政债券的条件已基本成熟。因此，探索修改相关法规，准许城市发行市政债券以进一步拓展城建融资渠道已经提上议事日程。鉴于我国的具体情况，可先在我国经济比较发达的城市试发行市政债券，待时机成熟后再逐渐推广。

三是不断拓展经营的领域和范围。挖掘盘活存量资产，以资产换资金，以资金建设施。在搞好现有土地、房产等经营的基础上，不断挖掘新领域，开拓新内容，把城市内有市场、未能有营运的资产都纳入经营城市范畴。比如扩大城市市政公用设施有偿使用、有偿服务范围，使其在使用过程中得到合理补偿；同时改进行业管理，引入竞争机制，促使公用事业的健康发展。在区域范围上，可以把经营城市的方式从城区延伸至县城、中心镇中去。

四是培育市场和建设投资环境。精心打造融资平台，建立城市建设多元化投资体制。目前，市场培育的重点就是要有众多的富有活力的运营主体、中介机构和组织，如资产经营公司、拍卖公司、评估公司、广告公司、律师事务所等。另外，就是要大力开展招商引资，营造一个良好的开放性的投资环境，使得众多的投资者愿意参与城市建设，购买企业、购买土地，进行投资。没有这样一个投资环境，经营城市就失去了保障，失去了根基，就难以成功。

五是改革市政设施的经营机制。在城市基础设施的管理与运行方面，按照政企分开、管养分开的改革思路，积极建立现代企业制度；在全面规划、统一管理、特许经营、有序放开的前提下，培育平等参与、适度竞争的市政公用事业市场体系，走企业化、专业化经营的路子；同时，要建立科学合理的市政公用事业价格机制，促进市政公用事业的健康发展。以前，城市市政设施的建设经营是清一色的国营，现在开始经营城市，有一些公共设施可以交给私人经营。在公营和私营的结合方面，现在有这样一些形式：公有公营、公有私营、私有私营。城市基础设施是公共物品的提供，是自然垄断行业，政府是主角，但是有些事情可以交给私人去做、交由市场去做、交由社会去做。

在推进经营城市过程中，需要注意因地制宜，按照市场经济规律办事，不能搞一哄而起、一种模式、生搬硬套、行政命令，更不要搞"一刀切"。

10.3　把握规律、运营资本、借力发展

对城市资产进行经营是解决当前我国城市发展所面临的困境的现实需要。经营城市，需要从市场经济思路考虑并运作城市资产，使其货币化、资本化，以获得合理的收益。这就要求遵从市场经济规律，按经营的意识、机制、主体与方式，对资产进行资本化、货币化，进而进行集聚、重组、营运，使其得到重新配置与优化组合，这就是国外惯常采用的资本运营。资本运营的方式主要有：变基础设施无偿投入为有偿投入，变政府独家投资为社会多方投资，成立城市建设发展基金和投资公司，实行路、水、电、气、房地产综合成龙配套开发，吸引内外商投资于城市建设与发展。这样，把城市作为资本进行经营，可极大的促进商品流通，促进供给和消费。如上海从 1996 年通过改革公交的票制、机制和体制，解散了 30 多年的上海公交总公司，引入股份制和股份合作制，拓宽了融资渠道，这一下吸收置换资金 5.6 亿元，盘活资产存量 2 亿元。

按照事物发展的自身规律，发挥资源的各种效用。旅游资源不仅具有景观价值和经济价值，而且具有更为重要的功能效益，即它可以为城市竞争力服务，为城市经济和产业发展服务，为城市功能的调整与提升服务。过去我们的城市对旅游资源的景观价值和经济价值注重得更多，而对其综合服务功能却忽视了。今后更多的是要借助这些有利的资源，充分发挥城市旅游资源巨大的综合服务功能，重整城市的功能和地位。

如何把城市这份国有资产做活，靠什么力量和办法来启动这个经济过程？一靠良好的环境，二靠吸引外资。环境加外资，就能发生化合反应，城市就能增值。经营一个城市成功的关键，在于避免雷同，切忌人云亦云赶时髦，而应该发展与其自身条件相符的特色经济。

10.4　做好规划、指导运营、少走弯路

城市总体规划是一定时期内城市建设的全面部署和安排，它描绘了城市发展的前景，而经营城市则是实现城市规划目标的一种手段。如果城市总体规划的质量较高，科学合理，对城市的社会经济发展是一个有力的促进，它能带来

资源配置效率的提高，社会投入总成本的降低，整体产出和财政收入的增加。可见，一个科学合理城市总体规划是城市建设顺畅发展的重要基础，也是经营城市最重要的依托。当然，一旦其规划质量不高，或出现重大失误，将会产生负面影响，会使经营城市陷入无序状态，无法顺利进行，轻则造成人、财、物的浪费，重则使城市发展遭到不应有的破坏，多走弯路。

一个城市要想做好城市总体规划，实现经济的良性循环，提高城市竞争力，需要注意三个环节。一是城市功能定位，这是最关键的。可以学习国内外经验，结合自己的情况进行定位，如绿色城市、国际性大都市、商贸城市等。二是产业选择。对进入被选行列的产业，依据它的成长性、贡献度、关联性，加以慎重选择，因势利导地推动适合本地特色的产业发展，在土地资源配置、基础设施安排以及相关措施上给予保障。三是要围绕城市定位、产业选择，塑造城市的软硬环境。政府要处理好几个关系。第一，要处理好政府和企业的横向关系。明确哪些是政府做的，哪些是企业做的。政府的目标是城市综合利益（经济、社会、环境）最大化。第二，要处理好中央政府和同级城市政府间的纵向关系。在公共物品的提供上，应本着事权和财权对称的原则进行，这要涉及财政体制改革。第三，是横向城市间要考虑分工合作问题，包括跨区域的基础设施建设、城市定位、城市功能和产业选择等。这样，可以避免重复建设，恶性竞争。

目前，城市发展的战略决策和规划设计尚未形成健全的科学化运作机制。这使许多城市在城市主体形态框架、重大标志性工程建设等方面留下了一些缺憾，应当在这方面加以研究完善。同时，面对信息时代、汽车时代的到来，面对新一轮城市竞争的新特点，经营城市需要在战略层面上找到及时有效的对策。此外，城市新区的开发建设正在成为经营城市的一个亮点，需要在城市规划中对新区的规划应尤为关注。

10.5 依法经营、严格操作、务实求效

开展经营城市，不能忽视法制建设。市场经济是法制经济。现在一些城市的建设、经营、管理和资金运用效率不高，存在腐败现象。因此，城市政府在实施经营城市的过程中，必须重视经营城市的法制建设，使经营城市活动有法可依、有章可循。依法规范经营城市行为，既包括政府行为，也包括市场行

为、市民行为，这样才能使经营城市沿着依法、科学、有序的轨道推进。做好这方面的工作，一是要加强经营城市有关法律、法规的建立。城市的管理和经营，过去主要是靠政府采用行政指令手段进行，今后主要是依靠以法律、法规为基础的经营和管理。经营城市的组织者是政府，要在城市政府的领导下，研究制定出一套搞好经营城市的政策、机制、制度和办法，实现政府职能的转变，充分发挥宏观调控的作用，及时研究新情况、解决新问题，包括对经营城市理论和实践的探索，制定有利于发挥市场机制在公共投资管理中基础作用的规则和法律法规，通过公开透明的市场交易程序和监督体系，使经营城市这一新生事物正常发展，为加快我国城市现代化建设做出贡献。二是需要规范政府行为。切实用好源自国民税收与财富的公共投资资金，实现这笔公共投资的最终目的——提高国民的生活水平和质量；同时，防止这笔财富的误置和浪费，由于经营城市是在城市政府的主导下进行的，所以，其难以避免受长官意志左右，这很容易导致对政绩或经济利益的片面追求，将不该批的地批了、不该建的建筑建了、不该卖的资产给卖了。三是加快民主化进程，实行公众监督。在经营城市中，城市政府需要退出竞争性领域，一部分设施能交给市场的由市场调节，不能完全放回市场且仍需政府经营管理的，则要实行民主决策、社会监督制度；城市政府还应加快探索建立地方国有资产管理体系。四是要严格执法，打击腐败。经营城市是在我国经济体制转型的背景下出现的，在政府依然对经济有相当大的影响力的情况下，一些部门为了本部门的利益在经营城市中人为设租从而导致寻租和腐败现象发生。鉴于此，一方面要制定城市的总体规划并在执行中保证城市规划的严肃性，另一方面要制定相应的法律法规，建立责任追究制度，对经营城市中出现的失误和违法行为进行责任追究和法律制裁。通过法制法规的建设使经营城市切实做到有法可依、违法必究，从而保证经营城市的顺利进行。

开展经营城市应当做到"三个要求"和"四个化"。"三个要求"是：一是要有科学的总体规划，争取使所有建设都成为精品；二是严格对土地和资金的管理；三是不要好高骛远，不求最高最大，但求最精最好。"四个化"就是城市资产商品化；经营活动资本化；经营手段市场化；经营目的效益化。只有这样，政府的投入和累积的资产才会有回报、有增值，就能在增加经营效益的同时创造社会效益。

与此同时，我国的城市应当建立以经营城市效益为杠杆的考核机制，配套完善的考核体系，加强对我国各级经营城市管理者、首先是对各级市长的城市经济效益考核，积极推进真正的"经营城市"，逐步引导我国城市运作由"管理型"向"经营型"、由"花钱型"到"赚钱型"、由"上级导向型"向"市场导向型"的转变。

10.6　以人为本、创新学习、提高素质

城市政府管理、治理城市的目标是多元的、多层次的。不仅有市政建设目标，通过完善城市规划和措施，加强城市功能建设，美化城市，进一步使城市升值，形成强大吸引力；还有产业或经济发展目标，不断创造更大的需求，不断促进市场主体发育，有效地配置资源、聚集产业，实现经济的良性循环，高效、健康的发展；此外，还有更为重要的社会目标，强调以人为本，坚持人与环境的协调发展，使人的素质得到全面提升，使人的福利实现最大化，使人在物质生活不断提高的过程中，精神生活得到空前的改善。

这样，经营城市不仅具有了丰富的经济内涵，也还具有了丰富的社会特征，其内在的核心在于使静止的城市资产变成富有活力、可产生新价值的城市资本。具体含义可理解为：一是高品质的新生活目标。城市政府以城市的发展、社会的进步、人类物质与文化水平提高为目标，有效地建设城市。在加快城市建设和改造过程中，突破传统计划的思维来经营，对构成城市空间和城市载体的自然生成资本和人力作用资本以及相关的资本进行聚集、重组和运营，通过市场化运作、多元化投资、有偿使用、社会化服务、企业化经营等，促进城市公共产品生产。二是高效率运转机制和高素质的从业员工。通过经营城市，进行城市建设管理体制改革以及市政公用事业运行机制和经营机制的改革，引入市场竞争机制，打破地方保护主义的壁垒，增强城市公用事业从业人员的危机感、责任感和使命感，建设好、管理好、服务好、维护好城市。三是开放的学习型城市。不断地解放思想，深化改革；超前思维，民主决策，更好地开放城市、发展城市。进一步优化环境，加大招商引资力度；挖掘潜力，巧借外力，筑巢引凤，外引内联，提供优质服务，以更开放的政策吸引人才，吸引社会资本。

城市政府挖掘新的城市资源的过程往往也是政府职能调整和创新的过程，新的经营城市资源往往可以在城市政府职能的调整过程中被发掘，并同时构成了政府职能调整的途径和手段。例如，出租车营运证一旦成为政府管制的一项

特许经营权，这种制度创新便开发出了一种重要的城市资源：温州市出租车永久性经营权的拍卖价格高达每辆 60 万元。无疑，城市庞大的出租车行业可以给政府带来巨大的收益。这实际上也是一种融资技术的创新。同样，上海对苏州河的成功治理也积累了一条治理污染的产业化投资和运作的道路。这不仅使政府从沉重的治污负担中解脱出来，这个制度创新所带来的效率和效益也远非是原来的政府环保投资所能及的。

10.7　开拓领域、奠定基础、扩大战果

经营城市涉及的领域很多，除了上述的政府主体、企业主体和土地、环境等客体外，还有许多方面不可忽视，比如社会事业的发展状况，市场成熟程度，甚至社区服务、户籍制度等，它们对经营城市都将产生意想不到的影响。

加快现有社会事业单位的企业化改革，为经营城市创造有利的条件。随着市场化的日益深入和社会的日益开放，社会事业对于城市发展具有比以往任何时候都更为重要的意义。当前，制约城市社会事业快速发展的主要因素，仍然是其对政府投入和直接管理的过度依赖。按照追求利益的性质，把社会事业单位分为三类，区别对待：对于营利性的社会事业如电影院、歌舞厅、应用性研究机构、部分人造景点乃至医疗诊所、书店等，实行完全的产业化发展、企业化管理、市场化运作，政府投入应尽快撤出，集中保证纯公益性社会事业的投放；对于纯公益性社会事业，如图书馆、博物馆等，坚持以政府投入为主，同时加强内部管理，加快体制改革；对于准公益性社会事业，如非义务教育、新闻媒体、公园、体育机构等，应鼓励实行企业化管理，实行投入多元化、社会化。即使对于纯公益性的社会事业，也应摒弃政府包办的办法，在鼓励引导捐赠、赞助等方式的基础上，适当调动社会投资，鼓励创办民办学校、医院、图书馆等。

着力加强要素市场建设，增强中心城市的要素集散功能和配置功能。这一环节的重要性还没有受到足够的重视，但它实在是决定经营城市能力和效益的关键。如前所述，市场经济条件下，中心城市的要素集散能力决定着它吸引和配置各类生产要素的能力，包括城市作用的范围（广度）、深度、强度和效率。市场体系较为健全，就为经营城市提供了良好的平台，经营城市的内容就丰富，形式就较为多样。我国许多城市，经营城市较为活跃，也容易产生成效，

与此不无关系。例如温州生产要素的市场化配置程度已达 90％以上，比许多城市高出一倍，这正是温州城市充满活力和竞争力的源泉所在。上海在市场建设这方面已经提到较高的地位，近几年的推进力度很大，他们明确提出要在2015 年前后将上海建设成为世界级的生产要素集散中心。主要措施有以下几方面：①建立健全要素市场管理机构，把政府行为和企业行为彻底分开，加强对全市要素市场的统一管理；②着力推进土地资本的市场化运作，促进房地产市场快速发展；③积极推进为要素市场服务的中介机构的产权制度改革，使之加快与政府脱钩，着力提高中介服务的市场化程度；④尽快制定和完善引导要素市场发展的规范性文件，搞好科学合理的发展规划，促进其在法制化、规范化轨道上健康有序地运作和发展；⑤加大对要素市场发展的投入，尽可能用高科技手段装备要素市场，提高其信息化和网络化程度。

加快实现城市基础管理和服务的社区化。20 世纪 90 年代以来，社区建设日益受到各城市政府的普遍关注，但"社区化"的内涵及作用还没有得到足够重视。从直观上看，随着城市规模的扩大，城市政府要实行高效有序的管理，必须通过"以块为主、分级管理"来调动和发挥各城区、街道和居委会的作用。从更深层面看，"社区化"是城市政府适应市场化改革，形成经营城市机制的基础性环节。随着市民由"单位人"变成"社会人"，城市发展的动力源从政府转移到民间，城市基础管理模式也必须实现相应的转变，从而促进城市政府从不该管的日常琐碎事务中解脱出来，集中精力管好经营城市这样该管的大事。从当前城市社区建设的现状看，"十五"期间要以街道、居委会管理体制的改革调整为着眼点，通过推进城市基层社会结构的重组来实现社区建设管理的整体突破和创新。一要在全面完成社区居委会组织改革的同时，适时推进街道规模调整和体制改革，加快建立和完善"两级政府、三级管理、四级落实"的管理模式。二要以社区党建和社区组织建设为着眼点，建立健全社区自治运作机制，全面提高社区工作队伍的素质。三要着力完善与市场经济和小康社会相适应的社区建设投入机制，建立市、区两极社区建设专项基金，大力开发社区资源，积极鼓励和吸引社会资金参与社区建设。四要努力使社区服务向更宽领域、更高层次发展，坚持市场化、社会化、产业化的方向，以各级社区服务机构和设施建设为载体，加快形成便利、快捷、优质、高效的社区服务体系。五要切实加强对社区建设工作的组织领导、规划指导、统筹协调和示范引导工作，确保城市社区建设尽快实现整体性突破。

注释：

［1］李大伦：强化经营城市理念广辟城建资金来源，《中国经济时报》，2000-11-22

［2］叶南客：现代城市管理的三重定位，《唯实》，2002（5）：71—74

［3］立经营城市新机制　走"以城建城"的市场化新路子，《城市》，2001（3）

［4］王志锋、踪家峰：对经营城市的再思考，《经济问题探索》，2002（6）：56—59

结　束　语

　　"经营城市"在我国方兴未艾，正如火如荼地进行着，在社会主义市场经济条件下，如何使有限的城市资源发挥最大的效益，创造最大的财富，最大限度的满足人们的社会需求，进而增强城市竞争力，加快城市现代化步伐，已成为各级城市政府、有识之士以及企业、公民共同关注的重要内容之一。

　　"经营城市"是一个创新，一种新的理念，一项改革，一种社会进步。城市是国家或地区经济社会发展的重要载体，具有强大的带动作用和辐射功能。国民经济要加快发展，城市化进程要加快推进，必须用经营城市的理念来指导和推进城市建设，把城市资本作为最大的国有资本来经营，把城市建设作为最大的产业来发展，把城市经济作为最大的经济增长点来培育，把城市资本营运作为加快城市发展的战略举措来实施。城市不同于企业，企业仅仅是一个经济体，追求的是利润最大化；而城市不仅是一个经济系统，而且是一个社会文化系统和一个生态系统，追求的是经济效益、社会效益、环境效益的和谐和最大化。

　　"经营城市"要有品牌意识，要有特色意识，要有人文意识，还要有市场意识和开拓创新意识，以经济社会发展的总体目标为方向，高水平、分阶段的规划城市、经营城市、建设城市，建立一个公正、宽松、便利、舒适的城市发展环境，实现物质文明与精神文明的双丰收。

　　我国社会主义现代化建设正高歌猛进，市场经济体制的完善正在有条不紊地顺利向前推进，改革开放极大地激发了从上至下各个阶层的创造性和热情，新生事物不断涌现，经营城市这一全新理念已经成为城市发展中不可忽视的重要力量和手段。我们相信，经营城市在新的历史阶段，会有更多的创新发展，会有更多的成果奉献，会显示更强大的力量和作用。

主要参考文献

1. 斯蒂格利茨，《政府在市场经济中的角色》，北京：中国物资出版社，1998 年版

2. 王洪钟，《经营城市：推动区域经济发展的有力杠杆》，北京：中国人事出版社，2002 年版

3. 李津逵，《城市经营的十大抉择》，深圳：海天出版社，2002 年版

4. 土地市场管理丛书编委会编，《土地收购储备经营城市的必然选择》，北京：中国地质出版社，2001 年版

5. 张锋，《城市经营理论.实践.典型案例》，北京：中国工商出版社，2003 年版

6. 余斌，《经营城市论：一个市委书记探索如何经营城市的实践心经》，成都：四川人民出版社，2004 年版

7. 周争先，《经营城市的奥秘》，武汉：武汉理工大学出版社，2002 年版

8. 张智翔，《经营城市：中国城市发展的全新概念》，成都：西南财经大学出版社，2000 年版

9. 顾朝林：发展中国家城市管治研究及其对我国的启发，《城市规划》，2001（9）

10. 北京市城市管理赴美考察团：美国是如何管理城市的，《城市问题》，2002（1）

11. 陈振光等：西方城市管治：概念与模式，《城市规划》，2000（5）

12. 踪家峰、郝寿义、黄南：城市治理分析，《河北学刊》，2001（6）